Moskau

Eva Gerberding

Reise-Taschenbuch

Inhalt

Schnellüberblick	6
Boomtown Moskau	8
Lieblingsorte	10

Reiseinfos, Adressen, Websites

Informationsquellen	14
Wetter und Reisezeit	17
Tipps für Kurztrips und längere Aufenthalte	19
Anreise und Verkehrsmittel	21
Übernachten	23
Essen und Trinken	29
Einkaufen	39
Ausgehen, Abends und Nachts	45
Feste und Festivals	52
Aktiv sein, Sport, Wellness	54
Museen und Galerien	56
Reiseinfos von A bis Z	63

Panorama – Daten, Essays, Hintergründe

Steckbrief Moskau	70
Geschichte im Überblick	72
Moskauer Lebensart	78
Stadt mit vielen Gesichtern – Moskaus Architektur	81
Denkmäler und Mythen	85
Moskau in den Jahren des Terrors	87
Frauenpower in der Metropole	89
Glaube ist wieder ›in‹ – 1000 Jahre russisch-orthodoxe Kirche	91
Es war doch alles so schön – Sowjetnostalgie, der neue Trend	94
Juwel der Avantgarde – die Privatvilla Melnikow	97
Tanz, Tradition und Tragödie	100

Inhalt

Zimmer mit Aussicht – Moskauer Nobelhotels	102
Tatort Moskau – der Krimi-Autor Boris Akunin	105
In den Nischen des Staates – die Intelligenzija	107
Moskau im Kunstrausch	109
Für Visionen ist man nie zu alt – Museumsdirektorin Antonowa	112
Ein Ort für Erholung und Gespräche – die Banja	114

Unterwegs in Moskau

Kreml, Roter Platz und Kitaj-Gorod	118
Das Epizentrum der Stadt	120
Der Kreml	121
Kremlmauer	124
Profanbauten im Kreml	124
Kathedralenplatz	125
Jenseits der Kremlmauern	132
Westlich des Kremls	132
Roter Platz	132
Kitaj-Gorod	138
Nikolskaja-Straße	138
Iljinka-Straße	143
Warwarka-Straße	143
Twerskaja uliza und Umgebung	148
Moskaus Prachtmeile	150
Zum Manegeplatz	150
Manegeplatz	151
Zwischen Manege- und Twerskaja-Platz	157
Puschkinplatz	159
Triumphplatz	162
Westlich der Twerskaja	163
Bolschaja-Nikitskaja-Straße	166
Zwischen Theaterplatz und Boulevardring	172
Die alten Flaniermeilen	174
Theaterplatz	174
Petrowka-Straße und Umgebung	175
Lubjanka-Platz und Umgebung	181
Mjasnizkaja-Straße	183
Östlicher Boulevardring	186

Inhalt

Pretschistenka und Chamowniki 192
Das Adels- und das Weberviertel 194
Pretschistenka-Platz 194
Wolchonka-Straße 194
Pretschistenka-Straße 200
Ostoschenka-Straße 201
Das alte Weberviertel Chamowniki 205
Neujungfrauenkloster 206

Arbat 212
Auf den Spuren der Moskauer Literaten 214
Stadtpalais und Stalinarchitektur 214
Wosdwischenka-Straße 217
Arbatskaja-Platz 217
Nowyj Arbat 219
Fußgängerzone Arbat (Alter Arbat) 219
Nikitskij-Boulevard 221
Nikitskije-Worota-Platz 222

Samoskworetsche 230
Das Moskau der Kaufleute und Handwerker 232
Tataren und Handwerker 232
Von der Moskwa zur Pjatnizkaja-Straße 233
Bolschaja-Ordynka-Straße und Umgebung 238
Tretjakow-Galerie 239
Böttcherviertel 241
›Insel ohne Namen‹ 244
Am Ufer entlang zum Gorki-Park 245

Krasnaja Presnja 252
Das ehemalige ›rote Bollwerk‹ der Stadt 254
Grusinskaja-Platz und Umgebung 254
Kudrinskaja-Platz 258
Nowinskij-Boulevard 259
Moskwa-City 263

Ausflüge in die Umgebung 266
Zarensitz und Dichterdorf, Kirchen und Klöster 268
Zarizyno 268
Peredelkino 269
Sergijew Possad 274

Sprachführer 280
Register 284
Abbildungsnachweis/Impressum 288

Inhalt

Auf Entdeckungstour

Eine Bootsfahrt auf der Moskwa	140
Zu Schauplätzen von Michail Bulgakows Kultroman	164
Highlights des Konstruktivismus	184
Zu Besuch in Tolstojs Moskauer Welt	202
Unterirdische Paläste – eine Metro-Rundfahrt	224
Schicksalshaus an der Moskwa	242
Die Kunst der Avantgarde – in der Neuen Tretjakow-Galerie	246
Durch die Moskauer Kunstszene	260
Im Freilichtmuseum Kolomenskoje	272
Zu Boris Pasternaks Datscha in Peredelkino	276

Karten und Pläne

Kreml, Roter Platz und Kitaj-Gorod	122
Bootstour auf der Moskwa	142
Twerskaja uliza und Umgebung	154
Theaterplatz/Boulevardring	176
Pretschistenka/ Chamowniki	196
Arbat	216
Samoskworetsche	236
Krasnaja Presnja	256

▶ Dieses Symbol im Buch verweist auf die Extra-Reisekarte Moskau

Das Klima im Blick

Reisen verbindet Menschen und Kulturen. Wer reist, erzeugt auch CO_2. Der Flugverkehr trägt mit bis zu 10 % zur globalen Erwärmung bei. Wer das Klima schützen will, sollte sich – wenn möglich – für eine schonendere Reiseform entscheiden. Oder Projekte von *atmosfair* unterstützen: Flugpassagiere spenden einen kilometerabhängigen Beitrag für die von ihnen verursachten Emissionen und finanzieren damit Projekte zur Verringerung des CO_2-Ausstoßes in Entwicklungsländern *(www.atmosfair.de)*. Auch der DuMont Reiseverlag fliegt mit *atmosfair!*

Schnellüberblick

Krasnaja Presnja
In dem alten Industrieviertel, in dem sich während der Revolution 1905 die Arbeiter der großen Fabriken zu Tausenden auflehnten, wächst nun mit glitzernden Glastürmen das neue Moskau in den Himmel: Moscow-City. Neuer Hotspot in der Nähe von Zoo und Weißem Haus ist das Staatliche Zentrum für Moderne Kunst. S. 252

Arbat
Im Stadtteil der Dichter stehen Adelspalais, Hochhäuser der Sowjetzeit und neue Büropaläste friedlich nebeneinander. Die erste Fußgängerzone der Stadt führt mitten hindurch. Souvenirhändler bieten hier ihre Waren zum Verkauf an und Porträtmaler ihre Künste. Straßencafés und Antiquitätenläden wechseln einander ab. S. 212

Pretschistenka und Chamowniki
Hier baute sich der Adel luxuriöse Villen, Palais und Stadthäuser, umgeben von Parks. Einige der Häuser sind bis heute erhalten und lassen die frühere Pracht ahnen. Neue, exklusive Wohnhäuser kamen hinzu – alles in der Nähe des großartigen Puschkin-Museums für Bildende Künste und der Christi-Erlöser-Kathedrale. S. 192

Twerskaja und Umgebung
In der Gegend rund um Moskaus Hauptstraße Twerskaja mit ihren Theatern, Shops und Restaurants spürt man am deutlichsten, dass man sich in einer Riesenmetropole befindet. Für die Mehrheit der Moskauer ist die Straße das eigentliche Moskau. S. 148

Zwischen Theaterplatz und Boulevardring
Schon im 19. Jh. lebten die Straßen Petrowka, Neglinnaja und Kusnezkij most von einem besonderen Flair, das viele Händler anzog. Heute liegt hier Moskaus schönstes Shoppingviertel. S. 172

Kreml, Roter Platz, Kitaj-Gorod
Der Kreml war der Ausgangspunkt für die Stadtgründung – mit dem Bau des Kremls begann die Geschichte der Stadt. Daneben liegen der Rote Platz und der Stadtteil Kitaj-Gorod. S. 118

Samoskworetsche
In Samoskworetsche findet man das alte Moskau wieder: enge Gassen, idyllische Plätze, schöne Kirchen – und mittendrin die Tretjakow-Galerie. Es ist eines der wenigen Viertel, das von der Umbauwut während der Sowjetzeit verschont blieb. S. 230

Die Autorin

Mit Eva Gerberding unterwegs
Für die Slawistin Eva Gerberding ist Moskau eine zweite Heimat. Sie hat dort zeitweise gelebt und gearbeitet und ist eng verbunden mit der Moskauer Kulturszene. In zahlreichen Reportagen für Printmedien und Radio berichtete sie über die Veränderungen nach dem Zusammenbruch der Sowjetunion. Ihre Dokumentarfilme für ARTE geben einen Einblick in das neue Russland. Im DuMont Reiseverlag sind von ihr die Reise-Taschenbücher »St. Petersburg« und »Hamburg« sowie in der Reihe Direkt der Band »St. Petersburg« erschienen.

Boomtown Moskau

Wolkenkratzer höher als in Frankfurt, schräge Kunstevents, Shopping als Volkssport, Restaurants und Bars, die ihresgleichen suchen – zumindest in Europa gibt es keine Stadt, deren Power mit jener Moskaus zu vergleichen ist.

»Moskau..., Orgie der Kontraste, asiatisches Dorf mit Häusern in amerikanischem Wolkenkratzerstil, Kistenschlitten und Autobus, Barockpalast und Holzhütte, ... Straßenbasar und Warenhaus« – so sah der Journalist Egon Erwin Kisch die Stadt in den 1920er-Jahren und an diesem Bild hat sich nichts geändert.

Moskau ist eine Stadt der Kontraste und der Superlative. Das fängt schon beim Kreml an, der die größte Kanone und die gigantischste Glocke der Welt beherbergt. Was spielt es da für eine Rolle, dass weder die Glocke je läutete, noch die Kanone je schoss?

Die Geschichte der Stadt ist am stärksten spürbar in ihrem Kern: Kreml und Roter Platz verknüpfen hier die Fäden von Vergangenheit und Gegenwart und scheinen magnetisch alles an sich zu ziehen: Macht, Politik, Geschichte und nun auch die Touristen. Die Stadt ist im Laufe der Jahrhunderte kreisförmig um dieses Zentrum herum gewachsen.

Die dekadenteste Metropole der Welt

Gegen Moskau ist Berlin langweilig, denn Moskau ist mehr als eine Stadt, Moskau ist Rausch und Katastrophe, Verlockung und Feind zugleich – Moskau ist die dekadenteste Metropole der Welt. Die Megacity pendelt zwischen den Extremen und kommt nie zur Ruhe.

Seit der 850-Jahr-Feier 1997 glänzt Moskau wie eine Hochzeitstorte, denn Jurij Luschkow, Moskaus damaliger umtriebiger Bürgermeister, liebte alles, was glänzt. Dreiundfünfzig Kilogramm frisch aufgetragenes Blattgold strahlt von der Kuppel der wieder aufgebauten Christi-Erlöser-Kathedrale.

Eine Stadt, die hoch hinaus will: Moskau setzt architektonisch neue Akzente

Sie krönt die Moskauer Silhouette und macht dem Kreml als Eyecatcher Konkurrenz.

Moskau sucht eine neue Identität in der Rückkehr zur Vergangenheit. Nicht nur Kirchen werden restauriert, auch Adelspaläste werden zu neuem Leben erweckt. Ein Bauboom hat die Stadt erfasst, der jedoch erst mal durch die Krise im Herbst 2008 gebremst wurde. Genau wie in Berlin entstehen manche Stadtteile neu, werden Paläste und Kirchen rekonstruiert. Die City entwickelt sich zu einer urbanen Glitzerlandschaft mit Marmor, Messing und Glas. Eine neue Leichtigkeit des Seins scheint die Einkaufspassagen zu beherrschen. Es gibt nichts, was es in der Stadt an der Moskwa nicht gibt – zumindest für Geld. Der neue Luxus, der sich nicht mehr versteckt, ist so maßlos, wie die neue Armut, die nicht mehr verborgen bleibt. Moskau weigert sich, ein normales Leben zu führen.

Schnittpunkt zwischen Asien und Europa

Moskau gleicht keiner anderen europäischen Stadt. Es war jahrhundertelang Residenz russischer Zaren und ist heute als Hauptstadt der Russischen Föderation der Schnittpunkt Asiens und Europas. Hier spürt man das Aufeinanderprallen verschiedener Kulturen in der Architektur, aber auch im lebendigen Völkergemisch auf den Märkten und Straßen. Astolphe de Custine bezeichnete auf seiner Russlandreise 1839 Moskau als einzigartige Stadt: »Sie ist weder Europa, noch Asien, sondern Russland und zwar das Herz Russlands.«

Vier Fünftel aller Kapitalbewegungen Russlands werden in Moskau abgewickelt, hier wird der scharfe Gegensatz einer gespaltenen Gesellschaft besonders deutlich. An den Stadträndern, vor allem an der Rubljowka, einer rund 30 km langen Elitemeile im Nordwesten der Stadt, schafft sich der Geldadel neue Paläste. In den Fantasievillen mit überladenem Interieur lebt der alte russische Bauerntraum fort, sich den Luxus der Gutsbesitzer anzueignen. Das kann man auch an den neuen Prunkbauten des postsowjetischen Kapitalismus im Zentrum erkennen.

Andächtige Stille – Friedhof des Neujungfrauenklosters, S. 208

Oase der Ruhe – Vorplatz und Park am Puschkin-Museum, S. 198

Lieblingsorte!

Picknick im weitläufigen Schlosspark – Zarizyno, S. 270

Dem Himmel so nah – Moskau von der Kalina Bar aus gesehen, S. 228

**Moskau vom Logenplatz aus –
Terrasse des Warwary, S. 170**

**Lenins Mausoleum im Blick –
Terrasse des Bosco Cafés, S. 130**

Moskau ist eine schnelle Stadt. Die Menschen eilen durch die Straßen und immer staut sich der Verkehr. Umso wichtiger sind für mich kleine Oasen der Stille wie der Park vor dem Puschkin-Museum für Bildende Künste und der Schlosspark von Zarizyno, der Friedhof am Neujungfrauenkloster und die Terrasse des Bosco Cafés. Aber auch die Logenplätze mancher Restaurants lassen den Atem stocken: In der Kalina Bar im 21. Stock liegt mir das moderne Moskau zu Füßen, vom Warwary blicke ich auf Alt-Moskau und die O2-Lounge erlaubt weite Blicke auf die Metropole und ganz nahe auf den Kreml. Von der Bolschoj Moskworetschkij most zeigt sich die Stadt in ihrer ganzen Pracht. Alle diese Orte offenbaren ein Stück Moskau und sind mir ans Herz gewachsen.

**Blicke in alle Himmelsrichtungen –
Bolschoj Moskworetschkij most, S. 234**

**Moskau liegt einem zu Füßen –
O2 Lounge im Ritz-Carlton, S. 152**

Reiseinfos, Adressen, Websites

Schön kalt – aber von ganz eigenem Charme: Moskau im Winter

Informationsquellen

Folgende Webadressen können bei der Vorbereitung einer Moskau-Reise sowie beim Aufenthalt in der Stadt hilfreich sein und aktuelle Tipps liefern.
Landeskennung: .ru

www.auswaertigesamt.de/diplo/ de/Laenderinformationen/01Laen der/RussischeFoederation.html
Das Auswärtige Amt stellt hier Basisinformationen zur politischen und wirtschaftlichen Lage, zur Geschichte und Kultur Russlands und zur Beziehung Deutschland–Russland ins Netz. Interessant auch die Sicherheitshinweise.

www.russland.ru
Deutschsprachige Internetzeitung mit aktuellen Informationen und Hintergrundberichten über ganz Russland. Man kann Moskau anklicken und kommt zu den Informationen über die Moskwa-Stadt mit Tipps für Hotels, Restaurants etc.

www.moskau.ru
Deutsche Internetzeitung, die in Moskau gemacht wird, mit sehr guten Infos! Vom Wetter über aktuelle Nachrichten bis hin zu Tipps zum Ausgehen und zur Stadtbesichtigung wird hier ein breites Spektrum geboten.

www.mdz-moskau.eu
Die »Moskauer Deutsche Zeitung« erscheint monatlich als Blatt. Im Internet kann man alle Artikel nachlesen: Essays und Reportagen über die Stadt.

www.waytorussia.net
Englischsprachige Website mit ausführlichen Infos über Transport in Moskau und aus Moskau heraus. Internetserver und alles, was man sonst so wissen muss über die Stadt.

www.moscowtimes.ru
Website der gleichnamigen englischsprachigen Tageszeitung mit aktueller Berichterstattung, aber auch Infos zu allem, was in der Stadt kulturell los ist.

www.afisha.ru
Russische Website des monatlich erscheinenden Veranstaltungsmagazins mit guten Tipps.

www.moscow-life.com
Englische Website mit Tipps zu allem, was man in der Stadt unternehmen kann, u. a. Infos zu Restaurants, Hotels, Ausgehen, Sprachkursen, Events.

www.themoscownews.com
Englischsprachige Website mit aktuellen politischen Infos aus Moskau, aber auch Hinweisen zu Veranstaltungen.

www.gay.ru
Schwule Besucher finden auf dieser Website (englisch und russisch) umfassende Infos über Events, Bars, Restaurants u. v. m.

Fremdenverkehrsamt

In Deutschland, Österreich und der Schweiz gibt es keine russischen Tourismusbüros.

Tourist Information Center
Iljinka ul. 4 (im Gostinyj Dwor)
Tel. 232 56 57
www.moscow-city.ru oder
http://guide.moscow.ru/en/
Auch in den großen Hotels können Ihnen der Concierge bzw. das Servicebüro Auskunft geben und helfen, Touren zu organisieren, Theaterkarten zu bekommen oder ein Taxi zu bestellen.

Informationsquellen

Spezialreiseveranstalter

Ost & Fern Reisen
An der Alster 40
20099 Hamburg
Tel. 040 28 40 95 70
www.ostundfern.de

Lernidee Erlebnisreisen Russland
Eisenacher Str. 11
10777 Berlin
Tel. 030 786 00 00
www.lernidee.de

ÖSG Reisedienst
Favoritenstr. 35
1040 Wien
Tel. 015 05 67 94
www.oesgreisedienst.com

Intracom Reisebüro
Waffenplatz 51
8002 Zürich
www.intracom-reisebuero.ch

Lesetipps

Walter Benjamin: Moskauer Tagebuch, Frankfurt/M. 2009. In den 20er-Jahren reiste Benjamin nach Moskau und hielt seine Erlebnisse in einem Tagebuch fest. Ein fesselnder und interessanter Einblick in die junge Sowjetunion.
Polina Daschkowa: Die leichten Schritte des Wahnsinns, Berlin 2007. Eine gelungene Kombination aus Kriminal- und Liebesgeschichte, aus neuem und altem Russland. Der Leser taucht in den normalen Alltag ein und in die Welt des Geheimdienstes, des Showbusiness und der Mafia. Ein rasanter Thriller, der ein vielschichtiges Panorama der postsowjetischen Moskauer Gesellschaft liefert, geschrieben von der ›Königin des russischen Krimis‹.
Orlando Figes: Nataschas Tanz, eine Kulturgeschichte Russlands, Berlin 2003. Der englische Historiker erkundet die widersprüchlichen Impulse, die zur Entwicklung der russischen Kultur beigetragen haben. Außergewöhnliche Geschichten vom Glanz des Zarenhofs bis zur Sowjetzeit. Ein Muss für alle, die mehr über Russland wissen wollen!
Boris Groys: Die Erfindung Russlands, München 2008. Eine Sammlung von verschiedenen Essays zur russischen Kultur, mit denen der Philosoph und Kunsttheoretiker Groys einen Schlüssel zum Verständnis Russlands liefert.
Viktor Jerofejew: Die Moskauer Schönheit, Frankfurt/M. 2006. Der erste Roman der postsowjetischen Literatur. Das Mädchen Irina erinnert sich in wortreichen Monologen an ihren Aufstieg in die Moskauer Gesellschaft, der durch die Betten von Diplomaten, Dogmatikern und Dissidenten führte.
Viktor Jerofejew: Der gute Stalin, Berlin 2004. Jerofejews Vater war Berater und Dolmetscher im stalinschen Hofstaat, später Botschafter im westlichen Ausland. Aus Kinderperspektive, aber zugleich mit historischem Wissen verfasst Jerofejew ein eindrucksvolles Porträt einer schwierigen Zeit. Eine Hommage an den Vater, nicht ohne ironische Seitenblicke auf die Sowjetmacht.
Viktor Jerofejew: Russische Apokalypse, Berlin 2009. Mit stilistischer Brillanz schildert Jerofejew in Essays die Metamorphosen seines Landes und erweist sich als ausgezeichneter Kenner der russischen Seele.
Wenedikt Jerofejew: Die Reise nach Petuschki, München 2009. Der Held des Buches besteigt den Vorortszug von Moskau nach Petuschki – dabei hat er einen Koffer voll Wodka. Es wird eine Fahrt durch Halluzinationen und Alpträume.
Wladimir Majakowski: Her mit dem schönen Leben, Frankfurt/M. 1980 (nur antiquarisch erhältlich). »Bin quitt

Reiseinfos

mit dem Leben«, schrieb Majakowski, ehe er sich im April 1930 umbrachte. Der Band gibt einen guten Überblick über Majakowskis Werk und Leben.
Viktor Pelewin: Generation ›P‹, Berlin 2000 (nur antiquarisch erhältlich). ›P‹ steht für Pepsi, die Getränkefirma, der es in den 1970er-Jahren als Erster gelungen war, eine Woge westlicher Freiheit nach Moskau zu spülen. Davon beeinflusst sind auch jene, die 20 Jahre später in der Metropole leben. Mit beißender Ironie porträtiert Pelewin die Gesellschaft der 90er-Jahre.
Anna Politkowskaja: Russisches Tagebuch, Frankfurt 2008. Im Vermächtnis, der 2006 ermordeten Journalistin, erfährt man viel über die Atmosphäre in Russland in den Jahren 2003 bis 2005. Es beschreibt das ›System Putin‹ und dokumentiert die innenpolitische Situation.
Anatolij Rybakow: Die Kinder des Arbat, München 1990 (nur antiquarisch erhältlich). Rybakow beschreibt in seinem Roman einen Teil seines Lebens: die erste Welle der sogenannten Säuberungen Anfang der 1930er-Jahre. Ihm gelingt eine schonungslose Abrechnung mit dem Stalinismus.
Irina Scherbakowa: Nur ein Wunder konnte uns retten. Leben und Überleben unter Stalins Terror, Frankfurt/N.Y. 2000 (nur antiquarisch erhältlich). Eine eindringliche Erinnerungsgeschichte über die Zeit des Terrors.
Karl Schlögel: Moskau lesen, München 2011. Die besten Hintergrundgeschichten über die russische Metropole mit Details und Seiteneinstiegen. Der Historiker dokumentiert in der Neuauflage jetzt auch den Umbruch der letzten Jahrzehnte bis zur Gegenwart.
Wladimir Sorokin: Die Tage der Opritschniks, München 2009. Ein düstere Zukunftsvision entwirft Moskaus Enfant terrible Sorokin. Russland wird vom ›Gossudar‹ beherrscht, dem alleinigen Machthaber. Das Land hat sich vom Westen abgeschottet und ist von einer großen Mauer umgeben. Die politische Maschine hat das Land nicht nur von Oppositionellen, sondern auch von westlichen Kleidern, Lebensmitteln, Intellektuellen und dem Humus aller Freigeisterei, der säkularen Kultur, gesäubert.
Ljudmila Ulitzkaja: Medea und ihre Kinder, Berlin 1998 (nur antiquarisch erhältlich). Die Krim und Moskau sind die Schauplätze dieser opulenten Familiengeschichte. Tragik und Komik liegen nah beieinander – wie so oft bei der Moskauerin Ulitzkaja.
Janina Urussowa: Das neue Moskau – die Stadt der Sowjets im Film 1917–41, Köln 2004. Architekten und Filmemacher erfinden das neue Moskau, die Vision einer Idealstadt im Sozialismus. Die Autorin erzählt die spannende Geschichte dieser virtuellen Urbanisierung in Bildern und Texten.
Tatjana Ustinowa: Blind ist die Nacht, Reinbek bei Hamburg 2005 (nur antiquarisch erhältlich). Eine Kriminal- und Liebesgeschichte aus dem neuen Russland. Wie beweist man, dass man einen Mord nicht begangen hat? In diese Situation kommt Kira, eigentlich Karrierejournalistin und allein erziehende Mutter eines 13-Jährigen. Sie versucht, ihren Kopf mithilfe eigener Ermittlungen wieder aus der Schlinge zu ziehen.
Marina Zwetajewa: Auf eigenen Wegen, Frankfurt/M. 2007 (nur antiquarisch erhältlich). Moskau zur Zeit der Revolution. Zwetajewa bleibt allein in Moskau, während ihr Mann auf der Seite der Weißen kämpft und emigriert. In ihrem Tagebuch beschreibt sie das Chaos des Bürgerkrieges. Sie emigriert auch, kehrt zurück, versucht mit ihren Gedichten gegen die Verzweiflung anzuschreiben und setzt schließlich 1941 ihrem Leben ein Ende.

Wetter und Reisezeit

Moskau im Frühling

Mit den ersten Frühlingstagen, wenn die Temperaturen deutlich über null Grad steigen, spürt man in Moskau ein kollektives Aufblühen. Sobald das Eis der Moskwa zu schmelzen beginnt, ist die Zeit des Tauwetters endgültig gekommen. Nach einem harten Winter mit viel Schnee kann der März – oft auch der April – noch sehr unangenehm sein. Der Schnee verwandelt sich in Matsch und die Stadt droht im Dreck zu ersticken. Das wird schlagartig besser, sobald sich das erste Grün an den Bäumen zeigt.

Ab April/Mai schießen die Temperaturen sprunghaft in die Höhe. Beim Packen des Koffers sollte man berücksichtigen, dass es am Frühlingsanfang zu starken Wetterwechseln kommen kann. Zuweilen differieren die Temperaturen von einem Tag zum nächsten um 15 Grad. Im Mai kann es schon sehr warm werden.

Der Frühling ist die ideale Reisezeit für Fashionvictims, denn im März findet die große Fashion Week statt.

Klimadaten Moskau

… im Sommer

Die Moskauer Sommer sind in der Regel warm bis sehr heiß. Die Temperaturen steigen oft über 30 °C, gefühlte 40 °C! Der August ist der ruhigste Sommermonat, in dem die Moskauer verreisen oder zur Datscha fahren. In dieser Zeit kann man die Stadt relativ menschenleer erleben.

Filminteressierte sollten im Sommer das Internationale Filmfestival bei ihren Planungen berücksichtigen, außerdem findet das Tschechow-Theaterfestival statt.

… im Herbst

Der September ist eine wunderbare Reisezeit für Moskau, denn die Tage können noch sehr warm sein. Im Oktober wird es schlagartig kühl und nass, oft schneit es auch schon.

Auch im Herbst findet eine Fashion Week statt, zudem gibt es im September die große Kunstmesse Art Moscow. Für Liebhaber der klassischen Musik sind die ›Dezemberabende‹ interessant, eine Konzertreihe im Puschkin-Kunstmuseum.

… im Winter

Im Winter kann es durchaus Temperatur von bis zu minus 25 °C geben. Moskau im Schnee ist wirklich ein Märchen: Alle Geräusche sind gedämpft und die Stadt erstrahlt hell und festlich. Leider

Reiseinfos

Sommer mit 30 °C Hitze – da geht man auch in Moskau gern ins Freiluftcafé

ist ein beständig verschneites Moskau mit Eisgang auf der Moskwa, wie man es aus der Literatur kennt, infolge der Erwärmung des Erdklimas nicht mehr das vorherrschende Winterbild. Der Schnee ist nicht zuverlässig einzuplanen und er verschwindet oft ebenso schnell, wie er gekommen ist. Insgesamt ist das Winterwetter mittlerweile sehr veränderlich.

Im Winter kann man das Silvesterfest mit großem Feuerwerk erleben sowie die festlich geschmückten Kirchen zur Weihnachtszeit. Verabschiedet wird der Winter mit der Masleniza (Butterwoche).

Kleidung und Ausrüstung

Bereits im Herbst ist sehr warme Kleidung angeraten und stabiles Schuhwerk – in dieser Zeit gilt: keine Reise ohne Stiefel und Regenjacke. Im Winter braucht man außerdem unbedingt eine Kopfbedeckung. Vor Ort kann man eine russische *schapka* kaufen, eine Pelzmütze. Bei Schnee und Eis – und das kann von November bis März sein – benötigt man Schuhe mit rutschfesten Sohlen, denn die Gehwege sind nicht geräumt. Im Sommer sollte leichte, luftdurchlässige Kleidung im Gepäck sein.

Wettervorhersage im Internet
Aktuelle Prognosen zum Moskauer Wetter findet man im Internet unter www.moskau.ru oder www.wetteronline.de.

Tipps für Kurztrips und längere Aufenthalte

Russlands Metropole ist nicht nur das politische Zentrum des Landes, sondern auch seine Kulturhauptstadt. Beeindruckend ist die Museenvielfalt: Highlights sind das **Puschkin-Museum für Bildende Künste** mit seiner umfangreichen Sammlung nichtrussischer Kunst, die **Tretjakow-Galerie**, die ausschließlich russische Kunst zeigt, sowie die **Rüstkammer im Kreml**. Auch die Angebote für die Abendunterhaltung sind breit gefächert – vom Mekka der Ballettfans, dem **Bolschoi-Theater,** bis zu hippen **Klubs** und **Bars.**

Wagen Sie sich auch in das Chaos des Moskauer Alltags: Stöbern Sie auf dem Flohmarkt am **Ismailowskij-Park,** tauchen Sie ein in den Trubel eines **Bauernmarktes,** schlendern Sie die **Twerskaja** entlang, flanieren Sie durch die luxuriösen **Einkaufspassagen** oder schwitzen Sie in der **Banja!**

Moskau für Literaturfreunde
Für Literaturfreunde ist Moskau ausgesprochen interessant: Überall stößt man auf die Spuren russischer Dichter, aber auch deutscher Schriftsteller und Poeten, u.a. Walter Benjamin und Rainer Maria Rilke. Darüber hinaus ermöglichen die Literaturmuseen einen interessanten Einblick in das Leben der Dichter und Schriftsteller.

… für Architekturinteressierte
Architektonisch bietet Moskau den Besuchern mehr als nur Zwiebeltürme und Zuckerbäckerstil: Im Zentrum beeindrucken klassizistische Adelspalais und Jugendstilhäuser, vereinzelt dazwischen konstruktivistische und immer wieder postmoderne Bauten.

… für Geschichtsinteressierte
Selbst wenn man nur kurz in Moskau weilt, darf man eines nicht versäumen: den Roten Platz. Hier – zwischen Kreml und GUM, mit der Basilius-Kathedrale vor Augen, – liegt Moskaus Herz. Nach Möglichkeit sollte man das Kreml-Gelände durch das Borowizkij-Tor betreten. Auch wenn die Zeit nicht für die Rüstkammer reicht, den Kathedralenplatz muss man gesehen haben!

… für Flaneure
Wenn Sie gern bummeln und Stadtatmosphäre schnuppern wollen, fahren Sie zum Arbat. In Moskaus Fußgängerzone ist immer etwas los: Souvenirhändler haben ihre Stände aufgebaut, Porträtmaler warten auf Kunden, Antiquitätenläden und Cafés laden zum Sehen und Gesehenwerden ein. Besonders interessant ist es, entlang der alten Flaniermeilen Kusnezkij most, Neglinnaja und Stoleschnikow pereulok zu bummeln.

… für Kunstliebhaber
Wer sich für Kunst interessiert, kann eine 4–5-stündige Tour durch Museen und Galerien unternehmen: Der Spaziergang beginnt auf der kleinen Halbinsel zwischen Moskwa und dem Wo-

Architekturführungen
Der deutsche Architekt Peter Knoch bietet verschiedene Architekturführungen durch Moskau an – sowohl zu zeitgenössischen wie auch zu historischen Bauten (u.a. Konstruktivismus). Infos: www.ga-moscow.com.

Reiseinfos

Moskau von oben
Den schönsten Blick auf die Stadt hat man u.a. von den Sperlingsbergen. 85 m oberhalb der Moskwa liegt die Aussichtsplattform zu Füßen der Universität. In der Ferne blitzen die goldenen Kuppeln des Kremls und der Christi-Erlöser-Kathedrale, weiter vorn erkennt man das Neujungfrauenkloster und innerhalb der Flussschleife den Sportkomplex Luschniki. Eine andere schöne Aussicht bietet die Andrejewskij-Brücke, eine Fußgängerbrücke, die von der Frunsenskaja-Uferstraße zum Gorki-Park hinüberführt. Den schönsten Blick über die Stadt bieten die Bars: City Space Bar (s. S. 46), O2 Lounge (s. S. 152) und Kalina Bar (s. S. 228).

Stadtrundfahrten

Stadtrundfahrten kann man sich in den meisten Hotels organisieren lassen. Besondere Touren bieten folgende Veranstalter an:

Patriarschij Dom Tours: Wspolnyj per. 6, Tel. 795 09 27, pdtours@co.ru, http://russiatravel-pdtours.netfirms.com/contact.htm, Metro: Majakowskaja, Mo–Fr 9–18 Uhr. Die Palette der angebotenen Unternehmungen ist breit gefächert. Neben ungewöhnlicheren Touren, z. B. durch die Moskauer Filmstudios, auf den Spuren von Iwan dem Schrecklichen oder durch Stalins Moskau, stehen auch die populären Ziele Moskauer Metro und Tretjakow-Galerie auf dem Programm.

Capital Tours: Iljinka ul. 4 (im Gostinyj Dwor), Tel. 232 24 42, www.capitaltours.ru, Metro: Kitaj-Gorod. Dieses Unternehmen hat die klassischen Touristenziele im Programm. So gibt es u. a. eine Kreml-Tour, eine Metro-Tour, aber auch eine Hop-on-Hop-off-Tour, auf der man die Highlights der Stadt kennenlernen kann.

Walking Tours of Moscow: Tel. 930 40 64, danpetrov74@gmail.com, www.waytomoscow.com. Der junge Russe Dan Petrow, der ausgezeichnet englisch spricht, bietet persönlich geführte Stadtspaziergänge zu verschiedenen Themen an.

Besondere Touren in diesem Buch
Eine Bootsfahrt auf dem Fluss Moskwa ist in der wärmeren Jahreszeit sehr zu empfehlen. Etwa alle 90 Minuten legen Schiffe in der Nähe des Kiewer Bahnhofs ab. Und auch das unterirdische Moskau gilt es zu erkunden, denn: Wer nicht Metro gefahren ist, war nie in Moskau! Detaillierte Informationen zu beiden Unternehmungen finden Sie in den ›Entdeckungstouren‹ S. 140 bzw. 224.

---

dootwodnyj-Kanal, gegenüber dem Kreml. Hier im Bolotnaja ploschadj, einem kleinen Park unterhalb der großen Steinbrücke, stellen bei schönem Wetter Moskauer Künstler aus. Inmitten der Anlage thront als Denkmal der Maler Ilja Repin, der bedeutendste Vertreter der russischen realistischen Malerei. Er weist den Weg in die Tretjakow-Galerie über die kleine Fußgängerbrücke des Kanals in den Stadtteil Samoskworetsche. So gelangt man in den Lawruschenskij pereulok, eine hübsche Fußgängerzone, die zur Tretjakow-Galerie führt. Nach dem Besuch der Galerie geht es die Parallelstraße zurück zum Kanalufer. Am Ufer entlang führt der Weg dann bis zur Malaja jakimanka. Lohnend ist ein Abstecher zur Marat-Guelman-Galerie (Haus Nr. 5), eine der besten Galerien der Stadt. Sie zeigt Gemälde und Grafiken russischer Künstler. Ein bisschen weiter vom Zentrum entfernt liegt die ›Weinfabrik‹, Winsawod, das größte Ausstellungszentrum für moderne Kunst in Moskau.

Anreise und Verkehrsmittel

Einreisebestimmungen

Zur Einreise in die Russische Föderation benötigt man ein Visum, das etwa 14 Tage vor der Reise bei der Botschaft oder dem Konsulat (Adressen s. S. 64) beantragt werden muss. Je kürzer vor der Reise, desto teurer wird es! Dazu braucht man einen gültigen Reisepass, einen Visaantrag und ein Passfoto. Außerdem benötigt man eine Hotelbestätigung oder eine Einladung und muss eine Auslandskrankenversicherung abgeschlossen haben. Infos zum Visum im Internet: www.russische-botschaft.de.

Bei der Einreise füllt man eine Migrationskarte aus, die im Hotel abgestempelt wird; sie muss bei der Ausreise wieder abgegeben werden.

Zoll

Normales Reisegepäck darf zollfrei eingeführt werden. Nicht eingeführt werden dürfen Waffen und Drogen. Wer mehr als 10 000 US-$ einführen will, muss ein Zollerklärung ausfüllen.

Antiquitäten und Kunstgegenstände dürfen nur mit einem Vermerk des Kulturministeriums ausgeführt werden. Schwarzer Kaviar darf nicht mehr ausgeführt werden! Bis zu 3000 US-$ dürfen ausgeführt werden, ohne dass sie deklariert werden müssen. Zollfrei ins Heimatland mitnehmen darf man Waren im Wert von 175 €, 200 Zigaretten, 2 l Wein und 1 l Spirituosen.

Anreise

... mit dem Flugzeug
Von allen großen Flughäfen Deutschlands, Österreichs und der Schweiz wird Moskau täglich mehrmals angeflogen. Die meisten Airlines landen auf dem Flughafen Domodjedowo (www.domodedovo.ru), der rund 35 km vom Zentrum entfernt im Süden der Stadt liegt. Lufthansa (www.lufthansa.com) fliegt Moskau von Frankfurt, München, Berlin und Hamburg direkt an, Swiss (www.swiss.ch) fliegt täglich von Zürich, Austrian Airlines (www.aua.com) täglich von Wien. Aeroflot (www.aeroflot.ru) fliegt Moskau von Berlin, Düsseldorf, Frankfurt, Hamburg, München, Wien und Zürich an mit Landung am Flughafen Scheremetjewo II.

... mit der Bahn
Alle Züge aus Westeuropa kommen am Weißrussischen Bahnhof (Belorusskij Woksal, Белорусский вокзал) an. Von Berlin fährt man etwa 31 Stunden. Im Weißrussischen Bahnhof befindet sich die Metrostation Belorusskaja.

Flughafentransfer
Zwischen den Wartenden in der Ankunftshalle des Flughafens stehen auch Taxifahrer, die ihre Dienste anbieten, aber bestellen Sie lieber einen Wagen am Serviceschalter, das ist sicherer! Oder fahren Sie vom Flughafen Domodjedowo mit dem Aeroexpress zum Pawelezkij-Bahnhof (Павелецкий вокзал), der an die Metrostation Pawelezkaja angeschlossen ist. Die Fahrt dauert 40 Minuten.
Seit Sommer 2009 hat auch Scheremetjewo II einen Aeroexpress, der alle halbe Stunde zum Belorusskij Woksal (Белорусский вокзал) fährt. Dort hat man Anschluss von der Metrostation Belorusskaja.

Reiseinfos

... mit dem Bus
Es gibt tatsächlich Busse, die von Berlin nach Moskau fahren, die Fahrzeit beträgt allerdings 36 Stunden. Infos unter www.touring.de, Tel. 069 79 03-501.

... mit dem PKW
Die weite Anreise mit dem PKW durch Polen, Litauen und Lettland oder über Finnland ist nicht zu empfehlen: Es kommt zu langen Wartezeiten an den Grenzen, die Straßen sind schlecht und es existieren nur wenige – einfache bis schlechte – Übernachtungsmöglichkeiten. Wegen des teilweise schlechten Straßenzustandes ist von Nachtfahrten dringend abzuraten.

Verkehrsmittel in Moskau

Metro
Das günstigste und schnellste Verkehrsmittel in Moskau ist die Metro. Sie verkehrt von morgens 5.30 Uhr bis nachts 2 Uhr. In der *Tschas Pik*, der Hauptverkehrszeit (7–9 Uhr und 18–20 Uhr), fahren die Bahnen auf den meisten Linien im Minutentakt.

Die Magnetkarten für Einzel- oder Mehrfahrtenkarten werden an den Schranken eingesteckt. Sobald das grüne Licht erscheint, zügig durchgehen, sonst schlägt einem die Metallschranke gegen die Beine (das passiert auch, wenn man versucht, ohne Karte durchzugehen!).

Mit einem Fahrschein kann man beliebig lange fahren. Ein Einzelticket kostet 28 RUB (0,69 €).

Bus, Tram und Trolleybus
Eine Besonderheit in Moskau sind die Trolleybusse, Oberleitungsbusse, die sich schwerfällig durch das Zentrum bewegen. Sowohl die normalen Busse als auch die Trolleybusse sind immer voll. Fahrscheine werden beim Schaffner gekauft. Nur am Stadtrand fahren Straßenbahnen.

Taxis
Taxis sind neben der Metro das beliebteste Verkehrsmittel der Moskauer. Die offiziellen Taxis sind knallgelb. Wenn es gelingt, ein Taxi zum Anhalten zu bewegen, heißt das noch nicht, dass der Fahrer auch in die gewünschte Richtung fahren will. Alles muss verhandelt werden, auch die Kosten für die Fahrt. Taxameter werden selten eingesetzt, man einigt sich vor der Fahrt auf einen Preis.

Die Taxis, die vor den großen Hotels warten, fahren zu überhöhten Preisen. Wer über Russischkenntnisse verfügt, hält besser ein Taxi auf der Straße an, statt in eines direkt vor dem Hotel einzusteigen.

New Moscow Taxi: Tel. 780 67 80, www.newmoscowtaxi.ru.
Taxi99: Tel. 999 99 99, www.taxi99.ru.
Gelbe Taxis: Tel. 927 00 00.

... mit dem PKW
Tschastniki (private Fahrer): Es gibt nicht nur die Möglichkeit, mit offiziellen Taxis zu fahren, sondern es ist durchaus üblich, per Handzeichen ein Auto anzuhalten: Man nennt das Fahrziel und handelt den Preis aus. Nur einsteigen, wenn der Fahrer allein im Auto sitzt!

Mietwagen: Mit dem Leihwagen allein durch Moskau zu fahren, ist nicht zu empfehlen. Besser ist es, einen Wagen mit Fahrer zu mieten. Das erspart Ärger und Diskussionen mit der Verkehrspolizei. Alle großen Autovermieter haben eine Filiale im Flughafen. Außerdem besorgen die Hotels Leihwagen. Preis ab 80 € pro Tag.
Avis: www.avis.de.
Budget Rent a Car: www.budget.com.
Europcar: www.europcar.de.
Hertz: www.hertz.de.

Übernachten

Bei den Hotels ist es wie mit dem meisten in Moskau: Es gibt keine wirkliche Mitte. Im Zentrum sind in den letzten Jahren vor allem Luxushotels und Hotels der oberen Kategorie entstanden. Diese befinden sich in Spitzenlagen und man zahlt Spitzenpreise.

Die alten Sowjethotels haben inzwischen umgerüstet und sind vollständig renoviert, wie beispielsweise das Hotel Goldener Ring, andere Hotels haben eine oder zwei Etagen nach westlichem Standard hergerichtet. Gute Hotels der mittleren oder einfachen Kategorie gibt es viel zu wenige und wenn, dann liegen sie nicht im Zentrum. Das ist ein großes Problem: Seit die Hotels Rossija und Moskwa, die große Zimmerkapazitäten besaßen, geschlossen wurden, gibt es nichts Vergleichbares. Pensionen existieren gar nicht, aber im Zentrum sind einige kleine Hotels entstanden wie das East-West oder das Sretenskaja.

Infolge der Wirtschaftskrise vom Herbst 2008 sind die Zimmerpreise – vor allem im Luxussegment – gesunken. In jedem Fall lohnt es sich, auf verschiedenen Internetseiten (s. S. 26) die Angebote zu prüfen. Einige Hotels bieten auch besondere Packages in der Low Season an, d. h. zur der Zeit, in der sich weniger Geschäftsreisende in Moskau aufhalten (um die Feiertage herum, s. S. 52). Zusätzlich zum Zimmerpreis werden 20 % Steuern berechnet.

Edel und teuer

Trendy – **Ararat Park Hyatt** **1** : ▶ Karte 2, K 7, Neglinnaja ul. 4, Tel. 783 12 34, www.moscow.park.hyatt.com, Metro: Teatralnaja, 195 Zi., 21 Suiten, DZ ab 250 €. Die Lage in bequemer Nähe zum Bolschoi-Theater, zum Kreml und zu allen Einkaufsmeilen ist ideal. Die moderne Architektur wirkt großzügig, die Ausstattung ist trendy. Ausblick genießt man nur von den Zimmern im 10. und 11. Stock! Besonders schön ist die Bar in der 10. Etage mit Blick auf die Dächer der Stadt.

Markante Lage – **Baltschug Kempinski** **2** : ▶ Karte 2, K 8, ul. Baltschug 1, Tel. 287 20 00, www.kempinski-moscow.com, Metro: Nowokusnezkaja, Tretjakowskaja, 234 Zi., DZ ab 250 €. Das Moskauer Luxushotel der ersten Stunde. Hier stimmt einfach alles: Blick, Service, Ambiente und Atmosphäre. Die Lage gegenüber dem Kreml macht das Hotel zu einem der beliebtesten Häuser für Staatsgäste und Stars. Etwa die Hälfte der Zimmer hat Kreml- und Roter-Platz-Blick. Besonders großzügig geschnittene Zimmer. Zur Erholung: Pool, Fitnessbereich und Kosmetiksalon (s. a. S. 102).

Russische Opulenz – **Radisson Royal** **3** : ▶ F 7/8, Kutusowskij pr. 2/1, Geb. 1, Tel. 221 55 55, www.radisson-hotels.ru/royal-moscow, Metro: Kiewskaja, 506 Zi., DZ ab 270 €. Es war einst das legendäre Hotel Ukraina (eines der sieben Zuckerbäckerstil-Hochhäuser) und wurde 2010 gründlich renoviert als 5-Sterne-Hotel wiedereröffnet. Ein Pool

Preiskategorien

Luxushotels	ab 250 €
Gehobener Komfort	160–250 €
Mittelklassehotels	100–160 €
Einfache Hotels	bis 100 €

Preis für ein Doppelzimmer ohne Frühstück zuzüglich 20 % Steuern.

Reiseinfos

mit olympischen Ausmaßen, fünf Restaurants und eine interessante Mischung: Prachtvoller Sowjetstil und postsowjetische Opulenz geben sich hier die Hand. Von den Zimmern und dem Restaurant Buono im 29. und 30. Stock hat man einen fantastischen Blick auf die Stadt!

Legendär – **Metropol** 4 : ▶ Karte 2, K 7, Teatralnyj pr. 1/4, Tel. 499 501 78 00, www.metropol-moscow.ru, Metro: Teatralnaja, 362 Zi., DZ ab 250 €. Die Historie des zwischen Bolschoi-Theater und Kreml gelegenen Hauses ist interessant (s. S. 102), doch Service und Zimmer entsprechen nicht dem hohen Preisniveau. Die Zimmer sind langweilig, nur die Suiten präsentierten sich pompös (ab 1000 €). Wegen seiner Geschichte und seiner Ausstattung einen Besuch wert ist der Restaurantsaal.

Historisch – **National** 5 : ▶ Karte 2, K 7, Mochowaja ul. 15/1, Tel. 258 70 00, www.national.ru, Metro: Ochotnyj Rjad, 150 Zi., 56 Suiten, DZ ab 240 €. Das Traditionshotel aus dem Jahr 1903 wurde Mitte der 1990er-Jahre stilecht renoviert und gehört nun zu den Starwood-Hotels. Lenin und die anderen Mitglieder der bolschewistischen Regierung wohnten hier, nachdem Moskau 1918 zur Hauptstadt Sowjetrusslands wurde. Lediglich die schönsten Suiten haben den Blick zum Roten Platz, aber im Pool unter dem Dach schwimmt man wie in den Wolken.

Glamour – **Ritz-Carlton** 6 : ▶ Karte 2, J 7, Twerskaja ul. 3–5, Tel. 225 88 88, www.ritzcarlton.com, Metro: Ochotnyj Rjad, 269 Zi., 65 Suiten, DZ ab 300 €. Der Kreml zum Greifen nah, zumindest von der Dachterrasse und der Präsidentensuite. Die Lage am Anfang der Twerskaja ist bestens, die Einrichtung der Lobby und der Zimmer opulent –

angelehnt an den russischen Empirestil, gestaltet von dem Deutschen Peter Silling. Im Gourmetrestaurant Jeroboam ist 3-Sterne-Koch Heinz Winkler der Patron. Der Spa-Bereich mit Schwimmbad ist 2000 m² groß und wirklich außergewöhnlich! Aber das eigentlich Spektakuläre ist die Terrasse der O2 Lounge im 11. Stock (s. S. 146).

Komfortabel und stilvoll

Urbaner Schick – **Hilton** 7 : ▶ M 5, Kalantscheskaja ul. 21/40, Tel. 627 55 50, www.moscow.hilton.com, Metro: Komsomolskaja, DZ ab 160 €. Im ehemaligen Hotel Leningradskaja am Platz der drei Bahnhöfe eröffnete 2009 das erste Hilton-Hotel in Moskau. Das schöne Hochhausgebäude – eine der ›Sieben Schwestern‹ – wirkt sehr stylish. Guter Komfort, belebte, zentrale Lage mit Metro direkt vor der Tür. Alle Zimmer bieten tolle Blicke auf Moskau und haben WLAN. Sehr angenehmer Spa-Bereich mit Pool und Fitness.

Guter Komfort – **Marriott Twerskaja** 8 : ▶ H 5, 1. Twerskaja-Jamskaja ul. 34, Tel. 258 30 00, www.marriotthotels.com, Metro: Belorusskaja, 162 Zi., DZ ab 180 €. Am Anfang der Twerskaja nicht weit vom Weißrussischen Bahnhof gelegen, bietet dieses Haus einen guten Komfort. In den 1990er-Jahren wurde es im Neo-Jugendstil restauriert. Im Winter kann man spezielle Packages buchen, z. B. ›Drei Nächte bleiben, zwei bezahlen‹!

Mittendrin – **Palace Sheraton** 9 : ▶ H 5, 1. Twerskaja-Jamskaja ul. 19, Tel. 931 97 00, www.sheratonpalace.ru, Metro: Belorusskaja, 220 Zi., DZ ab

Über 30 Stockwerke zählt das buchstäblich herausragende Swissotel

Reiseinfos

Hotelbuchung im Internet
Über das Internet kann man die meisten Hotels günstiger buchen:
www.welt.ru
www.allrussiahotels.com
www.lodging.ru
www.hotels.msk.ru
www.russia-hotels.de
www.selectrussia.com
www.hotelclub.net
www.hotels-moscow.ru

220 €. Der Neubau ist von außen nicht gerade schön, aber die Zimmer sind komfortabel und der Service ist nicht schlecht. Die Preise sind aber für das Angebot zu hoch! Sehr exklusive Duplex-Suiten, Fitnessraum im Haus.

Plüschig und gemütlich – **Savoy** 10: ▶ Karte 2, K 7, Roschdestwenka ul. 3, Tel. 620 85 00, www.savoy.ru, 85 Zi., DZ ab 220 €. Nur ein paar Schritte von Bolschoi-Theater und Kreml entfernt. Das Haus eröffnete 1913 als Hotel Berlin, geblieben ist das schöne Restaurant. 2005 komplett restauriert, im etwas plüschigen Stil, gehört es nun zu den ›Small Luxury Hotels of the World‹.

Designhotels

Für Designfreaks – **Golden Apple** 11: ▶ Karte 2, J 6, Malaja Dmitrowka 11, Tel. 980 70 00, www.goldenapple.ru, Metro: Twerskaja/Puschkinskaja, 90 Zi., 2 Suiten, DZ ab 180 €. Moskaus erstes Designhotel verbirgt sich hinter der Fassade eines Ende des 19. Jh. erbauten Hauses, in dem 1899/1900 Anton Tschechow lebte. Innen funktional und minimalistisch. Achtung: Die Standardzimmer sind für eine Doppelzimmernutzung zu klein. Zentrale Lage, exzellentes Frühstücksbuffet.

Cool und minimalistisch – **Swissotel Krasnye Holmy** 12: ▶ L/M 10, Kosmodamjanskaja nab. 52, Tel. 787 98 00, www.swissotel.com, Metro: Paweletzkaja, 235 Zi., DZ ab 130 €. Das futuristisches Hochhaushotel (34 Etagen) liegt zwischen dem Pawelezkaija Bahnhof und der neuen Musikhalle, dem ›Internationalen Haus der Musik‹. Das Tollste hier ist die Bar im obersten Stock, die einen 360-Grad-Blick bietet. Die Zimmer sind groß, stylish und hell mit bodentiefen Fenstern und garantieren einen exzellenten Blick auf die Stadt. In der Küche wirken ein Schweizer Konditor und ein französischer Chefkoch. Pool und Fitnessbereich.

Kettenhotels mit mittlerem Komfort

Funktional – **Aerostar** 13: ▶ E 3, Leningradskij pr. 37/9, Tel. 988 31 31, www.aerostar.ru, Metro: Dinamo, 307 Zi., DZ ab 100 €. Beim Fußballstadion von Dinamo Moskau, also nicht gerade zentral gelegen. Aber die Preise werten die Lage auf. Innen ist das Hotel schöner, als es von außen scheint!

Art without art – **Art-Hotel** 14: ▶ C 3, Peschanaja ul., Tel. 725 09 05, www.art-hotel.ru, Metro: Poleschajewskaja, Bus 64, 86 Zi., DZ ab 105 €. Modernes, neues Hotel, aber recht weit draußen nahe Serebrjannyj Bor, dem Naherholungsgebiet der Moskauer. Doch das Hotel bietet einen Shuttle-Service, der die Gäste ins Zentrum bringt. Die Zimmer sind guter Mittelklassestandard. Warum das Hotel ›Art‹ heißt, weiß keiner!

Standard – **Holiday Inn Lesnaja** 15: ▶ H 4, ul. Lesnaja 15, Tel. 783 65 00, www.holidayinn.com/hotels/de/de/moscow/mowlu/hoteldetail, Metro: Belorusskaja, 301 Zi., DZ ab 125 €. Guter 3-

Übernachten

Sterne-Standard, und das relativ zentrumsnah (5 Min. zum Weißrussischen Bahnhof). Der Blick aus den Zimmern ist nicht so schön, aber sie bieten angenehmen Komfort für den Preis. Zudem gibt es eine Sauna und ein Fitnesscenter.

Eine Stadt in der Stadt – **Radisson Slawjanskaja** 16: ▶ F/G 9, Bereschkowskaja nab. 2, Tel. 941 80 20, www.radisson.com, Metro: Kiewskaja, 431 Zi., DZ ab 150 €. Dieses Haus ist wie eine Stadt in der Stadt: Es besitzt drei Restaurants, Ladenpassagen, Fitnessmöglichkeiten, einen großen Pool und ein Businesscenter. Die Zimmer sind eher klein, aber komfortabel. Fast aus jedem Zimmer hat man einen schönen Blick auf die Moskwa.

Renovierter Sowjetcharme

Ruhige Lage – **Arbat** 17: ▶ H 8, Plotnikow per. 12, Tel. 271 28 01, www.president-hotel.ru/arbat, Metro: Smolenskaja, 102 Zi., DZ ab 115 €. Kleines, angenehmes Hotel in einer ruhigen Seitengasse des Arbat. 1960 wurde es für Parteifunktionäre erbaut und gehört noch heute der Kremladministration. Die Badezimmer strahlen den Charme jener Jahre aus, doch die Zimmer sind recht geräumig.

Altmoskauer Charme – **Budapest** 18: ▶ Karte 2, K 6, Petrowskije Linii 2/18, Tel. 925 30 50, www.hotel-budapest.ru, Metro: Kusneckij Most, Ochotnyj Rjad, 120 Zi., DZ ab 120 €. Das bereits 1876 errichtete Gebäude ist nun ein wenig aus dem sowjetischen Dornröschenschlaf erwacht: Renoviert, hat es sich zum 3-Sterne-Hotel gemausert. Die Lage hinter dem Bolschoi-Theater ist ausgezeichnet, der alte Sowjetcharme aber noch spürbar.

Hochhauscharme – **Golden Ring** 19: ▶ G 8, Smolenskaja pl. 5, Tel. 725 01 00, www.hotel-goldenring.ru, Metro: Smolenskaja, 247 Zi., DZ ab 190 €. Unpersönliches Hotel, doch der Blick aus den oberen Stockwerken ist umwerfend, die Fußgängerzone Arbat nur wenige Schritte entfernt. Die renovierten Zimmer wollen mehr sein, als sie sind.

Idyllische Lage – **Marco Polo Presnja** 20: ▶ Karte 2, H 6, Spiridonewskij per. 9, Tel. 244 36 31, www.presnja.ru, Metro: Puschkinskaja/Majakowskaja, 68 Zi., DZ ab 125 €. Schon 1904 als Hotel für englische Lehrer erbaut und später als Parteihotel genutzt. Idyllische Lage im Viertel der Patriarchenteiche. Das Haus ist hübsch renoviert, auch der Service ist gut.

Sowjetnostalgie – **Kosmos** 21: ▶ außerhalb L 3, Prospekt Mira 150, Tel. 234 12 06, www.hotelcosmos.ru, Metro: WDNCH, 1771 Zi., DZ ab 85 €. Das ist Sowjetnostalgie pur! Gebaut wurde der Hotelriese 1980 zur Olympiade, damals galt er als das Nonplusultra eines modernen Hotels. 25 Etagen mit Weitblick gegenüber der Blockbuster-Ausstellung der Sowjetzeit, WDNCH, mit den Errungenschaften der sowjetischen Volkswirtschaft.

Klein und individuell

Direkt am Kloster – **Danilowskaja** 22: ▶ K 12, Bolschoj Starodanilowskij per. 5, Tel. 954 05 03, 954 05 03, www.danilovsky.ru/hotel, Metro: Tulskaja, 116 Zi. (überwiegend EZ), DZ ab 125 €. Für religiös Interessierte ist das Hotel eine gute Wahl: Es ist Teil des Danilow-Klosters, Sitz des Moskauer Patriarchen. Die Zimmer sind einfach, sauber und ruhig. Zum Hotel gehört ein Restaurant mit nettem Service.

Reiseinfos

Privatunterkünfte
Bed & Breakfast bei Moskauer Familien kostet zwischen 10 und 50 € pro Tag. Je weiter weg vom Kreml und je länger der Aufenthalt, desto preisgünstiger ist die Übernachtung. Buchen kann man über den ost & fern-Reisedienst, An der Alster 40, 20099 Hamburg, Tel. 040 28 40 95 70, www.ostundfern. de oder unter www.russianguide.20m. com. Wer einen längeren Besuch in Moskau plant oder aber in einer kleinen Gruppe fährt, für den lohnt es sich unter Umständen, ein Appartement zu mieten: www.apartmentsmoscow.com oder www.likehome.ru.

Bohemian – **Artel** 23: ▶ K 7, Teatralnyj projesd 3, Geb. 3, im 3. Stock, Tel. 626 90 08, www.artelhotel.ru, Metro: Teatralnaja/Lubjanka, 18 Zi., DZ ab 60 €. In dem kleinen Künstlerhotel im Hinterhof gleicht kein Zimmer dem anderen. Die meisten der Gäste sind Künstler oder solche, die sich gern in diesen Kreisen bewegen. Schräges Ambiente und zentrale Lage. Der Künstlerklub Masterskaja befindet sich im gleichen Haus, deswegen kann es laut sein.

Ruhige Lage – **Sretenskaja** 24: ▶ Karte 2, L 5/6, ul. Sretenka 15, Tel. 933 55 44, Tel./Fax 933 55 45, www.hotel-sretenskaya.ru, Metro: Sucharewskaja, 33 Zi., DZ ab 180 €. Zweistöckiges, renoviertes Gebäude aus dem 18. Jh. Schönes Café im begrünten Innenhof, Sauna, Fitnessmöglichkeiten. Eines der wenigen kleinen Hotels in Moskau, deren Zimmer sehr ruhig sind, weil sie größtenteils zum Innenhof liegen.

Kaukasisches Flair – **Kebur Palace** 25: ▶ H 9, ul. Ostoschenka 32, Tel. 733 90 70, www.keburpalace.ru, Metro: Kropotkinskaja/Park Kultury, 79 Zi., DZ ab 200 €. Das kleine Hotel liegt mitten im schönsten Teil von Moskau, dem Ostoschenka-/Pretschistenka-Viertel. Als es 2003 eröffnete, hieß es noch Tiflis, wie heute noch das Restaurant im Haus. Viele Zimmer haben einen kleinen Balkon zum ruhigen Innenhof. Schöner Pool.

Einfache Hotels

Weit draußen – **Ismajlowo** 26: ▶ außerhalb O 3, Ismajlowskoje Schossee 71, Tel. 166 46 02, www.izmailovo.ru, www.alfa-hotel.ru, Metro: Partisanskaja, DZ ab 37 €. Im Osten der Stadt gelegener Riesenkomplex mit fünf Hochhäusern, der zur Olympiade 1980 erbaut wurde. Einfach, aber preiswert, direkt an der Metro. Beim Hotel liegt der große Moskauer Souvenir- und Trödelmarkt (s. S. 40).

Hostels und Jugendhotels

Superlage – **Napoleon Hostel** 27: ▶ Karte 2, L 7, Malyj Slatoustinskij per. 2, 4. Stock, Tel. 628 66 95, www.napoleonhostel.com, Metro: Kitaj-Gorod, Bett ab 17 €. Zehn Minuten zu Fuß vom Kreml entfernt in einer malerischen Gasse in Kitaj-Gorod gelegen, dennoch sind es nur ein paar Schritte zu Klubs, Restaurants und Cafés. Saubere Schlafzimmer, Wohnraum und freier Internetzugang.

Superzentral – **Bulgakov Mini Hotel** 28: ▶ H 8, Arbat 49, Geb. 2 (Hinterhof), Tel. 229 80 18, www.bulgakovhotel.com, Metro: Smolenskaja, 14 Zi., DZ ab 55 €. Das Minihotel liegt an der Fußgängerzone des alten Arbat. Zwei Gemeinschaftsräume, Küche und Duschen werden gemeinsam genutzt. Sehr schlicht, aber zentral.

Essen und Trinken

Wie Sie das richtige Restaurant finden ...

Mit diesem Buch
Auf den folgenden Seiten finden Sie eine Auswahl derjenigen Restaurants, die zu den besten der Stadt zählen, sich in den letzten Jahren einen Namen gemacht haben oder gerade angesagt sind. Es handelt sich dabei ausnahmslos um Lokale, für die sich der mitunter etwas längere Weg kreuz und quer durch die Stadt lohnt. Weitere Adressen, darunter gute und günstige Stadtteilrestaurants, finden Sie in den Beschreibungen der Stadtviertel (Übersicht s. u.).

Hier können Sie sich selbst umsehen ...
Im gesamten Zentrum sind in den letzten Jahren die Restaurants wie Pilze aus dem Boden geschossen. Entlang der **Twerskaja** reiht sich ein Café bzw. Restaurant an das andere, auch in den Seiten- und Parallelstraßen gibt es zahlreiche Lokale. Eine besondere Häufung von Restaurants findet sich außerdem im **Arbat-Viertel.**

Kulinarischer Alltag

»Wenig später erschienen vor uns Schnaps- und Weingläser, Flaschen mit verschiedenfarbigen Wodkas, rosa Lachs, bräunlich-fleischfarbener gedörrter Störrücken, eine Schüssel mit geöffneten Muscheln auf Eis, ein orangefarbener Würfel Chesterkäse, ein glänzender schwarzer Klumpen Preßkaviar, ein vor Kälte beschlagener weißer Sektkübel...«, so beschrieb der erste russische Nobelpreisträger Iwan Bunin in der Novelle »Ida« ein Frühstück unter Freunden im Restaurant.

Gastronomie in den Moskauer Vierteln

Kreml, Roter Platz, Kitaj-Gorod
- Stadtviertelkarte S. 122
- Restaurantbeschreibung S. 144

Twerskaja und Umgebung
- Stadtviertelkarte S. 154
- Restaurantbeschreibung S. 168

Zwischen Theaterplatz und Boulevardring
- Stadtviertelkarte S. 176
- Restaurantbeschreibung S. 188

Pretschistenka und Chamowniki
- Stadtviertelkarte S. 196
- Restaurantbeschreibung S. 210

Arbat
- Stadtviertelkarte S. 216
- Restaurantbeschreibung S. 223

Samoskworetsche
- Stadtviertelkarte S. 236
- Restaurantbeschreibung S. 248

Krasnaja Presnja
- Stadtviertelkarte S. 256
- Restaurantbeschreibung S. 264

Ausflüge in die Umgebung
- Restaurantbeschreibungen S. 274 und S. 279

Reiseinfos

Russen essen und trinken gern und viel, schon ein Frühstück muss opulent oder zumindest mit etwas Warmem beginnen. Das kann Kascha (Brei) sein, aber auch ein Omelett oder Würstchen oder etwas Aufgewärmtes vom Vortag. Auch mittags und abends isst man warm, doch zuvor kommt das Wichtigste: Sakuski. Sakuski sind Vorspeisen, das kann Kaviar oder Lachs sein mit Bliny (Buchweizenpfannkuchen), Wurst- oder Bratenaufschnitte, Salate aus Roter Bete oder Möhren. Danach folgt eine Suppe: Borschtsch (Rote-Bete-Suppe), Schtschi (Kohlsuppe), Soljanka (säuerliche Fisch- oder Fleischsuppe) oder Ucha (Fischsuppe). Zur Suppe werden Piroschki (gefüllte Teigtaschen) oder Brot gereicht. Wer jetzt noch nicht satt ist, kann im Hauptgang Fleisch oder Fisch essen oder die sibirische Spezialität Pelmeni probieren, mit Fleisch gefüllte Ravioli.

Getrunken wird natürlich auch. Dabei steht anders als früher der Wodka nicht mehr im Vordergrund. In der Metropole des Wodkalandes Russland zeichnet sich ein neuer Trend ab: Weinbars schießen wie Pilze aus dem Boden. Man trinkt Wein, weil es in ist.

Moskaus Restaurantszene

Lokale mit langer Tradition gibt es in Moskau nicht, da die Metropole in der Sowjetzeit eine kulinarische Wüste war. Die meisten Restaurants sind nach der Wende entstanden. Seit Beginn des neuen Jahrtausends hat sich Moskau zur neuen Gourmetmetropole im Osten herausgemausert. Wie das Stadtbild verändert sich auch die Restaurantszene rasant und stellt in Extravaganz alle westlichen Metropolen in den Schatten. Es gilt nachzuholen, was in 70 Jahren Sowjetherrschaft versäumt wurde. Das fängt schon beim Interieur an. Die meisten Toprestaurants sind von den besten Designern kreiert. Dazu kommt eine Topqualität: In Moskau sind die besten Meerestiere frisch und immer vorrätig. Eingeflogen werden sie täglich (!) aus Tokio und Paris. Das erlebt man am besten im La Marée (s. S. 32). Wie an einem Marktstand wählt man dort die Fische aus, die dann auf den Teller kommen.

Neben guter Qualität ist auch Erlebnisgastronomie gefragt. Diesen Trend bedient vor allem der Restaurantbetreiber Arkadij Nowikow, der mehr als 60 Restaurants sein Eigen nennt. Er holt sich die besten Köche aus dem Westen (meist aus Italien) und bietet cooles Design mit einem Mix aus italienischer, japanischer und russischer Küche. Mit Jolki-Palki hat er bewiesen, dass Essengehen in Moskau nicht nur eine Sache

Essen und Trinken

der neuen Reichen ist. In den Kettenrestaurants wird russische Hausmannskost zum günstigen Preis angeboten. Zugleich bedient Nowikow die Sehnsucht der russischen Klientel nach Deftigem. Auch Starkoch Anatoly Komm bedient mit dem ›Gastronomischen Theater‹ in seinem Restaurant Warwary den Erlebnishunger. Als Einziger in Moskau bietet er die molekulare Küche.

Die ersten Restaurants nach der Wende waren bestimmt vom Trend, etwas Internationales bieten zu wollen, ob Chinese, Italiener, Mexikaner, Franzose, Spanier oder Sushi-Bar. Momentan ist die japanische Küche in. Sie ist einfach und doch erlesen und vor allem untypisch für Russen. Bis vor Kurzem waren Sushi-Restaurants in Moskau eine exklusive Angelegenheit. Heute gibt es in fast jedem Stadtteil eine Sushi-Bar. Doch mit dem neuen Nationalstolz, der sich unter Putin rasant entwickelt hat, ist eine Hinwendung zur guten russischen Küche zu verzeichnen, die in Restaurants wie dem Kafe Puschkin, aber auch im Dom Literatow und im Mari Vanna perfekt zelebriert wird. Daneben kann man in der russischen Metropole besonders die exotischen Küchen der Völker der früheren Sowjetunion genießen: usbekisch, georgisch, aserbaidschanisch, armenisch und mongolisch.

Auch in Cafés und Klubs gibt es was zu essen. Mit den Cafés ist es wie mit den Sushi-Restaurants. Der Trend zu Coffeeshops, der in London und New York begann, ist nach Moskau übergeschwappt. An allen Ecken im Zentrum gibt es Kettencafés oder gemütliche Cafés, die diverse Sorten Kaffee anbieten.

Der Standard in puncto Küche und Ambiente ist in Moskau hoch (Cantinetta Antinori)

Reiseinfos

Spitzengastronomie

Französisch – **Carré Blanc:** ▶ J 4, Selesnjowskaja ul. 19/2, Tel. 258 44 03, www.carreblanc.ru, Metro: Nowoslobodskaja, tgl. 12–23 Uhr, Hauptgericht ab 15 €. Nicht nur in Anlehnung an Malewitschs »Schwarzes Quadrat« hat das Restaurant seinen Namen, auch auf die Tellerformen wird hier angespielt. Es ist eines von Moskaus Spitzenrestaurants, und der französische Chefkoch Eric Le Provos tut alles, damit es so bleibt. Er kreiert eine gute saisonale Küche, die man im Sommer auch auf der Terrasse genießen kann.

Luxuriös – **Bon:** ▶ K 9, Jakimanskaja nab.1/4, Tel. 737 80 08, www.bonmoscow.ru, Metro: Poljanka/Oktjabrskaja, tgl. 12–24 Uhr, Sa/So ab 13 Uhr, Hauptgericht ab 22 €. Ein Projekt von Arkadij Nowikow und dem französischen Designer Philippe Starck, der sich hier austoben konnte: Liebe zum Detail gepaart mit wilden Fantasien zum Thema Luxus. Von allem ein bisschen zu viel. Aber wer das Ambiente mag, kann hier gute italienische und französische Spezialitäten genießen.

Italienisch gut – **Cantinetta Antinori:** ▶ H 8, Deneschnyj per. 20, Tel. 241 37 71, www.novikovgroup.ru, Metro: Smolenskaja, tgl. 12–24 Uhr, Hauptgericht ab 18 €. Die Cantinetta ist Moskaus Superitaliener. Marco Zampieri macht alles, um den Moskauern italienische Kochkultur nahezubringen: Die Pasta ist frisch, die Fische ebenso. Und die Fleischgerichte sind auf den Punkt zubereitet. Dazu werden köstliche Toskanaweine kredenzt.

Kreative Kombinationen – **Jeroboam:** ▶ Karte 2, J/K 5, im Ritz-Carlton, Twerskaja ul. 3, Tel. 225 88 88, www.ritzcarlton.com, Mo–Sa 12 Uhr bis zum letzten Gast, Hauptgericht ab 50 €. Der Sternekoch Heinz Winkler präsentiert hier seine ›Cuisine Vitale‹ in Moskau: kreative Kombinationen mit speziellen Aromen und raffinierter Technik. Unter einer semizirkularen Glaskuppel speist man mit Blick auf Gemälde, die Ansichten von Baden-Baden zeigen. Die opulente Weinkarte hilft, die Gerichte abzurunden!

Schrill – **Manon:** ▶ F 7, ul. 1905 goda 2, Tel. 651 81 00, www.manon-club.ru, Metro: Uliza 1905 Goda, tgl. 12 Uhr bis zum letzten Gast, Hauptgericht ab 10 €. Eine schrille Kombination von Farben und Formen: rohe Backsteinwände, Holzfußböden, verspiegelte, goldgerahmte Decken, knallgrüne Lüster und Schachbretttische. Für das leibliche Wohl sorgt der französische Chef Michel del Burgo. Es gibt klassisch Französisches mit mediterranem Einschlag.

Frischer Fisch – **La Marée:** ▶ Karte 2, K 6, Petrowka 28/2, Tel. 694 09 30, www.la-maree.ru, Metro: Puschkinskaja, tgl. 12–24 Uhr, Hauptgericht ab 25 €. *Das* Fischrestaurant in Moskau. Wie auf einem Fischmarkt werden die Fische präsentiert und der Gast wählt aus. Besitzer Mehdi Douss ist der Seafood-Zar von Moskau. Täglich lässt er die Meerestiere einfliegen, denn er ist vor allem Großhändler – die meisten Moskauer Restaurants bestellen bei ihm. Die Auswahl ist grandios (15 verschiedene Austern) und die Zubereitung auch!

Superjapanisch – **Seiji:** ▶ H 10, Komsomolskij pr. 5/2, Tel. 246 76 24, www.seiji.ru, tgl. 12–24 Uhr, Metro: Park Kultury, Hauptgericht ab 18 €. Der beste Japaner der Stadt kann es mit der Konkurrenz in anderen Metropolen aufnehmen. Neben Sushi und Sashimi bietet Chefkoch Seiji Kusano u. a. Kobe-Beef.

Essen und Trinken

Pompöser Palast – **Turandot:** ▶ Karte 2, J 6, Twerskoj bl. 26, Tel. 739 00 11, www.turandot-palace.ru, tgl. 12 Uhr bis zum letzten Gast, Metro: Puschkinskaja, Hauptgericht ab 20 €. Die New York Times schrieb: »Wäre Marie-Antoinette noch am Leben, dann wäre das Turandot wohl ihr Restaurant.« Der Erfinder des Kafe Puschkin, Andrej Dellos, investierte in das nach Vorlagen aus dem 18. Jh. aufwendig gestaltete Turandot über 35 Mio. Dollar. Ein goldenen glitzernder Palast mit kostümierten Kellnern empfängt den Gast. Gekocht wird nicht – wie zu erwarten – französisch, sondern asiatisch.

Infos zur Moskauer Gastroszene
Auf der Website: www.restoran.ru finden Sie – sogar auf Deutsch – Infos über die Moskauer Restaurantszene. In der monatlich erscheinenden Zeitschrift »Where in Moscow« kann man auf Englisch Interessantes über Restaurantnovitäten oder Altbewährtes nachlesen, ebenso auf www.menu.ru. Die Website www.resto.ru gibt ebenfalls eine gute Übersicht, allerdings leider nur auf Russisch.

Szenerestaurants

In-Location – **Twerbul:** ▶ Karte 2, J 7, Twerskoj bl. 24, Tel. 629 22 51, www.tverbul.ru, Metro: Puschkinskaja, tgl. 12 Uhr bis zum letzten Gast, Hauptgericht 15–32 €. Die neue In-Location eröffnete die Moskauer Stilikone Xenia Sobtschak zusammen mit Starkoch Anatoly Komm im Herbst 2010. Im Palais aus dem 18. Jh. speist man stilvoll in drei Salons – wahlweise in tiefen Sofas oder in bequemen Sesseln. Gekocht wird hinter einer Glaswand. Spezialität sind die Grillgerichte.

Top of the top – **Warwary:** ▶ Karte 2, J 6, Strastnoj bl. 8a, Tel. 229 28 00, www.anatolykomm.ru, Di–Sa 18–23 Uhr, 11 Gänge 158 €. Das Warwary bietet tolle Blicke über die Stadt und ein opulentes Ambiente: roter Samt, schwarzer Lack, schweres Kristall und Silber. Weiß behandschuhte Kellner servieren ein »Gastronomische Theater in elf Akten«. Anatoly Komm benutzt dafür typische Produkte der russischen Küche wie Rote Bete und transformiert sie in Baisers, Chips oder Sorbet. »Für Russland ist er eine Revolution!«, urteilte die Moskauer Wirtschaftszeitung »Wedomosti's« (siehe auch Lieblingsort S. 170).

New York Style – **Art Academy:** ▶ J 9, Bersenewskaja nab. 6, Geb. 3, Tel. 771 74 46, www.academiya.ru, Metro: Kropotkinskaja, So–Do 12–24, Fr/Sa 12–6 Uhr, Hauptgerichte 7–23 €. Im neuen In-Viertel der alten Schokoladenfabrik Roter Oktober treffen sich in der Loft-Atmosphäre Moskaus Kreative zu Pizza, Pasta oder Sushi. An den Wänden Kunst, in der Mitte dominiert eine riesige Bar, um die herum es Freitag- und Samstagnacht quirlig wird.

Nicht nur Pizza – **Akademija:** ▶ Karte 2, J 7, Kamergerskij per. 2, Tel. 692 96 49, www.academiya.ru, Metro: Ochotnyj Rjad/Teatralnaja, tgl. 10–24 Uhr, Sa/So ab 12 Uhr, Hauptgericht ab 8 €. Die beste Pizza nördlich von Mailand, sagen manche. Wegen der Pizzen kommen die meisten hierher, aber auch tolle Salate und Pasta! Schlichter Raum mit einfachen Holztischen, gute Atmosphäre und Riesenkarte. Im Sommer große Außenterrasse.

Stilvoll – **Café des Artistes:** ▶ Karte 2, J/K 7, Kamergerskij per. 5/6, Tel. 692 40 42, www.artistico.ru, Metro: Ochotnyj Rjad, tgl. 11–1 Uhr, Hauptgericht ab

Essen und Trinken

15 €. Kein Café, sondern ein sehr schönes Restaurant über zwei Etagen mit wechselnden Kunstausstellungen und Kunstevents. Ins Leben gerufen hat es der Schweizer Dolf Michel. Schweizerisch gut ist auch der Service! Von Austern bis Rindspfeffer ist das Angebot breit gefächert, quer durch die europäische Küche mit französischem Touch. Auf der Terrasse sitzt man unter Sonnenschirmen in Korbstühlen.

Supercool – **Galereja:** ▶ Karte 2, J/K 6, Petrowka 17, Tel. 937 45 44, www.cafegallery.ru, Metro: Puschkinskaja, tgl. 24 Std., Mittagsmenü für 11 €. Hier trifft sich abends Moskaus Jeunesse dorée zu DJ-Partys und Kunstevents. Auf der Karte ein guter italienisch-asiatisch-russischer Mix und viele süße Desserts. Das Ambiente: dunkles Tropenholz, indirekte Beleuchtung, große Fotos an den Wänden und gute Lounge-Musik (wenn kein DJ auflegt).

Frisch und fantastisch – **Kupol:** ▶ G 7, Nowyj Arbat 36/3, Tel. 690 73 73, www.anatolykomm.ru, Metro: Barrikadnaja/Krasnopresnenskaja, tgl. 12–24 Uhr, Hauptgericht ab 10 €. Direkt neben dem Weißen Haus liegt unter einer Glaskuppel das Kupol von Anatoly Komm. Eine mildere Form der molekularen Küche kann man hier probieren, aber auch Spaghetti oder Lamm. Die Zutaten sind frisch, das Ambiente glamourös und der Blick fantastisch.

Sowjetnostalgie – **Petrowitsch:** ▶ Karte 2, L 6, Mjasnizkaja ul. 24, Geb. 3, Tel. 923 00 82, Metro: Tschistyje Prudy, Turgenjewskaja, tgl. 18–5 Uhr, Hauptgericht ab 7 €. Nicht so leicht zu finden. Von der Mjasnizkaja biegt man in eine Seitengasse und geht dann links in den Keller. Der Karikaturist Andrej Bilscho eröffnete dieses Klubrestaurant (eigentlich nur für Mitglieder, das wird aber nicht so eng gesehen!). An den Wänden hängen neben seinen Zeichnungen Sowjetnostalgie-Objekte. Beliebt bei der Kunstboheme. Die Gerichte: von europäisch bis russisch zu zivilen Preisen. Manchmal Livemusik.

Minimalistisches Ambiente – **Ragout:** ▶ H 5, ul. Bolschaja Grusinskaja 69, Tel. 662 64 58, www.caferagout.ru, Metro: Belorusskaja, tgl. 8–24 Uhr, Sa/So ab 12 Uhr, Fr/Sa bis 2 Uhr, Hauptgerichte 9–14 €. Das Ragout wurde als beste Neueröffnung des Jahres 2010 gefeiert. Hier kochen Ilja Schalew und der Fernsehmoderator Alexej Zimin so Köstliches wie Rote-Bete-Suppe mit Ziegenkäse und Lammburger mit Salat im minimalistischen Ambiente. Sie verwenden nur Produkte aus der Region. Moskaus Bohème-Szene trifft sich hier ebenso wie viele in Moskau lebende Ausländer. Eine Besonderheit: Man zahlt 500 Rubel Ablöse und kann sich den Wein selbst mitbringen!

Trendige Adresse – **Vogue:** ▶ Karte 2, K 6, Kusnezkij most 7/9, Tel. 923 17 01, www.novikovgroup.ru, Metro: Teatralnaja, Mo–Fr 8.30–1, Sa/So 12–1 Uhr, Hauptgericht ab 12 €. Unbedingt vorbestellen, denn alle wollen hierhin! Modern, elegant und doch schlicht! An den Wänden Modefotos aus der »Vogue« und an den Tischen die Schicken und Kreativen aus Moskau. Das Frühstück ist köstlich, doch der Hit sind die Salate!

Die Klassiker

Edelimbiss – **Gastronom No. 1:** ▶ Karte 2, K 7, Krasnaja Ploschadj 3, Tel. 788 43

Aus Neu mach Alt: Das Palais mit dem Café Puschkin ist ein Nachbau aus den 1990er-Jahren

Reiseinfos

Ganz schön süß
Im **Gastronom No. 1** gibt es Schokoladen, Pralinen und Bonbons der Schokoladenfabrik »Roter Oktober« (s. S. 244) in großer Auswahl. Eingewickelt sind die Bonbons und Schokoladen in unterschiedliche Nostalgiepapiere. So kann jeder auch optisch gesehen etwas ganz nach seinem persönlichen Geschmack finden (im GUM, 3. Linie, s. S. 42).

43, Metro: Kitaj-Gorod/Ochotnyj Rjad, tgl. 10–22 Uhr, Hauptgericht ab 10 €. Dieser neue Edelimbiss im Kaufhaus GUM wurde auf Basis alter Archivfotos gestaltet: mit Marmorböden, Art-déco-Lampen und langen Tresen. Neben globalen Schlemmereien wie Sushi, Austern und französischem Käse gibt es auch Sowjetnostalgisches wie Sprotten, Geräuchertes von Schwein und Rind und eingelegte Pilze. Man isst vor Ort oder nimmt die Köstlichkeiten mit.

Legendär mit Varieté – **Jar:** ▶ G 4, Leningradskij pr. 32/2, Tel. 960 20 04, www.yar-restaurant.ru, Metro: Dinamo, Belorusskaja, tgl. 12 Uhr bis open end, Hauptgericht ab 10 €. Legendär der Raum aus dem Jahr 1826, romantisch die Musik, festlich die Tische und europäisch die Küche. Abends werden Varieté-Shows geboten, dann wird's laut und teuer.

Eigentlich nur prachtvoll – **Metropol:** ▶ Karte 2, K 7, Teatralnyj pr. 1/4, Tel. 499-270 10 61, Metro: Teatralnaja, tgl. 12–16, 18.30–24 Uhr, Hauptgericht ab 25 €. Legendär ist der Jugendstilraum – wer hier nicht schon alles gegessen hat: von Lenin, Trotzki, George Bernard Shaw und Klaus Mann bis zu Yehudi Menuhin, um nur einige zu nennen. Für das, was kulinarisch geboten wird – europäisch-russische Küche – sind die Preise jedoch zu hoch.

Nicht nur für Poeten – **ZDL (Dom Literatorow):** ▶ H 7, Powarskaja ul. 50, Tel. 691 15 15, www.cdl-restaurant.ru, Metro: Barrikadnaja, tgl. 12–24 Uhr, Hauptgericht ab 18 €. Das Interieur im Schriftstellerhaus ist einmalig: Der holzgetäfelte Saal – im alten Stil frisch renoviert mit Kronleuchter, Brokatvorhängen und einem flämischen Wandteppich – war in der Sowjetzeit Schriftstellern und ihren Gästen vorbehalten. Heute kochen hier ein russischer und ein italienischer Chef um die Wette, und das gelingt gar nicht so schlecht.

Nationalitätenküche

Russische Küche vom Feinsten – **Kafe Puschkin:** ▶ Karte 2, J 6, Twerskoj bl. 26 a, Tel. 739 00 33, www.cafe-pushkin.ru, Metro: Puschkinskaja, tgl. 24 Std., Hauptgericht ab 13 €. Weltbekannt war der Name des Restaurants schon in den 60er-Jahren – lange vor der Eröffnung – durch Gilbert Bécaud, der ein Café Puschkin in seinem Chanson »Nathalie« besang. Nun steht es am Puschkin-Platz, als ob es schon immer dort gestanden hätte, aber das Gebäude ist ein Nachbau eines Hauses aus dem 19. Jh. Im Parterre kann man einen Kaffee trinken und Kleinigkeiten essen. Im ersten Stock speist man wie in einer Bibliothek. Besonders zu empfehlen sind die Pelmeni und Piroggen. Im Sommer ist die Dachterrasse eine Oase in der Stadt!

Essen und Trinken

Georgisch – **Knjas Bagration:** ▶ G 9, Pljuschicha ul. 58/1A, Tel. 933 71 71, Metro: Smolenskaja, tgl. 12–24 Uhr, Hauptgericht ab 10 €. Fürst Bagration war Befehlshaber im Krieg gegen Napoleon. Ihm ist dieses georgische Restaurant gewidmet, das im Sommer mit den vielen verschiedenen Außenterrassen – bewachsen mit Wein – das Gefühl vermittelt, man sitze in Tiflis.

Aristokratisches Ambiente – **Krasnaja Ploschadj (Roter Platz):** ▶ Karte 2, K 7, Krasnaja pl. 1, Tel. 925 36 00, 292 11 96, www.redsquare.ru, Metro: Ochotnyj Rjad, tgl. 12–24 Uhr, Hauptgericht ab 12 €. Im Historischen Museum am Roten Platz kann man historische Menüs aus dem 19. Jh. ordern. Etwas Besonderes ist Kundjumy, eine Pelmeni-Auswahl gefüllt mit Pilzen. Mittags guter Business-Lunch, abends Live-Jazzmusik in der Bar.

Kommunalkagefühl – **Mari Vanna:** ▶ Karte 2, H 6, Spiridonewski per. 10, Tel. 650 65 00, www.ginzaproject.ru, Metro: Majakowskaja, tgl. 24 Std. geöffnet, Hauptgericht ab 8 €. Das Restaurant ist wie eine Kommunalka, eine Gemeinschaftswohnung, der Sowjetzeit gehalten. Der Gast betritt zuerst einen Flur mit Einmachgläsern und Gerümpel, doch dann öffnet sich die Tür zu Mari Vannas guter Stube. Liebevoll sind die zwei Räume wie Wohnzimmer in der Sowjetzeit gestaltet und so sind auch die Gerichte: ein schönes Vorspeisenbuffet ist aufgebaut und à la carte gibt es beste Hausmannskost. Auf einem alten Fernseher laufen in Schwarz-Weiß nostalgische Sowjetfilme.

Stilvoll – **Oblomow:** ▶ K 10, Monetschikowskij per. 5, Tel. 953 66 20, Metro: Nowokusnezkaja, tgl. 12–5 Uhr, Hauptgericht ab 13 €. Die Kaufmannsvilla aus dem 19. Jh. ist ein idealer Platz, um zu speisen. Probieren Sie das Menü »Oblomow« und es wird ihnen gehen wie dem gleichnamigen Helden aus Iwan Gontscharows Roman: Sie möchten sich nur auf dem Sofa zurücklehnen und schlafen. Im Parterre gibt es ein Café und im 1. und 2. Stock Restaurants mit russisch-französischer Küche.

Amerikanisch – **T.G.I. Friday's:** ▶ Karte 2, J 6, Twerskaja ul. 18/2, Tel. 699 56 53, www.tgifridays.ru, Metro: Puschkinskaja, tgl. 12–1 Uhr, Hauptgericht ab 12 €. Das Steak ist für Moskauer Verhältnisse geradezu günstig, die mexikanischen Gerichte sind interessant und die Salate knackig. Rustikale Atmosphäre und immer gute Stimmung.

Preiswerte Restaurants

Biergartenatmosphäre – **Bavarius:** ▶ Karte 2, H/J 5, Sadowo-Triumfalnaja ul. 2/30, Tel. 699 42 11, Metro: Majakowskaja, tgl. 12–24 Uhr, Hauptgericht ab 7 €. Bayern in Moskau: Der größte Biergarten der Stadt liegt in einem Innenhof. 220 Plätze im weißen Zelt, das Bier fließt in Strömen, dazu gibt es Salate, Rippchen, Schweinekotelett und Eisbein. Für Heimwehtouristen!

Imbiss auf mongolische Art – **Jolki-Palki po mongolski:** ▶ Karte 2, J 6, Twerskaja 18 A, Metro: Puschkinskaja, tgl. 11–5 Uhr, Hauptgericht ab 6 €. Man nimmt sich einen Teller, packt darauf, was einem schmeckt: z. B. Hühner-, Rind- oder Schweinefleisch, dazu Tomaten, Pilze, Gurken, Möhren und/oder Kräuter, übergibt es einem der Köche, lässt alles auf den großen Grillplatten zusammenbrutzeln, bezahlt und sucht sich einen Platz. Es

Reiseinfos

geht alles schnell, schmeckt und ist preiswert.

Beste vegetarische Kost – **Juggernaut Express:** ▶ Karte 2, K 6, Kusnezkij most 11, Tel. 628 35 80, www.jagannath.ru, Metro: Kusnezkij Most, Mo–Fr 8–23, Sa 10–23 Uhr, Hauptgericht ab 7 €. Moskaus Mekka für Vegetarier: nicht nur Restaurant, sondern auch großer Shop mit vegetarischen und asiatischen Lebensmitteln. An der Salatbar stellt man sich für 6 € einen opulenten Teller zusammen. Auch viele asiatische Gerichte und leckeres Soja-Schaschlik.

Cafés

Erste Lage – **Bosco Café:** ▶ Karte 2, K 7, Krasnaja pl. 3, Tel. 929 31 82, www.bosco.ru, Metro: Teatralnaja, Mo–Fr 9–23, Sa/So 10–23 Uhr, Hauptgericht 12–25 €. Ein Einkaufsbummel durch das GUM findet seinen krönenden Abschluss im Bosco Café am Roten Platz. Leichte italienische Küche mit köstlichen Salaten und Spaghetti-Variationen werden angeboten. Doch der eigentliche Grund, hierher zu kommen, ist das Kuchenbuffet. Im Sommer große Terrasse (s. Lieblingsort S. 130).

Supertrendy – **Upside Down Cake Co.:** ▶ H 5, ul. Bolschaja Grusinskaja 76, Tel. 926 83 97, www.upsidedowncake.ru, Metro: Belorusskaja, tgl. 8–23 Uhr. Cooles New-York-Ambiente im Retro Style und Cupcakes, Torten, Eis und Desserts zum Niederknien, einfach himmlisch! Reichhaltiges Frühstück und kleine Mittagskarte und dazu erfreut noch der superfreundliche Service!

Klasse Eis – **Gogol Mogol:** ▶ H 8, Gagarinskij per. 6, Tel. 695 11 31, www.gogol-mogol.ru, Metro: Kropotkinskaja, tgl. 10–23 Uhr. Klein, altmodisch und viel Rot – das macht dieses Café zu einem gemütlichen Ort. Neben den köstlichen Kuchen ist das hausgemachte Eis sehr beliebt! Wie in (fast) allen Kaffeehäusern sind auch kleine Speisen im Angebot.

Märchenparadies für Schlemmer – **Konditerskaja Kafe Puschkin:** ▶ Karte 2, J 6, Twerskoj bl. 26/5, tgl. 11–24 Uhr, Metro: Puschkinskaja. Nirgendwo sonst werden die süßen Sachen so schön präsentiert wie hier: Petits Fours, Gebäck, Pralinen und Torten vom französischen Patisseur-Weltmeister Emmanuel Ryon. Die heiße Schokolade und die warmen Croissants sind einfach unvergleichlich!

Szene pur – **Maki Kafe:** ▶ Karte 2, J 6, Glinischewskij per. 3, Tel. 692 97 31, Metro: Puschkinskaja, tgl. 12–24 Uhr, Fr, Sa bis 5 Uhr. In einer kleinen Seitengasse der Twerskaja hat ein neues Szenecafé aufgemacht: cooler Stil (Beton, Metall- und rohe Ziegel), kleine Speisen, gute Musik und viel junges Publikum, das hier tagsüber hinter den Laptops sitzt.

Kettencafé der netten Art – **Respublika Kofe:** ▶ Karte 2, H 7, Nowyj Arbat 21, Metro: Arbatskaja, tgl. 24 Std. geöffnet. Der Kaffee ist stark und italienisch, die Atmosphäre lebendig und turbulent. Hier ist es eng, und es ergibt sich schnell ein Gespräch.

Nicht nur Schokolade – **Schokoladniza:** ▶ J 10, Bolschaja Jakimanka 58/2, Tel. 238 27 34, Metro: Oktjabrskaja, tgl. 24 Std. geöffnet. Rund um die Uhr kann man hier leckere Schokoladendesserts essen und dazu Tee oder Kaffee aus dem breiten Sortiment auswählen. Schon in der Sowjetzeit war dies ein beliebtes Café, das sich inzwischen zu einer Kette entwickelt hat.

Einkaufen

In der Sowjetzeit kursierte folgender Witz: »Auf einem Empfang fragt eine Dame die andere: ›Woher haben Sie dieses entzückende Kleid?‹ – ›Aus Paris.‹ – ›Ist das weit von Moskau?‹ – ›Ja, ungefähr 3000 Kilometer.‹ – ›Ach, so ein abgelegener Ort und wie gut die da nähen können!‹«

Diese Zeiten sind vorbei. Pariser Mode – und nicht nur die – kann man heute problemlos in Moskauer Edelboutiquen erwerben. In der russischen Hauptstadt kann man alles kaufen: Chanel, Yamamoto, Gaultier, Donna Karan oder Versace, um nur einige Designer zu nennen. Aber wer auch die russischen Designer in seinen Einkaufsbummel einschließt, wird mit originellen Teilen für verhältnismäßig wenig Geld belohnt.

Interessant ist es auch, auf dem Flohmarkt am Ismailowskij-Park zu stöbern oder in den Trubel eines Bauernmarktes einzutauchen (s. S. 41).

Wo gibt es was?

Einen **Boutiquenbummel** durch die Designerwelt kann man unter der riesigen Kuppel am Manegeplatz, in der Galerija Ochotnyj Rjad, unternehmen, im Kaufhaus GUM, in der Tretjakowskij Passaush, im ZUM oder in der Petrowskij Passasch.

Die schönsten **Souvenirläden** (Bernsteinschmuck, Matrjoschkas, Schachspiele, Lackdosen und Pelzmützen) ebenso wie **Antiquitätenläden** findet man auf dem Alten Arbat.

Kunst und Kunsthandwerk, z. B. Ikonen, Samoware, Leinentücher, Teppiche und Reliquien aus der Sowjetzeit sucht man am besten am Wochenende auf dem Ismajlowo-Flohmarkt.

Lebensmittel und Delikatessen erwirbt man traditionell bei Jelissejew und neuerdings in den Filialen der Kette Sedmoj Kontinent, die wahrhaft auf einen kulinarischen ›siebten Kontinent‹ entführen.

Antiquitäten

Gute Mischung – **Antiquariat na Mjasnizkoj:** ▶ Karte 2, L 6, Mjasnizkaja ul. 13, www.antiqbook13.ru, Metro: Lubjanskaja/Tschistyje Prudy. Dieser Laden kann auf eine lange Tradition zurückblicken und hat selbst die Sowjetzeit nahezu unverändert überstanden. Hier werden seltene Bildbände, alte Reiseführer, Postkarten, Drucke und Belletristik verkauft, dazwischen findet man immer wieder Pretiosen aus Porzellan und Glas, Silberbestecke und Schmuck.

Erlesen – **Kupina:** ▶ Karte 2, H 7, Nowy Arbat 7a, Metro: Arbatskaja. In diesem Laden kann man eine große Auswahl an Ikonen, Schmuck, Porzellan, Möbeln, Silberwaren und Gläsern bewundern – und natürlich kaufen.

Wie im Museum – **Unisat:** ▶ H 8, Bolschoj Nikolopeskowskij per. 5, Metro: Arbatskaja. Man mag kaum etwas kau-

Gut zu wissen
In vielen Geschäften sind die **Preise** in Dollar oder Units (s. S. 65) angegeben, bezahlt wird aber nur in Rubeln!
Die meisten **Antiquitäten** dürfen nur mit einer Genehmigung des Kulturministeriums ausgeführt werden. In den Läden hilft man Ihnen gerne weiter.

Reiseinfos

fen, denn in dem Laden Unisat ist alles arrangiert wie in einem Museum: Gemälde, Ikonen, Skulpturen, Möbel, Schmuck u. v. m.

Bücher

Riesige Auswahl – **Biblio-Globus:** ▶ Karte 2, L 7, Mjasnizkaja ul. 6, www.biblio-globus.ru, Metro: Lubjanka. Bisher ist Biblio-Globus Moskaus größter Buchladen. Er präsentiert sich auf drei Etagen mit einer schönen Auswahl von allem, was auf dem russischen Buchmarkt zu haben ist. Kleines Café zum Schmökern.

Zentral – **Moskwa Kniga:** ▶ Karte 2, J 6, Twerskaja ul. 8, www.moscowbooks.ru, Metro: Ochotnyj Rjad. Moskwa Kniga ist nicht nur Moskaus zentralster Buchladen, sondern beeindruckt auch durch sein breites Angebot: Vom Kinderbuch bis zu den russischen Klassikern ist alles vertreten. Auch Reiseliteratur und Stadtpläne sowie Zeitschriften kann man hier kaufen.

Auch nachts – **Projekt O.G.I.:** ▶ Karte 2, L 7, Potapowskij per. 8/12, Geb. 2 (im Hinterhof), Metro: Tschistyje Prudy. Nachts nach dem Abhängen im gleichnamigen Klub (s. S. 46) – oder zwischendurch – kann man hier stöbern, kaufen, lesen und das 24 Stunden am Tag! Auch Hörbücher und Musik-CDs.

CDs und DVDs

Eldorado für Musik- und Filmfans – **Mediamarkt WseSOJUSnyj:** ▶ K/L 9, Pjatnizkaja ul. 29, www.soyuz.ru. Metro: Tretjakowskaja/Nowokusnezkaja. Superauswahl im größten CD-Shop der Stadt. Internationale und russische Musik, aber auch Hörbücher und ein Riesenangebot an DVDs. Im Laden gibt es auch ein Café mit WLAN.

Musik – **WseSOJUSnyj:** ▶ J 11, Leninskij pr. 11, www.soyuz.ru, Metro: Oktjabrskaja. CD-Shop westlichen Typs; russische und westliche Musik.

Delikatessen und Lebensmittel

Japanisch – **Japro:** ▶ L 5, pr. Mira 12, Metro: Prospekt Mira. Japanischer Supermarkt: Lebensmittel, Souvenirs und Haushaltswaren.

Jugendstilpracht – **Jelissejew:** ▶ J 6, Twerskaja ul. 14, Metro: Puschkinskaja. Wie zu Tolstojs und Tschechows Zeiten kauft man hier wieder Kaviar, Stör und Lachs, englischen Tee und schottischen Whisky. Im hinteren Teil befinden sich ein großer Weinshop und ein Souvenirladen (s. a. S. 159).

Alles, was das Herz begehrt – **Sedmoj Kontinent:** ▶ Karte 2, K 6, Bolschaja Lubjanka 12/1, Metro: Lubjanka; ▶ J 8, ul. Serafimowitscha 2, Metro: Poljanka; 24 Std. geöffnet. Wirklich wie auf einem ›siebten Kontinent‹ kann man hier einkaufen: Die exklusive Supermarktkette verkauft alles, was an Leckereien auf dem europäischen und amerikanischen Markt zu haben ist.

Flohmarkt

Mehr Kunsthandwerk als Trödel – **Ismajlowo:** ▶ östlich O 4, Projektirujemyj pr. 890, Metro: Partisanskaja. Im Osten der Stadt erstreckt sich auf einer Fläche von 1300 Hektar der Ismajlowskij-Park, in dem tgl. 9–18 Uhr (im Winter bis 16 Uhr) ein riesiger Markt stattfindet. Liebhaber von Flohmärkten

Einkaufen

Mein Tipp

Rausch der Farben und Düfte – Moskauer Bauernmärkte
Auf den Moskauer Bauernmärkten tummelt sich Tag für Tag ein buntes Völkergemisch. Bauern aus allen Regionen und Republiken der GUS bieten Nüsse, Obst, Gemüse, Kräuter, Honig und eingelegtes Gemüse an. Wer noch nie einen russischen Bauernmarkt gesehen hat, darf einen Besuch keinesfalls versäumen, denn die Atmosphäre – eine Mischung aus westeuropäischem Markt und orientalischem Basar – ist einmalig. Hier wird lautstark gefeilscht, geschimpft und um jede Kopeke gestritten. Vor dem Kauf darf die Ware probiert werden. Kosten Sie unbedingt die unvergleichlichen Honigsorten, das eingelegte Kraut oder andere Spezialitäten. **Danilowskij Rynok:** ▶ K 22, Mytnaja ul. 74, Metro: Tulskaja; **Dorogomilowskij Rynok:** ▶ F 8, Moschajskij wal 10, Metro: Kiewskaja; **Tscherjomuschkinskij Rynok:** ▶ südlich G 13, Lomonossowskij pr. 1/42, Metro: Profsojusnaja, Uniwersitet.

sollten ihre Erwartungen allerdings nicht zu hoch schrauben, denn das Angebot hat wenig mit dem zu tun, was wir unter Flohmarkt verstehen. Gehandelt wird vor allem mit Souvenirs und Kunstgewerblichem: Pelzmützen, Ikonen, Samowaren, Teppichen, Lackdosen, Matrjoschkas und Leinendecken.

Geschenke

Edles Porzellan – **Imperatorskij Farfor:** ▶ F 8, Kutusowskij pr. 9, www.ipm.ru, Metro: Kiewskaja. Das Porzellan der Kaiserlichen Porzellanmanufaktur, die Zarin Elisabeth Mitte des 18. Jh. gründete, erlebt eine Renaissance. Von tra-

Reiseinfos

Gesamtkonzept: Der Designer Denis Simachev betreibt eine Boutique und eine Bar

ditionellen Mustern bis zum Avantgarde-Design der 1920er-Jahre findet man hier für jeden Geschmack etwas.

Kaufhäuser & Passagen

Nicht nur für Kinder – **Detskij Mir:** ▶ Karte 2, K 7, Teatralnyj pr. 2, Metro: Lubjanka, Teatralnaja. Das ehemalige Kinderkaufhaus der Sowjetzeit wird gerade umgebaut und wahrscheinlich 2012 wiedereröffnet.

Riesig – **Galerija Ochotnyj Rjad:** ▶Karte 2, K 7, Maneschnaja pl. 1, Metro: Ochotnyj Rjad. Unter dem Manegeplatz liegt das größte Einkaufszentrum in Moskaus Innenstadt (70 000 m²). Es ist im Disney-Empire-Stil gestaltet und erstreckt sich über vier Ebenen; Restaurants, Shops und Parkplätze.

Alte Pracht – **GUM:** ▶ Karte 2, K 7, Krasnaja pl. 3, www.gum.ru, Metro: Ochotnyj Rjad, tgl. 10–22 Uhr. Krasnaja pl. 3, Metro: Kitaj-Gorod, Ploschadj Rewoluzii. Das schönste Kaufhaus der Stadt ist über 100 Jahre alt. In drei parallelen Passagen kann man auf zwei Etagen Filialen von Boss, Calvin Klein, Swatch, Benetton, Max Mara u. v. m. finden. Das Spektrum reicht von Edeldesignern bis zu Billiglabels, von Parfümerie bis zu Lebensmitteln (s. a. S. 136).

Edle Pracht – **Petrowskij Passasch:** ▶ Karte 2, K 6, Petrowka 10, Metro: Teatralnaja. Sehr schön renovierte Passage mit Cafés, einem Restaurant und diversen Edel-Designerläden (s. a. S. 190).

Alter Kaufmannshof – **Tretjakowskij Passasch:** ▶ Karte 2, K 7, Tretjakowskij

Einkaufen

pr., Metro: Teatralnaja, Kusnezkij Most. Ein alter Kaufmannshof zwischen der Nikolskaja uliza und dem Teatralnyj prospekt in Kitaj-Gorod wurde zur exklusiven Einkaufsadresse: Prada, Gucci, Armani, Tods und andere sind hier vertreten. Man erkennt die Exklusivität schon an den großen Limousinen, die in der Passage parken. Sehr beliebt bei den Moskauerinnen, weil man direkt mit dem Auto vor die Ladentür fahren kann.

Edelkaufhaus – **ZUM:** ▶ Karte 2, K 6, Petrowka 2, Metro: Teatralnaja. Das 1906 erbaute Kaufhaus – es war damals nach dem GUM das zweitgrößte der Stadt – liegt hinter dem Bolschoi-Theater. Frisch renoviert, ist es zum luxuriösesten aller Luxuskaufhäuser avanciert. Große Parfümerieabteilung, Handtaschen, Schuhe und Designerlabels auf allen Etagen.

Kunst und Kunstgewerbe

Nicht nur Kunsthandwerk – **Datscha:** ▶ außerhalb, Schukowka, Moskowskaja Oblastj (erreichbar über die Rubljowo-Uspenkoje-Chaussee). Eine riesige Holzhütte im folkloristischen Stil zieht vor allem am Wochenende reiche Moskauer an: Auf zwei Etagen werden Möbel und Gemälde aus dem 19. und beginnenden 20. Jh. verkauft, Teppiche aus Nepal, Koffer aus England, Puppen – Kunst und Kitsch. Nebenan kann man im Restaurant »Weranda u datschi« essen.

Im Kunsthaus – **Karina Schanschijewas Galerie:** ▶ J 10, Krymskij wal 10/14, Metro: Oktjabrskaja, Park Kultury, Di–So 12–19 Uhr. Im Zentralhaus des Künstlers gegenüber dem Gorki-Park. Verkauft wird Kunstgewerbliches: Malerei, Grafik und Skulptur.

Mode

Unprätentiös – **Alena Achmadullina:** ▶ K 7, Nikolskaja ul. 10/2, www.alena akhmadullina.com, Metro: Lubjanka. Die Petersburger Designerin Achmadullina offeriert ihre unprätentiöse junge Mode nun in einem eigenen Shop in Moskau auf drei Etagen: Wer Taschen, Kleider oder Accessoires sucht, wird hier fündig.

Kult – **Denis Simachev:** ▶ Karte 2, K 6, Stoleschnikow per. 12, Geb. 2, www. denissimachev.com, Metro: Puschkinskaja/Ochotnyj Rjad. Denis Simachev ist das Enfant terrible unter den Moskauer Designern. Seine schrägen T-Shirts haben Kultstatus, daneben entwirft er aber auch Abendkleider mit Nerzapplikationen. Beliebt ist die Bar vor der Boutique (s. S. 46).

Sowjet-Modezar – **Dom Mody:** ▶ L 4/5, pr. Mira 21, www.zaitsev.ru, Metro: Prospekt Mira. Slawa Saizew, lange das ungekrönte Haupt der Moskauer Modeszene, zeigt seine Prêt-à-porter-Mode in einem großen Salon. Seine Entwürfe sind eher damenhaft als trendy.

Jung und frech – **Mascha Tsigal:** ▶ Karte 2, L 7, ul. Pokrowka 11, www. mashatsigal.com, Metro: Kitaj-Gorod/ Tschistyje Prudy. Moskaus schrägste Designerin, die seit einigen Jahren ihre jungen, frechen und avantgardistischen Kollektionen präsentiert. Ihr Credo ist das ewig Hippe.

Designerduo – **Nina Donis:** ▶ Karte 2, M 6, Mjasnizkaja ul. 38/1, www.nina donis.com, Metro: Turgenjewskaja/ Tschistyje Prudy. Hinter dem Label Nina Donis steckt das Designerduo Donis Pouppis und Nina Neretina, das es in seiner Mode versteht, Gegensätze

Reiseinfos

Moskauer Modelabels
Alle westlichen Designer sind in Moskau mit mindestens einem Shop vertreten. In den ersten Jahren der postsowjetischen Zeit wollten alle nur westliche Modelabels kaufen, doch das hat sich in den letzten Jahren geändert. Es gibt eine neue Generation von Designern, die ihre eigenen – russischen – Wege gehen. Zu sehen sind die Kollektionen zweimal im Jahr, im März und im Oktober, im Gostinyj Dwor (www.fashionweekinmoscow.com). Einige der Designer haben eigene Shops.

unter einen Hut zu bringen: sachliche Strenge und Romantik. Nach dem gemeinsamen Studium und ersten Schritten in der Modebranche gründeten sie im Jahr 2000 ihr Modelabel. Im selben Jahr präsentierten sie in Moskau ihre Prêt-à-porter-Kollektion, die inzwischen auch in Mailand zu sehen ist.

Pompös – **Podium Concept Store:** ▶ Karte 2, K 6, Kusnezkij most 14, www.podiumfashion.com, Metro: Kusnezkij Most. Mit dem Podium Concept Store ist auf der traditionellen Moskauer Modemeile wieder große Mode eingezogen: Das Kaufhaus (in der Sowjetzeit ›Haus der Mode‹) erinnert eher an einen Zarenpalast als an einen Fashion-and-Design-Store. Teppiche aus dem 16. Jh. schmücken die Wände, samtrot sind die Umkleidekabinen, dezent das Licht. Auf fünf Etagen werden nicht nur die interessantesten internationalen Labels präsentiert, sondern auch Möbel, Lampen und Accessoires.

Ungewöhnliche Farbkombinationen – **Sultana Franzusowa:** ▶ G 4, Leningradskij pr. 12, www.sultanafrantsuzova.com, Metro: Belorusskaja. Die junge Designerin erhielt ihre Ausbildung bei Moskaus Modezar Slawa Saizew. Ihr Stil ist verspielt, jung und romantisch-folkloristisch. Sie benutzt viel Samt, Chiffon und Seide. Ihre Mode ist durchaus erschwinglich.

Der Stardesigner – **Tschapurin Couture:** ▶ F 10, Sawwinskaja nab. 21, www.chapurin.com, Metro: Sportiwnaja. In der Nähe des Neujungfrauenklosters hat Igor Tschapurin sein Imperium. Er begann mit Prêt-à-porter für Business-Frauen und schönen Accessoires, dann entwarf er Haute Couture, inzwischen hat er auch ein eigenes Einrichtungslabel und einen Showroom in Paris, wo er regelmäßig seine Schauen zeigt.

Exzentrisch – **Valentin Judaschkin:** ▶ E 8, Kutusowskij pr. 19, www.yudashkin.com, Metro: Kiewskaja. Der exzentrische Modedesigner Valentin Judaschkin macht mit seinen auffälligen Kreationen nicht nur in der russischen Hauptstadt Furore, sondern zeigt sie auch auf westlichen Schauen. Seine Kollektionen nennt er: ›Katharina die Große‹, ›Anna Karenina‹ oder ›Stummfilm‹. Das Kleidermuseum des Louvre und das Kalifornische Modemuseum haben bereits mehrere seine Werke gekauft.

Schmuck und Accessoires

Russische Uhren – **Wtoroj Tschasowoj sawod ›Slawa‹:** ▶ G 4, Leningradskij pr. 8, Metro: Belorusskaja. Im Verkaufsladen der Uhrenfabrik Slawa bekommt man interessante Mitbringsel: Armbanduhren der Marke Poljot sind die schönsten Uhren aus russischer Produktion. Sie kosten zwischen 100 und 300 € und sehen mindestens dreimal so wertvoll aus. Ungewöhnliches Design!

Ausgehen, Abends und Nachts

Szene Moskau

Moskau ist eine der aufregendsten Städte überhaupt. Eine derart inspirierende Kulturszene und ein so abwechslungsreiches Nachtleben wie hier findet man nirgendwo sonst in Europa. Die russische Metropole schläft nie – sie hat eine besondere Energie und das spürt man vor allem abends und nachts.

Während der Sowjetzeit konnte man sich kaum vorstellen, in Moskau den Abend in einem Klub zu verbringen – so etwas gab es damals einfach nicht. Die heutige junge Generation wiederum kann sich nicht vorstellen, dass man sich damals nur in den Küchen getroffen hat und dass dort russische Underground-Gruppen Konzerte gaben. Alles, was aus dem Westen kam und in der Sowjetunion verboten war, war damals interessant. Heute gibt es in Moskau Hunderte von Klubs und Szenelokalen, dennoch ist es am Wochenende oft schwierig, einen Platz zu ergattern.

Wenn Russen tanzen, müssen sie auch essen, daher sind in allen Klubs zumindest kleine Gerichte im Angebot. Gespielt wird alles von Techno bis Ethno. Viele Gruppen sind so beliebt, dass sie jede Nacht in einem anderen Klub spielen. Meist beginnt das Schlangestehen vor den In-Places um Mitternacht. Gefeiert wird am Wochenende bis in die frühen Morgenstunden. Man vergnügt sich bevorzugt um den Puschkinplatz, Richtung Roter Platz und Kitaj-Gorod. Diese Viertel haben die höchste Konzentration von Klubs und Restaurants. Regelrechte Szeneviertel gibt es in Moskau nicht.

Nicht nur aus Sicherheitsgründen gibt es vor den Eingängen der Klubs und Diskotheken Gesichtskontrollen – man wählt seine Gäste gerne aus.

Moskauer Bühnen

Mit mehr als 50 Theatern und Studiobühnen ist Moskau das Zentrum der russischen Bühnenkunst. Nachdem Meyerhold und Stanislawskij Anfang des 20. Jh. das Theaterleben bereichert hatten, galten Moskauer Inszenierungen auch vielen westeuropäischen Theatermachern als Vorbild. Doch diese Zeiten sind lange vorbei. In den 1990er-Jahren fand eine Umstrukturierung der Theater statt: Mehr als fünfzig Prozent der bisherigen Subventionen wurden den Häusern gestrichen. Das heißt, ohne Sponsoren geht nichts mehr, und das heißt auch, man macht Theater, das dem Geschmack potenzieller Sponsoren entspricht. Daher gibt es in der Moskauer Theaterlandschaft eine Verschiebung hin zur leichten Muse: Es stehen erstaunlich viel Musikstücke auf dem Programm. Ob Ballett, Oper oder Theater – die Moskauer Häuser sind Repertoiretheater, die ihre Stücke zum Teil zehn Jahre oder länger zeigen.

Interessante Regisseure sind vor allem Kama Ginkas, Anatolij Wassiljew, Mark Sacharow, Roman Viktjuk, Pjotr Fomenko, Wladimir Mirsojew und natürlich die lebende Legende Jurij Ljubimow mit seinem Taganka-Theater.

Zu beachten ist, dass alle Vorstellungen um 19 Uhr beginnen!

Bars, Discos & Musikklubs

Fabrikhallen-Ambiente – **B2:** ▶ H 6, Bolschaja Sadowaja 8, 650 99 18, www.b2club.ru, Metro: Majakowskaja, tgl. 18–6 Uhr, Konzerte ab 23 Uhr, danach DJs. Der größte Klub Moskaus mit sieben Bars, mehreren Tanzflächen auf

Reiseinfos

fünf Etagen und einer Kapazität von 2000 Personen. Gute Akustik. Beliebt auch in der Musikszene und bei Schauspielern. Das Essen vom Buffet und von der Sushi-Bar ist ausgezeichnet und die Konzerte der russischen Rockgruppen sind Highlights!

Spacige Musik und spaciger Blick – **City Space Bar:** ▶ M 10, Kosmodamjanskaja nab. 52, Tel. 787 98 00, www.moscow.swissotel.com, Metro: Pawelezkaja, tgl. 17–3 Uhr. Atemberaubende 360-Grad-Aussicht auf Moskau aus dem 34. Stock der Bar des Swissotel Krasnyje Holmy. Man kann in Sesseln versinken und seine Cocktails schlürfen oder an der Bar sitzen. Von dort blickt man auf die tosende Metropole, die von hier oben ganz unwirklich wirkt.

Modespot – **Denis Simachev Bar:** ▶ Karte 2, K 6, Stoleschnikow per. 12, Geb. 2, Tel. 629 80 85, www.denissimachev.ru, Metro: Puschkinskaja/Teatralnaja, tgl. 12 Uhr bis zum letzten Gast. Szenetreff der jungen Wilden beim Kultdesigner. Große Cocktailkarte, DJ-Abende und Tanzpartys im schrägen Kitsch-Design.

Sehr trendy – **Fabrique:** ▶ L 4/5, Kosmodamjanskaja nab. 2, Tel. 953 65 76, www.fabrique.ru, Metro: Nowokusnezkaja/Tretjakowskaja, Fr/Sa 21–7 Uhr. In der Woche ist es ein italienisches Restaurant, doch freitags und samstags beginnt kurz nach zwölf das Schlangestehen. Glasböden und exotische Hölzer bestimmen das Interieur. Das Publikum ist jung und gut gekleidet, auf der Tanzfläche wird nach House getanzt, auf der Etage darüber gibt es Lounge-Sofas, von denen man die Tanzenden im Blick hat. Ein Restaurant und einige Bars sorgen für das leibliche Wohl. Sehr trendy, deswegen strikte Gesichtskontrolle. Teure Drinks!

Alternative Boheme – **Kitajskij Ljotschik Dschao Da:** ▶ Karte 2, L 7, Lubjanskij projesd 25, Tel. 624 56 11, www.jao-da.ru, Metro: Kitaj-Gorod, tgl. 10–6 Uhr. Dieser Klub, der wie eine deutsche Kellerkneipe wirkt, wurde von der Moskauer Schauspielerfamilie Papernyj gegründet. Schnell wurde der ›chinesische Pilot‹ zum Treff von alternativen Künstlern, Musikern und Studenten. Neben Rock- und Folk- treten auch Jazzgruppen live auf. Die Bar wurde aus dem Flügel eines Flugzeugs gemacht, moderate Preise.

Moskaus Jazz-Club No. 1! – **Le Club:** ▶ M 9, Werchnjaja Radischewskaja ul. 21 (im Gebäude des Taganka-Theaters), Tel. 915 10 42; www.le-club.ru, Metro: Taganskaja, tgl. ab 20 Uhr Livekonzerte. Igor Butman ist Moskaus Star-Saxofonist. In seinem Klub, der im Chicago-Stil der 1930er/40er-Jahre gestaltet ist, treten auch internationale Größen auf, z. B. Wynton Marsalis. Konzerte z. T. sehr teuer: bis zu 80 €!

Glamourös – **O2 Lounge:** ▶ Karte 2, J/K 7, im Hotel Ritz-Carlton, Twerskaja ul. 3, Tel. 225 8888, www.ritzcarlton.com, Metro: Ochotnyj Rjad, tgl. 12–2, Fr, Sa bis 3, So bis 24 Uhr. Im 12. Stock des Ritz-Carlton liegt die O2 Lounge unter einer imposanten Glas- und Stahlkuppel. Doch das Schönste ist die große Außenterrasse mit riesigen Sofas und dem Blick auf Kreml-Kirchen und -Türme. Wer Appetit verspürt, ordert Sushi, ansonsten hält man sich an die Cocktails. An manchen Abenden legen DJs auf.

Live-Konzerte – **Projekt O.G.I.:** ▶ Karte 2, L 7, Potapowskij per. 8/12 (im Hinterhof), Tel. 627 53 66, www.proektogi.ru, Metro: Turgenjewskaja/Tschistyje Prudy, tgl. 24 Std. Jeden Tag Livemusik, netter Buchladen zum Stöbern und zu

Abends und Nachts

essen gibt es auch etwas. Das Projekt O.G.I. ist einer der beliebtesten Klubs. Hier trifft sich Moskaus Intellektuellen- und Kunstszene. Musik gibt es z. B. von der Gruppe Nosch dlja Frau Mueller, die witzige, nostalgische Elektromusik macht. Auch ausländische Bands wie die Tiger Lilies treten auf. Oft Lesungen und Ausstellungen.

Wie im Paradies – **Rai:** ▶ J 9, Bolotnaja nab. 9a, Tel. 767 14 74, www.raiclub.ru, Metro: Kropotkinskaja, Mo–Sa 22–7 Uhr. ›Rai‹ heißt Paradies. Der Klub, der 2008 in der alten Schokoladenfabrik »Roter Oktober« eröffnet hat, ist der Hotspot der jungen Reichen. Spacig futuristisches Ambiente, Livemusik, Comedy-Abende und DJ-Sessions.

Abfeiern – **Rolling Stone Bar:** ▶ J 9, Bolotnaja nab. 3, Geb. 1, Tel. 504 09 32, Metro: Kropotkinskaja, tgl. 12–24 Uhr, Fr/Sa bis 6 Uhr. Im Sommer geht es direkt die Treppe hinauf auf die Dachterrasse, der beliebteste Treffpunkt für alle, die gern feiern! Whisky ist hier gerade in, pur oder als Cocktail.

Gute Mischung – **Wermel:** ▶ Karte 2, K 8, Rauschskaja nab. 4/5, Tel. 959 33 03, www.vermel.ru, Metro: Tretjakowskaja, tgl. 12–6 Uhr. Bar, Disco oder Undergroundklub – die Entscheidung fällt beim Wermel schwer. Auf jeden Fall ist das Wermel berühmt für seine guten Konzerte keltischer Musik (jeden Mi). Montags werden sowjetische Filmkomödien der 60er-Jahre gezeigt. Wer es ruhiger mag, kann sich auch ins nostalgische Café zurückziehen.

Lesben und Schwule

Für Mädels und Jungs – **12 Volt:** ▶ Karte 2, J 6, Twerskaja ul. 12, Tel. 933 28 15, www.12voltclub.ru, Metro:

Infos und Ticketkauf
Für Russischkundige leistet das Magazin »Afischa« (www.afisha.ru) gute Dienste, das 14-täglich erscheint und über alle Veranstaltungen informiert. Ansonsten ist die englischsprachige »Moscow Times« hilfreich, die in den großen Hotels ausliegt. Sie wird jeden Freitag durch einen Veranstaltungskalender ergänzt. Tickets bekommen Sie – außer an den Tageskassen der Theater – an den Theaterkiosken überall in der Stadt (vor allem auf der Twerskaja gibt es zahlreiche!). Im Internet kann man Karten unter: www.kassir.ru und www.kontramarka.ru bestellen.

Puschkinskaja, tgl. 18–6 Uhr. Etwas versteckt liegt der Klub im zweiten Hof im Kosizkij pereulok; für Mädels und Jungs, gute Tanzfläche.

Meistens nur für Jungs – **Zentralnaja Stanzija:** ▶ M 5, Juschnyj projesd 4 (Eingang am Bahnübergang, gelbes Tor), Tel. 988 35 85, www.centralclub.ru, Metro: Komsomolskaja/Krasnyje woroty, tgl. 18–6 Uhr. 2011 wiedereröffnet am neuen Platz: Nicht nur die Karaokeabende sind hier die schrillsten, auch die Travestieshows sind legendär. Große Tanzfläche!

Kino

Festivalkino – **Chudoschestwennyj:** ▶ Karte 2, J 8, Arbatskaja pl.14, Tel. 291 96 24, www.arbat-moskino.ru, Metro: Arbatskaja. Eines der großen alten Kinos der Stadt, deswegen nicht sehr bequem, aber hier gibt es oft Festivals und französische Filmwochen.

Filmkunst und Populäres – **Kinozentrum na Krasnoj Presnje:** ▶ G 7,

Reiseinfos

Druschinnikowskaja ul. 15, Tel. 205 73 06, www.kinocenter.ru, Metro: Krasnopresnenskaja, Barrikadnaja. Modernes Kino mit Dolby Digital Surround, zwei Säle mit je 5–6 Vorstellungen pro Tag. Aktuelles aus aller Welt und Retrospektiven.

Filme im Original – **Kinoteatr pod Kupolom:** ▶ K 4, Olimpijskij pr. 18/1 (im Renaissance Hotel), Tel. 931 98 73, www.domecinema.ru, Metro: Prospekt Mira. Modernes Kino mit Dolby im amerikanischen Stil. Hier werden alle Filme im Original (englisch/amerikanisch) gezeigt. Ein Genuss!

Das größte Kino der Stadt – **Puschkinskij:** ▶ Karte 2, J 6, Puschkinskaja pl. 2, Tel. 545 05 05, www.karofilm.ru, Metro: Puschkinskaja. Das größte Kino der Stadt wurde frisch renoviert mit Dolby und allem, was ein Großstadtkino braucht. Hier laufen vor allem Hollywood-Actionfilme.

Für Filmfreaks – **35MM:** ▶ M 6, ul. Pokrowka 47/24, Tel. 917 54 92, www.kino35mm.ru, Metro: Krasnyje Worota/Kurskaja. Modernes, mit Dolby ausgestattetes Kino, spezialisiert auf europäische und asiatische Filme. Auch kleine Festivals finden hier statt. Manchmal gibt es hier nachts Non-Stop-Vorstellungen.

Ballett, Oper, Musical

Große Oper – **Bolschoi-Theater:** ▶ Karte 2, K 7, Teatralnaja pl. 1, Tel. 250 73 17, www.bolshoi.ru, Metro: Teatralnaja. Für Moskauer ist das Bolschoi immer noch das Größte, obwohl die Inszenierungen am Petersburger Mariinskij-Theater dem Haus längst den Rang abgelaufen haben. Doch im Ballett nimmt es weiterhin die Landesspitze ein. Achten Sie darauf, dass Sie russische Opern sehen. Besonders sehenswert: »Boris Godunow« und Prokofjews »Liebe zu den drei Orangen«. Und wer das Ballettensemble sehen möchte, kann es in den Klassikern »Schwanensee«, »Nussknacker« und »Spartakus« bewundern. Das Haupthaus wird momentan renoviert.

Intimes Opernhaus – **Helikon-Oper:** ▶ Karte 2, J 7, Bolschaja Nikitskaja ul. 19, Tel. 690 65 92, www.helikon.ru, Metro: Biblioteka Lenina. 1990 eröffnete das kleine, sehr beliebte Opernhaus (250 Plätze). Die Aufführungen finden im Ballsaal des ehemaligen Palastes der Fürstin Schachowskaja statt. Der Leiter

Abends und Nachts

Zeit der Dämmerung, Zeit des Chillens – ein guter Ort dafür ist die City Space Bar

des Hauses und einzige Regisseur Dmitrij Bertman bringt interessante Inszenierungen von »Eugen Onegin«, »Pique Dame« und »Lady Macbeth von Mzensk« auf die Bühne.

Für die Jüngsten – **Musiktheater für Kinder:** ▶ südwestl. E 13, pr. Wernadskowo 5, Tel. 930 70 21, Metro: Uniwersitet. Oper, Ballett und Konzerte – speziell für Kinder aufbereitet – werden hier päsentiert.

Das zweite Haus am Platze – **Musiktheater Stanislawskij- und Nemirowitsch-Dantschenko:** ▶ Karte 2, J 6, Bolschaja Dmitrowka 17, Tel. 629 72 74, www.stanislavskymusic.ru, Metro: Tschechowskaja. Nach einem Brand 2006 hat das Musiktheater in neuem Glanz eröffnet. Seither begeistert Dirigent Felix Korobow die Zuschauer. Wer russisches Ballett oder eine russische Oper sehen möchte und keine Karten fürs Bolschoi bekommt, findet hier eine gute Alternative. Im Repertoire: »Giselle«, »Eugen Onegin«, »Nussknacker« und eine fröhliche Neuinszenierung der »Fledermaus«.

Neu und ungewöhnlich – **Kolobow Nowaja Opera:** ▶ Karte 2, J 5, Karetnyj rjad 3, www.novayaopera.ru, Metro: Puschkinskaja, Tschechowskaja. Die ›Neue Oper‹ wurde 1991 auf Initiative

Reiseinfos

des Dirigenten Jewgenij Kolobow und des früheren Bürgermeisters Jurij Luschkow gegründet. In modernen, ungewöhnlichen Inszenierungen kommen Werke auf die Bühne, die in den großen Opernhäusern eher selten zu sehen sind, wie: »I due Foscari« von Verdi, Glinkas »Ruslan und Ljudmila« und Donizettis »Maria Stuart«. Viele Stars aus dem westlichen Ausland arbeiten an dieser Bühne.

Operette und Musical – **Operettentheater:** ▶ Karte 2, K 7, Bolschaja Dmitrowka 6, Tel. 629 28 35, www.mosoperetta.ru, Metro: Teatralnaja. Musicals und Operetten stehen auf dem Programm. Auch für Kinder ist einiges dabei: »Dschungelbuch« und »Cinderella«.

Konzerte

Europas größtes Konzerthaus – **Meschdunarodnyj Dom Musiki:** ▶ M 10, Kosmodamjanskaja nab. 52, Tel. 730 43 50, 730 10 11, www.mmdm.ru, Metro: Pawelezkaja. Moskaus Internationales Haus der Musik, das 2003 eröffnet wurde, ist das größte Konzerthaus Europas. Allein im großen Saal stehen 1735 Plätze zur Verfügung. Seit Oktober 2004 erklingt hier die größte Orgel Russlands. Genutzt wird der Glaspalast für Galakonzerte, Festivals und Ballett-Highlights. Im Kammerkonzertsaal finden junge Musiker ein Forum.

Legendäre Adresse – **Moskauer Konservatorium:** ▶ Karte 2, J 7, Bolschaja Nikitskaja ul. 13, Tel. 629 94 01/83, www.mosconsv.ru, Metro: Arbatskaja, Biblioteka Lenina. Ein Konzert im großen Saal des Konservatoriums ist ein besonderer Genuss, denn die Akustik ist einmalig! Aber auch in den anderen Sälen finden interessante Kammerkonzerte statt. Seit mehr als 100 Jahren geben hier die besten Solisten der Welt ihre Konzerte. Im Konservatorium findet alljährlich der Tschaikowskij-Wettbewerb statt.

Noch mehr Klassik – **Tschaikowskij-Konzertsaal:** ▶ Karte 2, H 5, Triumfalnaja pl. 4/31, Tel. 232 53 53, www.meloman.ru, Metro: Majakowskaja. In den 20er-Jahren brachte Wsewolod Meyerhold avantgardistisches Theater auf diese Bühne. Heute finden hier Konzerte statt, die immer ausverkauft sind. Daher rechtzeitig per Internet vorbestellen!

Theater

Erfolgreich – **Lenkom:** ▶ Karte 2, J 6, Malaja Dmitrowka 6, Tel. 699 07 08, www.lenkom.ru, Metro: Puschkinskaja. Schon seit Mitte der 70er-Jahre leitet Mark Sacharow das Theater erfolgreich. So lange ist das Musical »Juno und Awos« im Repertoire. Auch »Die Stadt der Millionäre« ist zu empfehlen.

Anspruchsvoll – **Künstlertheater (MCHAT) im. Tschechowa:** ▶ Karte 2, J 7, Kamergerskij per. 3, Tel. 692 67 48, www.art.theatre.ru, Metro: Teatralnaja. Das Moskauer Künstlertheater gilt als anspruchsvollste Bühne der Stadt. Seinen Ruhm erlangte es vor 100 Jahren durch die ersten Tschechow-Premieren, seither standen viele große Schauspieler auf der Bühne, und die meisten Moskauer Regisseure haben hier schon inszeniert. Seit einigen Jahren leitet Oleg Tabakow das Theater. Er spielt selbst in vielen Stücken und hat einige interessante Inszenierungen auf die Bühne gebracht.

Nicht nur Satire – **Satire-Theater:** ▶ Karte 2, H 6, Triumfalnaja pl. 2, Tel. 699

Abends und Nachts

36 42, www.satire.ru, Metro: Majakowskaja. Das Satire-Theater (Teatr Satiry) hat immer wieder Stücke im Repertoire, die auch für Zuschauer ohne profunde Russischkenntnisse geeignet sind, z. B. die »Dreigroschenoper« und den Liederabend »Sekretärinnen«.

Erste Experimentierbühne – **Theater an der Taganka:** ▶ M 9, Semljanoj wal 76, Tel. 915 12 17, www.taganka.theatre.ru, Metro: Taganskaja. Der über 80-jährige Jurij Ljubimow leitet nun wieder das Theater, das er in den 70er-Jahren zur ersten Experimentierbühne Moskaus machte. Sehenswert: »Meister und Margarita«, »Die Brüder Karamasow«.

Keinesfalls nur für junge Zuschauer – **Theater des jungen Zuschauers (TJUS):** ▶ Karte 2, J 6, Manonowskij per. 10, Tel. 699 53 60, www.moscowtyz.ru, Metro: Majakowskaja/Puschkinskaja. Der Name trügt, längst ist es kein Theater mehr für Jugendliche, sondern eine der interessantesten Bühnen Moskaus – dank Genrietta Janowskaja, die es leitet und hier inszeniert, und ihrem Mann Kama Ginkas, einem der besten Regisseure Russlands. Seit Jahren laufen in dem Theater das Musical »Good bye America!!!« und eine musikalische Revue über das Leben von Jacques Offenbach. Außerdem sehenswert Janowskajas Inszenierung von Ostrowskijs »Gewitter«, Ginkas »K.I.« nach Dostojewskijs »Schuld und Sühne« und »Der goldene Hahn« von Puschkin.

Nicht nur für Kinder – **Zentrales Puppentheater:** ▶ K 5, Sadowaja-Samotjotschnaja ul. 3a, Tel. 699 53 73, www.puppet.ru, Metro: Zwetnoj Bulwar. Sergej Obraszows Puppentheater gilt als das beste der Welt. Ein Vergnügen nicht nur für Kinder. Angeschlossen ist ein Museum, an dessen Eingang Puppen aus Sergej Obraszows Stücken die Besucher begrüßen, bevor sie Marionetten aus dem 4. Jh., einen historischen chinesischen Drachen, italienische Altarkrippen aus sechs Jahrhunderten, Schattenspielerpuppen u. v. m. bestaunen können.

Zirkus

Clowns, Tiere und Artisten – **Bolschoi Zirk (Großer Zirkus):** ▶ E 13, pr. Wernadskowo 7, Tel. 930 02 72, www.bolshoicircus.ru, Metro: Uniwersitet. Der Große Zirkus steht seit 1971 in der Nähe der Universität auf den Sperlingsbergen. Ob Clowns, Artisten oder Jongleure – die Moskauer lieben ihren Zirkus. Mehr als 3000 Zuschauer haben Platz. Kinder bis zu sechs Jahren zahlen nichts! Für Kinder gibt es einen kleinen Jahrmarkt vor dem Gebäude.

Zirkusluft – **Nikulin-Zirk:** ▶ Karte 2, K 5, Zwetnoj bl. 13, Tel. 625 89 70, www.circusnikulin.ru, Metro: Zwetnoj Bulwar. Immer noch wird er ›alter Zirkus‹ genannt, obwohl er gerade eine Generalrestaurierung hinter sich hat. Sehr beliebt und immer voll. Moskaus alter Zirkus wurde schon 1880 gegründet. Benannt wurde er nach Jurij Nikulin, der hier 1960 als Clown zu arbeiten begann. Nach einer gründlichen Generalrestaurierung passen nun 2000 Zuschauer rund um die Manege, in der sensationelle Nummern geboten werden wie Kunststücke am Trapez, dressierte Hunde, Jazz spielende Affen und natürlich Clowns, Clowns und noch mal Clowns. Der Zirkus ist bei den Moskauern sehr beliebt und immer voll. Für Kinder bis zu sechs Jahren ist der Eintritt gratis! Auf der sehr informativen Website (auch auf Englisch) kann man sich schon vorab auf den Besuch freuen.

Feste und Festivals

Kulturfestivals

Das internationale Musik-Festival **Epiphany Week at Novaya Opera** findet im Januar an der Moskauer Neuen Oper statt (Nowaja Opera). In der letzten Juniwoche startet das hochkarätig besetzte **Internationale Moskauer Filmfestival**. Der September steht mit der **Kunstbiennale** bzw. der jungen Messe **Art Moscow** im Zeichen der Kunst. Seit Ende der 1990er-Jahre gibt das **NET-Festival** der Theaterszene neue Impulse: Das ›Festival Neues Europäisches Theater‹ zeigt im November Theater jenseits der klassischen Inszenierungen.

Den ganzen Dezember über findet im Puschkin-Museum für Bildende Künste das internationale **Musikfestival ›Swjatoslaw Richters Dezemberabende‹** statt, das thematisch mit einer Kunstausstellung verbunden ist. Jedes Jahr wird ein anderer Schwerpunkt gesetzt. Im Jahr der französischen Kultur in Russland 2010 stand die französische Musik im Mittelpunkt.

Anfang Dezember läuft das von German Films und dem Goethe-Institut organisierte **Festival des Deutschen Films**, bei dem aktuelle deutsche Spiel-, Dokumentar- und Kurzfilme gezeigt werden.

Feiertagsregelung
Fällt ein Feiertag auf einen Samstag oder Sonntag, wird er laut russischem Gesetz am darauffolgenden Werktag arbeitsfrei nachgeholt. In der Woche vor dem 1. Januar wird normalerweise nicht gearbeitet. Auch für die erste Januarwoche sollte man keine Geschäftsreisen nach Moskau planen. Arbeitsfrei ist auch die Zeit zwischen dem 1. und 10. Mai.

Traditionelle und religiöse Feste

Mit der **Masleniza** (Butterwoche) feiern die Russen den Abschied vom Winter. Eine Woche lang gibt es in den Restaurants und zu Hause vor allem Bliny (Pfannkuchen), die mit Honig, Schmand oder Kaviar gegessen werden. Dazu trinkt man Wodka. Auf der Twerskaja und in Kolomenskoje finden karnevalsartige Umzüge statt. Auch Volkstänze, Open-Air-Theater, ein Feuerwerk und das Backen des größten Pfannkuchens der Welt stehen auf dem Programm. Bei der symbolischen Austreibung des Winters wird eine Vogelscheuche verbrannt. Nach der Butterwoche beginnt die Fastenzeit.

Das höchste Fest der orthodoxen Kirche, **Ostern**, liegt in der Regel zeitlich nach dem Osterfest der Westkirchen. Wie an Weihnachten gibt es in der Osternacht mehrstündige Gottesdienste mit wunderbarer Chormusik. Am Ostertag warten die Gläubigen vor den Kirchen mit Brot und Ostereiern auf den Segen des Popen. Traditionsbewusste Russen bringen die gesegneten Eier zu den Gräbern von Familienangehörigen (s. a. S. 93).

Silvester ist in Russland ein Familienfest – eine Mischung aus Weihnachten und Silvester. Am Abend des 31. Dezember werden die Wohnungen – ebenso wie die Stadt – mit Tannenbäumen geschmückt. Man versammelt sich zu einem Festmahl, tauscht Geschenke aus, und Väterchen Frost (Ded Moros) besucht die Kinder. Meist wird er von der Snegurotschka, dem Schneeflöckchen, begleitet. Um Mitternacht versammeln sich zahlreiche Menschen auf dem Roten Platz.

Feste und Events im Jahreslauf

Dezember/Januar
Silvester/Neujahr: Um Mitternacht strömen die Menschen auf den Roten Platz, um mit Schampanskoje (Sekt) auf das neue Jahr anzustoßen.
Orthodoxe Weihnachten: Am 6. Januar um Mitternacht finden Messen statt, die bis in die frühen Morgenstunden des 7. Januar dauern.
Orthodoxes Neujahr: 14. Jan. Wohnungen und Restaurants werden mit bunten Papierschlangen geschmückt.
Epiphany Week at Novaya Opera: s. links, www.operaandballet.com.

Februar/März
Masleniza (Butterwoche): s. links, www.maslenitsa.com.

März
Internationaler Frauentag und russischer ›Muttertag‹: 8. März. Der Frauentag wird in Russland überschwenglich gefeiert. Die Männer schenken den Frauen Torten und Blumen. Russlands Muttertag ist die Chance des Paschas, sein Gewissen reinzuwaschen.
Moscow Fashion Week: Im Rahmen der Moskauer Modewoche zeigen die Modedesigner ihre neuen Kreationen, www.fashionweekinmoscow.com.

Mai
Tag der Internationalen Solidarität der Werktätigen: 1. Mai. Paraden auf dem Roten Platz, Tanz auf Straßen und Plätzen. An den Tag der Arbeit schließt sich das Frühlingsfest (2. Mai) an.
Tag des Sieges im Großen Vaterländischen Krieg: 9. Mai. Da die Kapitulationsurkunde erst am 9. Mai 1945 von der Sowjetunion und Deutschland unterzeichnet wurde, wird der Tag des Sieges über Hitler-Deutschland an diesem Tag gefeiert. Paraden auf dem Roten Platz und Konzerte.

Juni
Moscow International Filmfestival: s. links, www.moscowfilmfestival.ru.
Tag der Souveränität Russlands: 12. Juni. Am 12. Juni 1990 erklärte die Russische Föderative Sowjetrepublik ihre Souveränität innerhalb der Sowjetunion. Seit 1992 ist dieser Tag ein staatlicher Feiertag.

August
Internationales Tschechow-Theaterfestival: Rund 100 Aufführungen – nicht nur von Tschechow-Stücken.
Voice of the World: bis Dezember. Folklorefestival, zu dem auch ausländische Gruppen nach Moskau kommen.

September
Art Moscow: www.artmoscow.org.
Kunstbiennale: www.moscowbiennale.ru.

Oktober
Gedenktag für die Opfer des Stalinismus: 30. Oktober.
Moscow Fashion Week: s. März.

November
NET-Festival: Festival für neues europäisches Theater, http://netfest.ru/.

Dezember
Swjatoslaw Richters Dezemberabende: s. links, www.museum.ru/gmii/defrus.htm.
Festival des Deutschen Films in Moskau: www.goethe.de/ins/ru/lp/prj/fddf/flm/wmw/deindex.htm.

Aktiv sein, Sport, Wellness

Baden und Schwimmen

Im Sommer baden die Moskauer westlich der Stadt in der Moskwa, vor allem an den Stränden von Serebrjannyj Bor (westlich). Das schönste Freiluft-Schwimmbad ist Tschajka (s. S. 211).

Fitness

Die Fitnesswelle hat auch Moskau erfasst, doch alle Klubs erfordern feste Mitgliedschaften, sodass sich Reisende auf die Gyms der Hotels beschränken müssen. Nach wie vor glauben aber die meisten Moskauer, die beste Art, gesund zu bleiben, sei einmal wöchentlich ins Dampfbad zu gehen, in die Banja (s. S. 114).

Golfen

Nicht weit vom Zentrum befindet sich der 9-Loch-Golfklub The Moscow City Golf Club, Dowschenka ul. 1, www.mcgc.chat.ru, er liegt an zwei kleinen Naturseen in einem Naherholungsgebiet und steht Nichtmitgliedern offen.

Ein 18-Loch-Golfplatz befindet sich außerhalb von Moskau im Le Meridien Country Club, einem Sportzentrum (Tennis, Pool, Fitness etc.) für die neuen Reichen (Nachabino, Krasno gorskij rayon, Tel. 926 59 24/-19/-11, www.lemeridien-mcc.com).

Inlineskating

Beliebte Reviere für Inlineskater sind die Sperlingsberge (Metro: Worobjowy Gory) rund um die Universität und der Siegespark (Metro: Park Pobedy).

Joggen

Das Joggen ist auch in Moskau in Mode gekommen. Die besten Strecken führen entlang der Moskwa durch den Neskutschnyj Sad (den südlichen Teil des Gorki-Parks) und durch den Lomonossow-Park rund um die Universität auf den Sperlingsbergen. Dort ist es im Sommer schattig und die Wege sind angenehm weich. Im Winter ist dies auch ein beliebtes Gebiet für Skilangläufer und Skispringer. An der Aussichtsplattform der Sperlingsberge trainieren die Moskauer Skispringer.

Kiteboarding

An den Strandbädern der Moskwa ist Kiteboarding der neue Trendsport. Infos: www.zmey.ru, www.skysnake.ru.

Schlittschuhlaufen

Ein weiteres beliebtes Wintervergnügen ist Schlittschuhlaufen. Wenn der Winter so ist, wie er sein soll, kann man auf dem Teich am Neujungfrauen-Kloster, auf dem Patriarchenteich, den Tschistyje Prudy, im Ermitage-Garten und vor allem im Gorki-Park laufen. Auf der Eisbahn kann man zu Musik Pirouetten drehen, aber Spaß macht es vor allem im Gorki-Park, wenn es so knackig kalt ist, dass alle Wege geflutet sind und man im ganzen Park Schlittschuh laufen kann. Schlittschuhe können vor Ort ausgeliehen werden (Info: Tel. 237 12 66).

Wer dem Vergnügen mitten im Zentrum nachgehen möchte, kann auf dem Roten Platz laufen. Die Eisbahn ist 3000 m^2 groß und wetterunabhängig,

Sport und Wellness

Strandfeeling: Seit Kurzem erfreut sich Beachvolleyball in Moskau großer Beliebtheit

allerdings nicht ganz preiswert. Rund 500 Menschen können hier gleichzeitig übers Eis gleiten. Von Anfang Dezember bis Mitte März ist die Eisbahn tgl. von 10 bis 24 Uhr geöffnet (500 RUB/1,5 Std., Schlittschuhausleihe).

Zuschauersport

In Moskau steht eine der größten Sportarenen der Welt, das Stadion Luschniki, erbaut für die Olympischen Spiele 1980. Hier finden nicht nur internationale Wettkämpfe statt, es können auch 100 000 Zuschauer Großkonzerte hören. Zum Luschniki gehören u. a. ein Schwimmbad, Tennisplätze und eine Eissporthalle

Seit 2008 finden regelmäßig im Juli im Siegespark Beachvolleyballturniere statt. Über 100 internationale Beachvolleyballteams der Spitzenklasse treten gegeneinander an.

Museen und Galerien

»Die einzigen Revolutionsprofiteure, die ich in Russland sah, waren die Museen: sie hat die konsequente Konfiskation sämtlichen privaten Kunsteigentums wahrhaft zu Fürsten und Magnaten gemacht. Man hat die Palais, die zahllosen Klöster, die Privatwohnungen mit einem Ruck ausgeräumt und die reichsten davon selbst wieder in Museen verwandelt, sodass sich deren Zahl zumindest vervierfacht, wahrscheinlich aber verzehnfacht hat«, stellte Stefan Zweig in den 1920er-Jahren fest. Heute existieren über hundert Museen in Moskau. Highlights sind das Puschkin-Museum für Bildende Künste mit seiner großen Sammlung nichtrussischer Kunst, die Tretjakow-Galerie, die russische Kunst ausstellt, sowie die Rüstkammer im Kreml. Interessant sind auch die Literaturmuseen.

Infos für den Museumsbesuch
Kassenschluss ist in der Regel eine Stunde vor Ende der Öffnungszeit. Einige Museen haben einen **Sanitarnyj den,** einen Tag im Monat, an dem geschlossen ist. Sofern erlaubt, muss **Fotografieren/Filmen** extra bezahlt werden. In den meisten Moskauer Museen gibt es zwei **Eintrittspreise:** einen für Russen, einen für westliche Touristen. Letzterer ist um ein Vielfaches höher und entspricht etwa dem, was man in westeuropäischen Museen bezahlt (s. S. 63). Der Unterschied lässt sich leicht nachvollziehen: Das Einkommensniveau der Russen liegt deutlich unter dem ausländischer Besucher. Zugleich sind enorme Summen notwendig, um die Museen instand zu halten. Hierzu leisten ausländische Besucher mit ihren Eintrittsgeldern einen wichtigen Beitrag.

Museen

Tradition – **Alter Englischer Hof** (Старый Английский дворик): ▶ Karte 2, K 8, ul. Warwarka 4 a, Tel. 698 39 52, Metro: Kitaj-Gorod, Di, Do, Sa, So 10–18, Mi–Fr 11–19 Uhr, s. S. 143.

Ikonen – **Andrej-Rubljow-Museum** (Музей древнерусской культуры и искусства им. Андрея Рублева): ▶ N 8, Andronjewskaja pl. 10, Tel. 678 14 67, www.rublev-museum.ru, Metro: Taganskaja/Ploschadj Iljitscha, Mo/Di, Do–So 11–18 Uhr, letzter Fr im Monat geschl. Er war der Meister der Ikonenmalerei: Andrej Rubljow (1370–1430). Im Andronikow-Kloster lebte er und schuf dort seine Werke. Leider sind in dem Museum nur Kopien seiner Meisterwerke zu sehen, die Originale hängen in der Tretjakow-Galerie. Doch man bekommt einen guten Überblick über Rubljows Werk und Leben. Außerdem besitzt das Museum die größte Sammlung von Ikonen des 14.–19. Jh.

Modelle – **Architekturmuseum im. Schussewa** (Музей архитектуры им. А. В. Щусева): ▶ Karte 2, J 7, Wosdwischenka 5, Tel. 691 21 09, www.muar.ru, Metro: Biblioteka im. Lenina, Di–So 11–19 Uhr, s. S. 217.

Viel Theater – **Bachruschin-Theatermuseum** (Театральный музей им. А. А. Бахрушина): ▶ L 10, ul. Bachruschina 31/12, Tel. 953 44 70, www.gctm.ru, Metro: Pawelezkaja, Mi–Mo 12–19 Uhr, letzter Mo im Monat geschl. Alles begann mit 22 Schauspielerporträts aus dem 18. Jh., die der Bankier Alexej Bachruschin 1891 erwarb. Diese erwiesen sich zwar nur als Kostümskizzen, die sich Graf Scheremetjew für seine

Museen und Galerien

Leibeigenen-Schauspieltruppe hatte anfertigen lassen, doch ein Anfang war gemacht. Drei Jahre später gründete Bachruschin ein Museum, das heute mit Bühnenbildmodellen, Requisiten, Fotos etc. über 100 Jahre Theatergeschichte dokumentiert.

Moskauer Museen im Internet
Auf den Websites www.russianmuseums.info (englisch) bzw. www.museum.ru (russisch) kann man sich einen Überblick über die wichtigsten Moskauer Museen verschaffen.

Monumental – **Borodino-Panorama-Museum** (Музей-панорама »Бородинская битва«): ▶ D 9, Kutusowskij pr. 38, Tel. 148 19 67, www.1812panorama.ru, Metro: Kutusowskaja, Mo–Do, Sa/So 10–16.45 Uhr, letzter Do im Monat geschl. Wie in einem Kuppelkino schaut man auf ein Monumentalgemälde (115 x 15 m), das die Schlacht von Borodino darstellt, in der General Kutusow Napoleons Armee schlug.

Der Meister – **Bulgakow-Museum** (Музей М. А. Булгакова): ▶ Karte 2, H 6, Bolschaja Sadowaja ul. 10, Wg. 50, Tel. 699 53 66, www.dombulgakova.ru, Mi–So 13–19 Uhr, Nachtführung Fr/Sa 1–6 Uhr, s. S. 163.

Musikinstrumente und mehr – **Glinka-Musikmuseum** (Музей музыкальной культуры им. М. И. Глинки): ▶ J 5, ul. Fadejewa 4, Tel. 739 62 26, www.glinka.museum, Metro: Majakowskaja/Mendelejewskaja, Di–So 11–19 Uhr, letzter Tag im Monat geschl. Zwei Ausstellungen beherbergt das Museum: Etwa 900 seltene Musikinstrumente sowie »Die Kulturgeschichte der russischen Musik« mit zahlreichen Partituren, Bildern und Fotografien.

Die »Toten Seelen« – **Gogol-Museum** (Дом Н. В. Гоголя): ▶ Karte 2, J 7, Nikitskij bl. 7/7a, www.domgogolya.ru, Metro: Arbatskaja, Di 14–20, Sa 12–18 Uhr, s. S. 221.

Jugendstilvilla – **Gorki-Museum** (Музей-квартира А. М. Горького): ▶ Karte 2, H 7, Malaja Nikitskaja ul. 6/2, Tel. 690 05 35, Metro: Arbatskaja, Mi–So 11–17.30 Uhr, s. S. 221.

Stammhaus der Romanows – **Haus der Bojaren Romanow** (Дом бояр Романовых): ▶ Karte 2, K 7, ul. Warwarka 10, www.shm.ru, Metro: Kitaj-Gorod, Do–Mo 10–17, Mi 11–18 Uhr, s. S. 144.

Landesgeschichte – **Historisches Museum** (Исторический музей): ▶ Karte 2, K 7, Krasnaja pl. 1/2, Tel. 692 40 19, 692 37 31, www.shm.ru, Metro: Ochotnyj Rjad, tgl. 10–18 Uhr, Di und 1. Mo im Monat geschl., s. S. 134.

Spionagetechnik – **KGB-Museum** (Историко-демонстрационный зал ФСБ РФ): ▶ Karte 2, K 7, Lubjanskaja pl. 2, nur nach Anmeldung zu besuchen: Tel. 914 85 38, Metro: Lubjanka, Mo–Fr 10–18 Uhr, s. S. 182.

Porzellan – **Kuskowo-Porzellanmuseum** (Музей керамики и Усадьба Кусково XVIII в.): ▶ östl. O 9, ul. Junosti 2, Tel. 375 31 31, www.kuskovo.ru, Metro: Rjasanskij Prospekt/Wychino, Mi–So 10–18, im Winter bis 16 Uhr, letzter Mi im Monat geschl. Auf dem ehemaligen Landsitz des Grafen Scheremetjew aus dem 18. Jh. befindet sich ein Porzellanmuseum mit umfassender Sammlung, doch der Palast mit seinem Park ist allein schon einen Besuch wert.

Toter Lenin – **Lenin-Mausoleum** (Мавзолей В. И. Ленина): ▶ Karte 2, K 7,

Reiseinfos

Krasnaja pl., Tel. 623 55 27, www.lenin.ru, Metro: Ochotnyj Rjad, Di–Do, Sa/So 10–13 Uhr, s. S. 135.

Studentenzeit – **Lermontow-Museum** (Дом-музей М. Ю. Лермонтов): ▶ Karte 2, H 7, Malaja Moltschanowka 2, Tel. 291 52 98, www.museum-glm.ru, Metro: Arbatskaja, Mi, Fr 14–18, Do, Sa/So 11–17 Uhr, s. S. 222.

Alles über Literatur – **Literaturmuseum** (Литературный музей): ▶ Karte 2, K 6, Petrowka 28, Tel. 625 12 26, www.museum-glm.ru, Metro: Tschechowskaja, Mi, Fr 14–18, Sa 11–17 Uhr, s. S. 178.

Der Dichter der Revolution – **Majakowskij-Museum** (Музей В. В. Маяковского): ▶ Karte 2, L 7, Lubjanskij pr. 3/6, Tel. 621 93 87, www.mayakovsky.info, Metro: Lubjanka, Fr–Mi 10–17, Do 13–20 Uhr, letzter Fr im Monat geschl. 1930 erschoss sich Wladimir Majakowskij in Nachbarschaft zur Geheimpolizei und vielleicht auch mit deren Hilfe, denn die Umstände seines Todes, der lange als Selbstmord galt, sind nicht geklärt. Als Sohn eines Försters in Georgien geboren, kam Majakowskij 1906 nach Moskau, studierte zunächst Kunst, bevor er zu schreiben begann. Im Museum wird nicht nur sein Leben in Briefen, Fotos und Texten nachgezeichnet, auch einige Bilder und Plakate von ihm sind zu sehen. Zudem bietet das Museum einen guten Überblick über die avantgardistische Kunst zu Beginn des 20. Jh. (s. a. S. 182).

Matrjoschka satt – **Matrjoschka-Museum** (Музей Матрешки): ▶ Karte 2, J 7, Leontjewskij per. 7, Metro: Ochotnyj Rjad, Mo–Fr 10–18, Sa 10–17 Uhr, s. S. 166.

Erinnerungskultur – **Memorial** (Мемориал): ▶ Karte 2, K 5, Malyj Karetnyj per. 12, Tel. 650 78 83, www.memo.ru, Besuch von Archiv und Museumssammlung nach Vereinbarung, Metro: Tschechowskaja/Puschkinskaja. Die Internationale Gesellschaft für Historische Aufklärung, Menschenrechte und Soziale Fürsorge ›Memorial‹ wurde 1988 gegründet. In dem kleinen Museum mit mehr als 2000 Exponaten kann man eine einzigartige Sammlung von Werken politischer Gefangener in Lagern und in der Verbannung besichtigen: Gemälde und Grafiken sowie Kunsthandwerk. Außerdem erfährt man einiges über die Bedingungen im GULAG. Das Archiv besitzt mehr als 50 000 persönliche Dokumente von Repressionsopfern

Exklusive Fotos – **Moskauer Haus der Fotografie – MDF** (Московский дом фотографии): ▶ H 9, Ostoschenka 16, Tel. 637 11 00, www.mdf.ru, Metro: Kropotkinskaja, Di–So 11–20 Uhr. 1996 übernahm die Dokumentarfilmerin Olga Swiblowa als Direktorin das Haus der Fotografie. Sie zeigt neben klassischen Werken der Fotokunst auch die Arbeiten junger Fotografen. Das Haus besitzt ein umfassendes Archiv von mittlerweile über 70 000 Arbeiten russischer Fotografen. Swiblowa organisiert auch die Fotobiennale, die wieder 2013 stattfindet. Seit der Eröffnung des spektakulären neuen Gebäudes nennt sich das Museum The Multimedia Art Museum und hat damit auch seinen ›Horizont‹ erweitert, indem neben Fotografie auch Videokunst gezeigt wird.

Aus den letzten Jahrzehnten – **Moskauer Museum für Moderne Kunst** (Московский музей современного искусства): ▶ Karte 2, J 6, Petrowka 25, Tel. 694 28 90 (Führungen) www.mmoma.ru, Metro: Tschechowskaja/Puschkinskaja, Mo–Mi, Do 13–21, Sa/So

Museen und Galerien

12–20 Uhr, letzter Mo im Monat geschl., s. S. 176.

Privatmuseum – **Museum der aktuellen Kunst ART4.ru** (Музей актуального искусства): ▶ Karte 2, J 7, Chlynowskij per. 4, Tel. 660 1 58, www.art4.ru, Fr/Sa 11–22 Uhr, s. S. 166 und 262.

Russische Volkskunst – **Museum für angewandte Kunst und Volkskunst** (Музей декоративно-прикладного и народного искусства): ▶ J 5, Delegatskaja ul. 3, Tel. 609 01 67, www.vmdpni.ru, Metro: Majakowskaja/Zwetnoj Bulwar, Mo–Do, Sa–So 10–18 Uhr, letzter Do im Monat geschl. Russische Volkskunst aus verschiedenen Regionen: Samoware, Lackdosen, Teppiche, Keramik, Porzellan, Spitzen- und Wolltücher.

Alles über Moskau – **Museum der Geschichte Moskaus** (Музей истории Москвы): ▶ Karte 2, K 7, Nowaja pl. 12, Tel. 924 84 90, www.mosmuseum.ru, Metro: Kitaj-Gorod/Lubjanka, Di–So 10–18 Uhr, letzter Fr im Monat geschl. Moskaus Geschichte von der Gründung bis zur Gegenwart wird hier anhand von Plänen, Karten (vom 16. Jh. bis heute) Modellen und Fotos dokumentiert.

Einst Adelspalast – **Museum für die neue Geschichte Russlands** (Музей современной истории России): ▶ Karte 2, J 6, Twerskaja ul. 21, Tel. 699 67 24, www.sovr.ru, Metro: Puschkinskaja, Di, Mi, Fr 10–18, Do, Sa 11–19, So 10–17 Uhr, letzter Fr im Monat geschl., s. S. 161.

Geschichte des Terrors – **Museum ›Haus am Ufer‹** (Музей »Дом на набережной«): ▶ J 8, ul. Serafimowitscha 2, 1. Aufgang, www.museumdom.narod.ru, Mi 17–20, Sa 14–18 Uhr, s. S. 242.

Revolutionsgeschichte – **Museum Krasnaja Presnja** (Историко-мемориальный музей »Пресня«): ▶ G 7, Bolschoj Predtetschenskij per. 5, www.sovr.ru, Metro: Krasnopresnenskaja/Barrikadnaja, Di–Sa 10–17.30 Uhr, letzter Fr im Monat geschl., s. S. 259.

Avantgarde und mehr – **Neue Tretjakow-Galerie** (Третьяковская галерея на Крымском Валу): ▶ J 9, Krymskij wal 10, Tel. 951 13 62, www.tretyakovgallery.ru, Metro: Oktjabrskaja, Di–So 10–19.30 Uhr, s. S. 246 und 248.

Dem Dichter gewidmet – **Ostrowskij-Museum** (Дом-музей А. Н. Островского): ▶ K 9, Malaja Ordynka 9, Tel. 953 86 84, www.russianmuseums.info/M308, Metro: Tretjakowskaja/Nowokusnezkaja, Di–So 11–19 Uhr, s. S. 239.

Doktor Schiwago – **Pasternak-Museum** (Дом-музей Б. Л. Пастернака): außerhalb, ul. Pawlenko 3, Peredelkino, Tel. 934 51 75, Elektritschka vom Kiewer Bahnhof nach Peredelkino, Do–So 11–16 Uhr, s. S. 276.

Bücher und Briefe – **Puschkin-Museum** (Музей А. С. Пушкина): ▶ H 8, Pretschistenka 12/2, Tel. 637 56 74, www.pushkinmuseum.ru, Metro: Kropotkinskaja, Di–So 10–18 Uhr, s. S. 200.

Eine Episode – **Puschkin-Wohnhaus:** (Мемориальная квартира А. С. Пушкина): ▶ H 8, Arbat 53, Tel. 241 22 46, www.pushkinmuseum.ru, Metro: Smolenskaja, Mi–So 11–18 Uhr, s. S. 222.

Griff nach den Sternen – **Raumfahrtmuseum** (Музей космонавтики) ▶ nördlich L 3, pr. Mira 111, Tel. 693 79 14, Metro: WDNCH, Di–So 10–18 Uhr, letzter Fr im Monat geschl. Frisch renoviert, wurde das interessanteste wissenschaftlich-technische Museum der Stadt

Reiseinfos

Zarenkronen und Zarenschmuck: Die Rüstkammer birgt Schätze aus vielen Jahrhunderten und gehört zu den Höhepunkten eines Moskau-Besuchs

2009 wiedereröffnet. Aus dem verstaubten Museum aus Sowjetzeiten ist eine moderne Ausstellung mit vielen Raumfahrtapparaten, Videowänden und Flugsimulatoren geworden. Die Ausstellungsfläche wurde mehr als vervierfacht – auf 9000 m². Die Geschichte der Erforschung des Kosmos und das Leben der Kosmonauten-Pioniere – Helden der aufstrebenden Sowjetunion – werden hier interessant dargestellt. In dem interaktiven Museum kann jeder einen Raketenstart, Landungen und andere Phasen eines Raumflugs nacherleben. Ein Flugsimulator vermittelt Raumfahrtfans ein Gefühl für die Schwerelosigkeit. Im Souvenirshop gibt es neben Spielzeugraketen auch echte Kosmonautennahrung sowie andere nostalgische Artikel zur Raumfahrt.

Museen und Galerien

Die Schätze der Zaren – **Rüstkammer im Kreml** (Оружейная палата): ▶ Karte 2, J 8, Tel. 697 03 49, www.kreml.ru, Metro: Biblioteka im. Lenina, tgl. außer Do um 10, 12, 14.30 und 16.30 Uhr, s. S. 129.

Der große Sänger – **Schaljapin-Museum** (Дом-музей Ф. И. Шаляпина): ▶ G 7, Nowinskij bl. 25, Tel. 605 62 36, Metro: Krasnopresnenskaja/Barrikadnaja, Di, Sa 10–18, Mi, Do 11.30–19, So 10–16.30 Uhr, s. S. 259.

Komponistenwohnung – **Skrjabin-Museum** (Мемориальный музей А. Н. Скрябина): ▶ H 8, Bolschoj Nikolopeskowskij per. 11, Tel. 241 19 01, www.mu-seum.ru/scriabin, Metro: Smolenskaja, Mi, Fr 12–18, Do, Sa/So 10–16.30 Uhr, letzter Mo im Monat geschl., s. S. 220.

Sensationell – **Staatliches Museum für Bildende Künste – Puschkin-Museum** (Государственный музей изобразительных искусств им. А. С. Пушкина): ▶ Karte 2, J 8, ul. Wolchonka 12, Tel. 697 95 78, www.artsmuseum.ru, Metro: Kropotkinskaja, Di–So 10–18, Do 10–20 Uhr, s. S. 194.

Innovativ – **Staatliches Zentrum für Moderne Kunst – NCCA** (Государственный центр современного искусства – ГЦСИ): ▶ G 6, Zoologitscheskaja ul. 13, Tel. 254 06 74, www.ncca.ru, Metro: Barrikadnaja, Krasnopresnenskaja, Di–So 12–19 Uhr (während Ausstellungen), s. S. 257, 260.

Stadtvilla – **Tolstoj-Haus** (Усадьба Л. Н. Толстого): ▶ H 10, ul. Ljwa Tolstowo 21, Tel. 246 94 44, www.tolstoymuseum.ru, Metro: Park Kultury, Di–So 10–18 Uhr, s. S. 202.

Originalmanuskripte – **Tolstoj-Museum** (Музей Л. Н. Толстого): ▶ Karte 2, J 7, Pretschistenka 11, Tel. 201 38 11, Metro: Kropotkinskaja, Di–So 11–17 Uhr, s. S. 201.

Ikonen und mehr – **Tretjakow-Galerie** (Третьяковская галерея): ▶ K 9, Lawruschenskij per. 10, Tel. 951 13 62, www.tretyakovgallery.ru, Metro: Tretjakowskaja, Di–So 10.30–19.30 Uhr, s. S. 239.

Erste Erfolge des Schriftstellers – **Tschechow-Haus** (Дом-музей А. П. Чехова): ▶ H 7, Sadowaja-Kudrinskaja ul. 6, Tel. 291 61 54, Metro: Krasnopresnenskaja/Barrikadnaja, Di, Do, Sa 11–17, Mi–Fr 14–19 Uhr, s. S. 258.

Der Märchenmaler – **Wasnezow-Museum** (Дом-музей В. М. Васнецова): ▶ K 5, per. Wasnezowa 13, Tel. 681 13 29, Metro: Sucharewskaja/ Prospekt Mira, Mi–So 10–17 Uhr, letzter Do im Monat geschl. In dem verwunschenen Holzhaus aus Baumstämmen, das Wiktor Wasnezow selbst entwarf, lebte der Märchenmaler von 1894 bis 1926. Wasnezow war auch Architekt der Tretjakow-Galerie. Allein das Haus ist schon originell; hier sind Zeichnungen des Malers und einige seiner Entwürfe zu Bühnenbildern zu sehen.

Großausstellungen – **Zentralhaus des Künstlers – ZDCh** (Центральный дом художника – ЦДХ): ▶ J 10, Krymskij wal 10, Tel. 238 96 34, www.cha.ru, Metro: Oktjabrskaja, Di–So 11–19 Uhr. Im ZDCh finden Wechselausstellungen statt und die Kunstmesse Art Moskwa. Zweimal im Jahr (März und Okt.) wird hier auch eine Antiquitätenmesse veranstaltet. Im selben Gebäude ist die Neue Tretjakow-Galerie (s. S. 246 und 248) untergebracht.

Ort der Erinnerung – **Zentralmuseum des Großen Vaterländischen Krie-**

Reiseinfos

ges 1941–45 (Центральный музей Великой Отечественной войны 1941-1945 гг.): ▶ C 10, pl. Pobedy 3, Tel. 142 41 85, www.poklonnaya-gora.ru, Metro: Kutusowskaja, Di–So 10–16 Uhr, letzter Do im Monat geschl. 9 ha groß ist der ›Park des Sieges‹, in dessen Zentrum sich das Museum befindet. Es wurde 1995 zum 50. Jahrestag des Sieges eröffnet. In drei Sälen werden die Erinnerung und der Ruhm gepflegt. Zudem finden Christen, Juden und Muslime auf dem Gelände eine Kirche, eine Synagoge und eine Moschee, um der Opfer zu gedenken, die das Vielvölkerreich im Krieg gegen Hitler brachte. Am Wochenende ist das weite Gelände des Parks ein beliebter Treffpunkt der Skater und jeden Samstag frisch getrauter Brautpaare. Dann herrscht hier Volksfestatmosphäre. Die Paar lassen sich am von Surab Zereteli geschaffenen Obelisken mit Siegesengel fotografieren. Mit seiner Höhe von 141 m dominiert er den Komplex und ist an Geschmacklosigkeit nicht zu überbieten. Die Fontänen im Park sind abends rot beleuchtet.

Die tragische Dichterin – **Zwetajewa-Museum** (Музей Марины Цветаевой): ▶ H 7, Borisoglebskij per. 6, Tel. 695 35 43, www.dommuseum.ru, Metro: Arbatskaja, Di–So 12–17 Uhr, s. S. 222.

Galerien

Eigenwillige Kunst – **Aidan** (Айдан): ▶ N 7, 4. Syromjatnitscheskij per. 1 (im Winsawod), www.aidangallery.ru, Metro: Kurskaja, Di–So 13–10 Uhr. Aidan Salachowa gründete ihre Galerie als eine der ersten nach der Wende – und zog vom Zentrum in die Weinfabrik (Winsawod), als diese 2007 eröffnete. Sie stellt bevorzugt Konzeptkünstler aus, s. S. 261.

Renommierte Galerie – **Guelman-Galerie** (Галерея Гельмана): ▶ N 7, 4. Syromjatnitscheskij per. 1, Mo–Fr 12–18 Uhr. Eine der renommiertesten Galerien der Stadt: Malerei, Grafik, Fotografie etablierter russischer Künstler wie Oleg Kulik, Ilja Kabakow und Dubossarsky+Vinogradov. Das Programm ist immer höchst aktuell, denn das Motto von Marat Guelman lautet: »Morgens in der Zeitung, abends schon in der Galerie!«, s. S. 261.

Avantgarde-Kunstzentrum – **Garage** (гараж): ▶ J 3, ul. Obraszowa 19 A, Tel. 645 05 20, www. garageccc.com, Metro: Nowoslobodskaja, tgl. 11–21 Uhr. Zehn Millionen Dollar hat die Renovierung des 8500 m² großen ehemaligen Busdepots gekostet. Dascha Schukowa, Lebensgefährtin des Multimilliardärs Roman Abramowitsch, ließ die gigantische Halle in ein Ausstellungshaus für moderne Kunst verwandeln. *The place to be* für den internationalen Kunstjet, s. S. 261.

Top-Events – **Triumph-Galerie** (Галерея »Триумф«): ▶ L 10, Nowokusnezkaja ul. 40, Tel. 662 08 93, www.triumph-gallery.ru, Metro: Pawelezkaja, Mo–Sa 12–20 Uhr. Die Vernissagen der Triumph-Galerie in der alten Villa sind Top-Events. Die Kunst spielt dabei oft nur eine Nebenrolle. Von der Galerie vertreten wird u. a. die Kunstgruppe AES+F.

Trendy – **XL-Galerie** (XL Галерея): ▶ N 7, 4. Syromjatnitscheskij per. 1 (im Winsawod), www.xlgallery.ru, Metro: Kurskaja, Di–So 13–19 Uhr. Auch diese Galerie zog vom Zentrum in die Weinfabrik (s. S. 260). Sie ist immer auf der Höhe der Zeit: Mal wird Concept Art gezeigt, mal sind Moskaus ›junge Wilde‹ zu sehen, die Stars der hauptstädtischen Kunstszene!

Reiseinfos von A bis Z

Apotheken

Wer spezielle Medikamente braucht, sollte sie von zu Hause mitnehmen. Für leichtere Fälle kann man die Moskauer Apotheken aufsuchen, das Personal spricht aber nicht englisch! Apotheken gibt es überall in der Stadt. Folgende sind rund um die Uhr geöffnet:
Apteka: Twerskaja ul. 25, Metro: Puschkinskaja.
Deutsche Apotheke: Petrowskij Passasch, ul. Petrowka 10, Metro: Teatralnaja.
Farmakon: Twerskaja ul. 2/4, Metro: Ochotnyj Rjad.

Ärztliche Versorgung

Das staatliche Gesundheitssystem entspricht nicht dem westeuropäischen Standard. Es war schon zu Sowjetzeiten schlecht, heute sind die Zustände zum Teil katastrophal. Patienten müssen sich in den staatlichen Krankenhäusern oft die Medikamente und sogar das Essen selbst organisieren. Es existieren aber auch einige private, kommerzielle medizinische Einrichtungen. Sie berechnen für ihre Dienstleistungen häufig deutlich mehr als im internationalen Durchschnitt üblich ist (Facharzt-Sprechstunde bis zu 100 US-$). Allerdings gibt es große Unterschiede in puncto Preis und Leistung.

Eine Auslandskrankenversicherung ist Pflicht, um überhaupt ein Visum für Russland zu bekommen. Dringend zu empfehlen ist eine Versicherung, die auch einen eventuellen Rücktransport einschließt.

Im Notfall sollte man sich an eine der unten genannten privaten Praxen wenden.

American Medical Centers: pr. Mira 26/6 (Eingang von Groholskij per.), Tel. 933 77 00, www.amcenter.ru, Metro: Prospekt Mira. 7 Tage in der Woche rund um die Uhr geöffnet.
European Medical Centre: Spiridonewskij per. 5, Tel. 933 66 55, www.emcmos.ru, Metro: Puschkinskaja, 24-Std.-Service. Im Ärztezentrum arbeiten auch englisch- und französischsprachige Ärzte.
Ärzteteam der Deutschen Botschaft: Tel. über Zentrale 937 95 00. Das Ärzteteam behandelt nicht nur Botschaftsangehörige, sondern grundsätzlich alle EU-Bürger und Schweizer, aber keine russischen Staatsangehörigen (Ausnahme: Lebenspartner und Kinder von Deutschen bzw. EU-Bürgern). Behandelt wird gegen Vorauszahlung. Die Rückerstattung erfolgt über die Auslandskrankenversicherung, aber auch

Reisekasse und Spartipps

Moskau gehört zu den teuersten Großstädten der Welt. In gehobenen Restaurants zahlt man für ein **Hauptgericht** umgerechnet 20–30 €. Ein **Kaffee** in einem der neuen westlichen Hotels kostet etwa 3,50 €, in einem kleinen russischen Café etwa 0,70 €. Der Preis für ein Metroticket beträgt 28 RUB (ca. 0,69 €). **Karten für das Bolschoi-Theater** kosten 15–35 € und für einen **Museumsbesuch** muss man mit etwa 2–10 € rechnen.
Wer beim **Essen** sparen möchte, kann sich durch die diversen russischen Fast-Food-Filialen essen, die gutes russisches Essen zu zivilen Preisen anbieten: Russkoje Bistro, Mu-Mu oder Jolki-Palki (s. S. 37, weitere Adressen im Reiseteil ab S. 116).

Reiseinfos

die normale deutsche Krankenversicherung. Der deutsche Botschaftsarzt berechnet deutsche Krankenkassensätze.
US Dental Care: Bolschaja Dmitrowka 7/5, Tel. 933 86 86, www.usdentalcare.com, Metro: Teatralnaja, Mo–Fr 8–20, Sa/So 9–28 Uhr. Sehr erfahrene Ärzte, die russisch und englisch sprechen.
German Dental Clinic: Wolotschajewskaja ul. 2/1, Tel. 737 44 66, www.germandentalcenter.ru, Metro: Ploschadj Iljitscha, Mo–Fr 9–21, Sa 9–15 Uhr. Deutsche und russische Zahnärzte arbeiten in dieser Klinik.

Diplomatische Vertretungen

… in Deutschland
Botschaft der Russischen Föderation
Unter den Linden 63–65
10117 Berlin
Tel. 030 229 11 10, 030 229 11 29
www.russische-botschaft.de

Konsularabteilung der Botschaft
Behrenstr. 66, 10117 Berlin
Tel. 030 229 12 07
www.russisches-konsulat.de

Generalkonsulate
– Waldstr. 42, 53177 Bonn
Tel. 0228 386 79 30
www.ruskonsulatbonn.de
– Am Feenteich 20, 22085 Hamburg
Tel. 040 229 52 01
oder 040 229 53 01
www.generalkonsulat-rus-hamburg.de
– Turmgutstr. 1, 04155 Leipzig
Tel. 0341 585 18 76
www.ruskonsulatleipzig.de
– Maria-Theresia-Str. 17
81675 München
Tel. 089 59 25 03
www.ruskonsmchn.mid.ru

… in Österreich
Botschaft der Russischen Föderation
Reisnerstr. 45–47
1030 Wien
Tel. 01 712 12 29
Fax 01 712 33 88
www.rusemb.at

… in der Schweiz
Botschaft der Russischen Föderation
Brunnadernrain 53
3006 Bern
Tel. 031 352 05 66
Fax 031 352 55 95
www.switzerland.mid.ru

… in Moskau
Botschaft der Bundesrepublik Deutschland
Mosfilmowskaja ul. 56
Tel. 937 95 00
Fax 499 783 09 01
www.moskau.diplo.de

Visa- und Konsularabteilung
Leninskij pr. 95 a
Tel. 933 43 11
Fax 936 21 43
germanrk@aha.ru

Botschaft der Republik Österreich
Starokonjuschennyj per. 1
Tel. 780 60 66, Fax 937 42 69
www.bmeia.gv.at/botschaft/moskau.html

Botschaft der Schweiz
Per. Ogorodnoj Slobody 2/5
Tel. 258 38 30
Fax 621 21 83
www.eda.admin.ch

Elektrizität

In der Regel beträgt die Netzspannung 220 Volt. Adapter sind nicht erforderlich.

Reiseinfos

Feiertage

1. Januar/2. Januar: Neujahr
7. Januar: orthodoxes Weihnachtsfest
23. Februar: Tag des Verteidigers des Vaterlandes, früher Tag der sowjetischen Armee und Flotte, seit 2002 Tag der Männer, Pendant zum 8. März
8. März: Internationaler Frauentag
1. Mai: Internationaler Tag der Arbeit
9. Mai: Tag des Sieges, Ende des Zweiten Weltkrieges
12. Juni: Tag der Unabhängigkeit
4. November: Tag der nationalen Einheit, Nationalfeiertag. 2005 erstmals begangen, ist er der Erinnerung an den Kampf gegen die polnische Besetzung im Jahr 1612 gewidmet.
12. Dezember: Tag der Verfassung
Nähere Informationen zur Feiertagsregelung s. S. 52.

Fundbüro

Wenn man etwas verloren hat, wendet man sich am besten an den Concierge oder das Servicebüro im Hotel. Die Zuständigkeit eines Fundbüros hängt ab vom Ort oder Gegenstand des Verlustes.
Bus, Tram: Tel. 923 87 53,
Metro: Tel. 222 20 85,
Taxi: Tel. 233 42 25,
Verlust von Dokumenten: Tel. 200 99 57.

Geld

Die russische Währung ist der Rubel (RUB oder Rb.). Ein Rubel sind 100 Kopeken. Es gibt Münzen zu 1, 2 und 5 Rubel sowie zu 1, 5, 10 und 50 Kopeken. Rubel dürfen nicht eingeführt werden.

In den teureren Hotels und Restaurants ist der Preis meist in Units angegeben (1 Unit liegt etwas höher als der Dollar). Die Preise werden umgerechnet, denn bezahlt werden darf nur in Rubel. Fast alle Shops, Restaurants und Hotels akzeptieren Kreditkarten.

Überall in der Stadt gibt es Wechselstuben und Geldautomaten, an denen man mit EC-Karten oder Kreditkarten Bargeld bekommt.
Wechselkurs: 100 RUB = 2,46 € = 3,15 CHF; 1 € = 40,58 RUB; 1 CHF = 31,67 RUB.

Internetcafés

Nachfolgend genannte Internetcafés sind gut zu erreichen:
Cafemax 1: Nowoslobodskaja ul. 3, www.cafemax.ru, Metro: Nowoslobodskaja.
Cafemax 2: Pjatnizkaja ul. 25, www.cafemax.ru, Metro: Nowokusnezkaja.
Time Online: Maneschnaja pl. 1 (in dem großen Einkaufszentrum Ochotnyj Rjad), www.timeonline.ru, Metro: Ochotnyj Rjad.

Notruf

Feuerwehr: 01
Polizei: 02
Unfallwagen: 03
Sperrnotruf für Kreditkarten:
Tel. 810 49 116 116 und 810 49 30 40 50 40 50.

Öffnungszeiten

Lebensmittelläden: Mo–Sa 9–21, So 8–18 Uhr.
Passagen und Kaufhäuser: wie Lebensmittelläden, doch meist ab 11 Uhr.
Märkte: Mo–Sa 7–18, So 8–16 Uhr. Alle übrigen Läden öffnen meist erst um 10 oder 11 Uhr und schließen um 19 Uhr.
Museen: s. S. 56.
Post: s. S. 66.

Reiseinfos

Polizei

Einen Diebstahl muss man bei der Polizei melden (wegen der Versicherung), da dort jedoch nicht englisch gesprochen wird, kann man das auch über die Botschaft machen.

Post

Die russische Post ist besser als ihr Ruf. Nicht alle Päckchen werden geöffnet und Ansichtskarten kommen tatsächlich – meist nach einer Woche – an. **Hauptpost:** Mjasnizkaja ul. 26, tgl. 8–19, Sa 8–18, So 9–18 Uhr, Metro: Tschistyje Prudy. Wer sich darauf nicht verlassen möchte und eilige Postsendungen verschicken muss, nutzt besser die Expressdienste:
DHL: Tel. 956 10 00
EMS: Tel. 117 00 40
UPS: Tel. 961 22 11, 254 40 15

Innerhalb Moskaus
Kurier: Tel. 958 29 29
City Express: Tel. 200 65 69

Rauchen

Raucher haben es in Moskau gut. Moskau ist eine wahre Raucherstadt! Außer in der Metro darf eigentlich überall geraucht werden. Einige (wenige) Restaurants haben getrennte Bereiche für Raucher und Nichtraucher.

Reisen mit Handicap

Rollstuhlfahrer haben es in Moskau schwer. Auf den Gehsteigen befinden sich Unebenheiten und Schlaglöcher und es gibt keine Absenkungen zur Straße hin. Auch für Menschen, die schlecht zu Fuß sind, ist es nicht möglich, die öffentlichen Verkehrsmittel zu benutzen: Es gibt keine Fahrstühle. Alle Hauptverkehrsstraßen müssen unterquert werden, wenn man auf die andere Straßenseite möchte. Dafür müssen viele Treppen gestiegen werden.

Sicherheit

Moskau ist lange nicht so unsicher, wie oft angenommen wird. Es ist hier nicht gefährlicher als in jeder anderen europäischen Großstadt, sich als Ausländer im Zentrum zu bewegen, sofern man bestimmte Vorkehrungen trifft. Zum Schutz vor Taschendieben sollte man sich nicht mit vor dem Bauch hängender Kamera als Ausländer zu erkennen geben, Wertgegenstände nicht zur Schau stellen, sondern möglichst im Hotelsafe deponieren und in der Metro und in Bussen Taschen nicht offen tragen.

Meiden sollte man Bahnhöfe und dunkle Gegenden am Stadtrand. Taxis sollte man nicht mit unbekannten Fahrgästen teilen, auch nicht einen Wagen anhalten, in dem außer dem Fahrer noch jemand sitzt.

Telefonieren

Von öffentlichen Telefonzellen kann man nur mit Telefonkarte telefonieren, man kauft sie an den Kassen der Metro. Auch Gespräche ins Ausland sind von öffentlichen Telefonzellen möglich. Von den Hotels sind Auslandsgespräche sehr teuer, auch Telefonieren innerhalb Moskaus wird dort mit bis zu 1 US-$ pro Minute berechnet.
Vorwahlen: von Moskau nach Deutschland 810 49; in die Schweiz 810 41; nach Österreich 810 43; Vorwahl von Moskau 007 495.
Mobil telefonieren: Das Handy muss auf Roaming freigeschaltet sein.

Reiseinfos

Trinkgeld

In den Restaurants wird ein Trinkgeld von 10 bis 15 % erwartet. Die Garderobe in Restaurants, Theatern und Oper ist kostenlos, doch freuen sich die Garderobieren (meist Rentnerinnen mit kleinem Einkommen) über ein Trinkgeld.

Umgangsformen

Wer das Glück hat, zu Moskauern nach Hause eingeladen zu werden, sollte zum einen ein Gastgeschenk (Blumen, Pralinen oder Wein) mitbringen und zum anderen die Straßenschuhe im Flur ausziehen und die angebotenen Hausschuhe annehmen. Beim Essen werden leere Teller als Aufforderung verstanden nachzulegen. Wer also zeigen möchte, dass er satt ist, lässt etwas auf dem Teller zurück.

Wasser

Trinken Sie kein Wasser direkt aus dem Wasserhahn, denn es besteht Gesundheitsgefahr. Das Wasser muss unbedingt abgekocht werden.

Zeitungen

In den Hotels liegt gratis die englischsprachige »Moscow Times« aus, die Freitagsausgabe enthält einen Veranstaltungskalender für die kommende Woche. Infos bieten auch das monatlich auf Englisch erscheinende Magazin »Where in Moscow« und das russischsprachige Stadtmagazin »Afischa«.

Deutsche Zeitungen und Zeitschriften bekommt man in einigen großen Hotels. Sie liegen auch in der Bibliothek des Goethe-Instituts aus (Leninskij Prospekt 95a, Metro: Wernadskowo Prospekt).

Russische Zeitungen gibt's in einigen Cafés, deutschsprachige im Goethe-Institut

Panorama – Daten, Essays, Hintergründe

Nichts geht in Moskau ohne die Metro

Steckbrief Moskau

Daten und Fakten
Name: Moskau (Москва)
Fläche: 890 km²
Lage: 55° 44' nördlicher Breite und 37° 37' östlicher Länge
Einwohner: 11 Mio.
Währung: russischer Rubel (RUB), 1 Rubel = 100 Kopeken
Zeitzone: Moskauer Zeitzone, Mitteleuropäische Zeit + 2 Std.
Landesvorwahl: 007
Stadtvorwahl: 495, 499

Ortsname: Moskau, im Russischen Moskwa (gesprochen: maskwá), wurde von den slawischen Wörtern für ›Vollkornbrot‹ und ›Pfütze‹ abgeleitet, Auch der Fluss heißt Moskwa.

Wappen: Nach dem Zerfall der Sowjetunion kehrte Russland wieder zur weiß-blau-roten Flagge zurück, die auf die Zeit Peters des Großen zurückgeht. Auch das seit dem 15. Jh. belegte Stadtwappen wurde wieder eingeführt: Es zeigt Georg, den Drachentöter, mit Lanze.

Lage und Größe
Das von einem 110 km langen Autobahnring umschlossene Stadtgebiet umfasst knapp 890 km². Doch Moskau beginnt über den Autobahnring hinauszuwachsen. Die größte Nord-Süd-Ausdehnung beträgt 43 km, die größte Ost-West-Ausdehnung 35 km. Damit ist Moskau etwa so groß wie Berlin, aber viel dichter bevölkert. Es liegt auf 55° 44' nördlicher Breite und 37° 37' östlicher Länge, somit auf einem Breitengrad mit Kopenhagen. Moskau liegt 156 m über dem Meeresspiegel an dem 502 km langen Fluss Moskwa, einem Nebenfluss der Oka.

Geschichte
Erstmals erwähnt wurde Moskau 1147. Neun Jahre später ließ Jurij Dolgorukij den ersten Moskauer Kreml aus Holz erbauen. Im 15. Jh. gewann Moskau als ›Drittes Rom‹ an Bedeutung. Unter Peter dem Großen wurde St. Petersburg 1712 Hauptstadt. Erst nach der Revolution, mit Beginn der Sowjetherrschaft, wurde Moskau 1918 wieder Hauptstadt und der Kreml Regierungssitz. Schwer erschüttert wurde die Stadt in den 1930er-Jahren während des ›Großen Terrors‹ unter Stalin. Im Zweiten Weltkrieg blieb Moskau verschont, da die Deutschen es – wie zuvor Napoleon – nicht einnehmen konnten. Seit dem 850. Stadtgeburtstag 1997 hat sich Moskau unter dem früheren Bürgermeister Jurij Luschkow rasant zu einer aufstrebenden Metropole entwickelt.

Stadtverwaltung und Politik
Moskau ist Hauptstadt der Russischen Föderation und Regierungssitz Russlands und der GUS-Staaten. Der Bürgermeister (zzt. Sergej Sobjanin) wird direkt vom Volk gewählt und steht der Stadtduma vor, die 1993 gegründet wurde und in der uliza Petrowka 22 tagt. Der Bürgermeister und die Stadtregierung residieren in der Twerskaja

uliza 13. Moskau ist in zehn administrative Bezirke unterteilt, jeder Bezirk wird von einem Präfekten geleitet.

Wirtschaft

Seit der Auflösung der Sowjetunion wird die russische Wirtschaft privatisiert. In Moskau sind mittlerweile 85 % der Unternehmen in privater Hand. Hauptwirtschaftszweige sind die Nahrungsmittelindustrie (34 %), die Maschinenbau- und Metallindustrie (27 %) und der Bereich Elektroenergie. Im vergangenen Jahrzehnt bis zur Krise 2008 stieg das Wachstum stetig (1999: 5 %, 2003: rund 7 %, 2007: 8,1 %). Zeitgleich nahmen auch die ausländischen Investitionen zu. Mehr als 80 % der russischen Finanzströme fließen durch Moskau und mehr als die Hälfte des Bankkapitals ist hier konzentriert.

20–25 % der Moskauer gehören zur neuen Mittelschicht, dazu zählen Haushalte mit einem Monatseinkommen von mindestens 1100 €. Auf Moskaus Straßen fahren 2,7 Mio. Autos, doppelt so viele wie Mitte der 90er-Jahre. Die Kaufkraft der Moskauer entspricht einem Fünftel des gesamten russischen Volumens. Die Moskauer erbringen etwa 18 % der russischen Wirtschaftsleistung.

2002 wurde Russland offiziell von der EU als Land anerkannt, in dem die Marktwirtschaft eingeführt ist. Dabei leben die meisten Moskauer noch heute in wirtschaftlich schwierigen Verhältnissen. Zwar besitzen viele Familien ein Auto, einen Fernseher und einen DVD-Recorder, doch immer noch sind die Löhne niedrig und die Lebensmittelkosten durch Importwaren sehr hoch. Die meisten kommen nur dank eines Zweitjobs zurecht. Den größten Anteil am Einkommen der Bevölkerung machen heute die Einnahmen aus Eigentum und unternehmerischer Tätigkeit aus.

Die globale Krise 2008/2009 traf auch Moskau und erschütterte die Wirtschaft hier wie im übrigen Land nachhaltig, sodass u. a. große Bauvorhaben gestoppt werden mussten. Doch seit Ende 2010 geht es wieder bergauf.

Verkehr

Moskau hat drei Flughäfen und neun Bahnhöfe. Innerhalb der Stadt ist die Metro das schnellste Verkehrsmittel mit über 170 Stationen und einem Streckennetz von rund 250 km. Darüber hinaus verkehren Busse und Trolleybusse.

Bevölkerung und Religion

Offiziell leben ca. 11 Mio. Menschen in Moskau. Hinzu kommen etwa 2–3 Mio. nichtregistrierte Einwohner. Damit ist Moskau nicht nur die größte Stadt Russlands, sondern auch Europas. Etwa 90 % der Einwohner Moskaus sind Russen, die restlichen 10 % verteilen sich auf (in der Reihenfolge ihres Anteils) Ukrainer, Juden, Tataren, Weißrussen und Armenier. Die Todeszahlen liegen deutlich höher als die Geburtszahlen. Und doch wächst Moskau. Das hängt vor allem mit der Migration aus den kaukasischen Republiken zusammen.

Die meisten Moskauer sind russisch-orthodoxen Glaubens. Nach dem Zusammenbruch des Kommunismus erfuhr die Kirche in Russland eine Renaissance. Inzwischen gehört es vor allem für Politiker zum guten Ton, sich taufen zu lassen und Gottesdienste zu besuchen.

Geschichte im Überblick

Kiewer Rus

879–912 Unter Fürst Oleg werden 14 ostslawische Stämme vereint. Kiew wird Zentrum der Kiewer Rus.

988 Durch die Einführung des Christentums mit dem orthodoxen Ritus nach dem Vorbild von Byzanz gelingt Großfürst Wladimir der erste Schritt in Richtung auf einen Zentralstaat.

1019 Nach fürstlichen Bruderfehden übernimmt Jaroslaw die Herrschaft der Kiewer Rus und führt sie in eine Blütezeit. Klostergründungen. Neben Kiew entwickelt sich Nowgorod im Norden zu einer Handelsstadt.

1054 Aufteilung des Reiches unter fünf Söhne Jaroslaws, endlose Bruderkriege.

Gründung Moskaus

1147 Moskau wird erstmals urkundlich erwähnt als unbedeutende Siedlung am Steilufer der Moskwa, Fürst Jurij Dolgorukij (›Langhand‹) berät mit anderen Fürsten über einen Festungsbau.

1156 Fürst Jurij Dolgorukij erbaut den ersten Moskauer Kreml aus Holz an der Mündung der Neglinnaja in die Moskwa.

Tatarenherrschaft

1223 Das Auseinanderfallen der Kiewer Rus in kleine Fürstentümer macht das Gebiet zur leichten Beute für die Tataren, Dschingis Khan zieht in die südrussische Steppe.

1237/1238 Moskau wird von den Tataren erobert und niedergebrannt.

1325–1340 Iwan I. regiert Moskau, er trägt den Beinamen ›Kalita‹ (›Geldsack‹). Von den Tataren erhält er das Privileg, den Tribut von allen russischen Fürsten einzutreiben und darf sich Großfürst nennen. Durch Kauf und Erbschaft macht er Moskau zum mächtigsten der russischen Fürstentümer, dessen Zentrum nun die Stadt Wladimir ist.

Das dritte Rom

1462–1505 Regierung von Iwan III., der sich ›Großfürst von Moskau und der ganzen Rus‹ nennt. Moskau ist damit unangefochten das Zentrum des Reiches.

1453 Konstantinopel wird von den osmanischen Türken erobert, nun sieht sich Russland berufen, das Erbe des Byzantinischen Reiches anzutreten. Iwan hat den Ehrgeiz, Moskau zum ›Dritten Rom‹ zu machen.

1480	Iwan III. stellt die Tributzahlungen an die Tataren ein und beendet die Fremdherrschaft.
1485	Iwan III. beauftragt italienische Architekten mit dem Bau der Kremlmauern.

Die Zarenstadt

1533–1584	Regierungszeit von Iwan IV., dem Schrecklichen, der den Reichtum seines Großvaters mehrt und das Land nach Osten und Süden erweitert.
1538	Um Kitaj-Gorod, das Viertel der Händler, wird eine Ziegelmauer gezogen. 100 000 Menschen leben nun in der Stadt, damit gehört Moskau zu den größten Städten dieser Zeit.
1547	Iwan IV. nennt sich ›Zar‹ (von Caesar) und heiratet die Bojarentochter Anastassija Romanowa; Verbindung der Dynastie der Rjurikiden mit den Romanows.
1565	Einrichtung der Opritschnina, der Leibgarde des Zaren, einer brutalen Elite von 300 Mann, die sich zu einem blind gehorchenden Instrument des Terrors gegen Feinde im Innern entwickelt. Die Anfänge der Geheimpolizei.
1585	Die Stadt erhält eine neue, 9 km lange Mauer um die sogenannte ›Weiße Stadt‹, wo heute der Boulevardring verläuft.
1598–1605	Herrschaft von Boris Godunow.

Die Romanows

1613	Michail wird der erste Zar der Romanows.
1650	200 000 Menschen leben in der Stadt, 30 000 Ausländer siedeln in den Vorstädten.
1702	Das erste Theater eröffnet in Moskau.
1712	St. Petersburg wird Hauptstadt des Russischen Reiches.
1713	Peter der Große verpflichtet den Adel, nach St. Petersburg umzuziehen, Steinhäuser dürfen vorerst nur noch dort gebaut werden.
1725	Nach Peters Tod übernimmt seine Frau Katharina I. die Herrschaft über Russland.

Moskau im Schatten von St. Petersburg

1755 — Michail Lomonossow gründet in Moskau die erste russische Universität.

1762–1796 — Regierungszeit von Katharina der Großen.

1773–1775 — Bauernaufstand unter Jemeljan Pugatschow. Nach der Niederschlagung des Aufstands wird Pugatschow in Moskau hingerichtet.

1812 — Nachdem sich die russischen Truppen unter Michail Kutusow in der Schlacht bei Borodino zurückgezogen haben, ziehen Napoleons Truppen am 2. September in die Stadt ein. Kutusow zieht sich mit seiner Armee hinter Moskau zurück. Die Stadt soll der Schwamm sein, der das Heer Napoleons aufsaugt. Die Bevölkerung wird evakuiert, Napoleon findet eine leere Stadt vor. Am 4. September brechen an verschiedenen Stellen in Moskau Brände aus, fast die ganze hölzerne Stadt wird vernichtet. Die napoleonische Armee findet weder Unterschlupf noch Vorräte und tritt im Oktober den Rückzug an.

ab 1813 — Moskau verändert sich. Das große Geld, das die Kaufleute verdienen, fließt auch in öffentliche Bauten. Prächtige Villen entstehen und 1825 eröffnet das Bolschoi-Theater.

1814/15 — Der Wiener Kongress feiert Alexander I. als Retter Europas, ›Heilige Allianz‹ der drei Mächte Russland, Preußen und Österreich.

1816 — Der ›Bund zur Rettung Russlands‹ wird gegründet, eine illegale Vereinigung junger Offizier, die die Ideen der Französischen Revolution in Russland verbreiten wollen und von der Errichtung einer konstitutionellen Monarchie träumen.

1825 — November: Tod des Zaren, sein Bruder Nikolaj I. übernimmt die Krone; Dezember: Dekabristenaufstand (von *dekabr* = Dezember), junge Offizier verweigern dem Zaren den Treueeid. Sie fordern die Abschaffung der Leibeigenschaft und Aufhebung der Autokratie. Der Aufstand wird blutig niedergeschlagen, die Anführer werden hingerichtet und viele der Offiziere zur Zwangsarbeit nach Sibirien geschickt.

1855 — Tod von Nikolaj I. Seine Herrschaft gilt als das ›eherne Zeitalter‹.

1855 — Alexander II. tritt die Nachfolge seines Vaters an. Er ist in die Geschichte als ›Schöpfer epochaler Reformen‹ eingegangen.

1861 — Aufhebung der Leibeigenschaft, Bauern strömen in die Städte, Verelendung.

Politische Krisen und das Ende der Zarenherrschaft

ab 1875 Moskau befindet sich im Bauboom: U.a. entstehen das GUM, das Historische Museum, das Polytechnische Museum und viele bürgerliche Wohnhäuser.

1881 Die Gruppe Narodnaja Wolja (Volkswille) verübt ein Attentat auf Alexander II.

1881–1894 Sein Sohn Alexander III. beginnt die Herrschaft mit repressiven Maßnahmen.

1894 Der letzte Zar Nikolaj II. tritt die Thronfolge an.

1895 Sozialdemokratische Zirkel vereinigen sich zum Moskauer Arbeiterverein.

1900 Moskau ist eine industrielle Großstadt geworden. Man zählt 1 Million Einwohner, darunter viele Fabrikarbeiter.

1904/05 Russisch-japanischer Krieg. Russland erleidet eine Niederlage.

1905 ›Blutsonntag‹ in St. Petersburg, 50 000 Moskauer beteiligen sich an Streiks als Reaktion auf die Petersburger Ereignisse. Erste bürgerlich-demokratische Revolution.

1906–1917 Ära des Scheinkonstitutionalismus.

1914 Ausbruch des Ersten Weltkriegs.

1917 Massenaufstände führen zur bürgerlich-demokratischen Februarrevolution. In der Folge dankt Zar Nikolaj II. im März ab. Es bildet sich eine Doppelherrschaft aus bürgerlicher Provisorischer Regierung und den Arbeiter- und Soldatenräten. 24.–26. Oktober bewaffneter Aufstand gegen die Provisorische Regierung, Sieg der revolutionären Räte (Rat = sowjet).

Die Sowjetunion

1918 Nach dem Frieden von Brest wird Moskau wieder Hauptstadt. Die Sowjetregierung etabliert sich in Moskau. Beginn des Bürgerkrieges.

1922 Am 31. Dezember beschließt der 1. Sowjetkongress die Gründung der Union der Sozialistischen Sowjetrepubliken, Moskau ist geschwächt durch die Folgen des eben beendeten Bürgerkrieges.

1920er-Jahre	1924 stirbt Lenin, er wird im Mausoleum beigesetzt. 1926 leben 2 Mio. Menschen in Moskau. Die Industrialisierung und Zwangskollektivierung der Landwirtschaft beginnt unter der Führung von Josef Stalin.
1935	Generalplan zur Rekonstruktion Moskaus.
1936/37	Schauprozesse in Moskau sind nur der Auftakt zu dem stalinistischen Terror, der das Land für fast 20 Jahre in Angst und Schrecken versetzt: Millionen von Menschen werden verhaftet, nach Sibirien deportiert oder ermordet.
1939	In der Stadt leben 4,5 Mio. Menschen. Beginn des Zweiten Weltkriegs.
1941	Am 22. Juni Einfall deutscher Truppen in die Sowjetunion trotz des Nichtangriffspaktes von 1939. Teilweise Evakuierung Moskaus.
1945	Bedingungslose Kapitulation Deutschlands. Am 9. Mai Feier des Sieges im ›Großen Vaterländischen Krieg‹.
1953	Stalin stirbt, Nikita Chruschtschow wird sein Nachfolger.
1956	XX. Parteitag, auf dem Chruschtschow Stalins Politik und den Personenkult kritisiert.
1957	Die UdSSR schießt den ersten Sputnik ins Weltall.
1961	Jurij Gagarin ist der erste Mensch im All.
1964	Chruschtschow wird gestürzt. Unter der Führung von Leonid Breschnew versinkt das Land bis 1982 in die ›Zeit der Stagnation‹.
1985	Am 11. März wird Michail Gorbatschow Generalsekretär der Kommunistischen Partei. Boris Jelzin wird Parteichef in Moskau.
1986	XXVII. Parteitag der KPdSU. Die Perestrojka wird zum Reformprogramm erklärt.
1987	Gorbatschow spricht bei einem Besuch in Prag vom ›gemeinsamen europäischen Haus‹.
1991	**Die Auflösung der Sowjetunion** Am 12. Juni wird Boris Jelzin Präsident der Russischen Föderation. Im August Putsch von Teilen der Armee und Partei. Gorbatschow wird in seinem Urlaubsort auf der Krim unter Arrest gestellt, danach demon-

Nähe im Doppelpack: Präsident Medwedjew und Ministerpräsident Putin bestimmen heute die Geschicke des Landes

tiert. Als der Putsch niedergeschlagen ist, wird Jelzin zum ›Mann der Stunde‹ und Gorbatschow tritt als Generalsekretär zurück. Am 8. Dezember wird die Sowjetunion aufgelöst und die GUS (Gemeinschaft unabhängiger Staaten) gegründet. Am 25. Dezember tritt Gorbatschow auch als Präsident der UdSSR zurück.

1993 Oktoberputsch gegen Jelzin. Am 12. Dezember finden die ersten freien Wahlen statt.

1997 850. Stadtgeburtstag von Moskau. Unter dem Regiment von Bürgermeister Jurij Luschkow (bis 2010) bekommt die Stadt ein neues Gesicht.

1999 Am 13. Dezember tritt Jelzin zurück.

2000 Im März wird der Petersburger Wladimir Putin, ein ehemaliger KGB-Mann, zum Präsidenten gewählt.

2008 Dmitrij Medwedjew wird Präsident, Putin Ministerpräsident.

2011 Seit dem Anschlag im Januar am Flughafen Domodjedowo werden die Sicherheitsvorkehrungen extrem verschärft.

Moskauer Lebensart

Der Ruf »Nach Moskau, nach Moskau …« der drei Schwestern in Anton Tschechows gleichnamigem Theaterstück aus dem Jahr 1901 drückt die Sehnsucht der Provinzler nach der Großstadt aus. Verglichen mit St. Petersburg war Moskau zu Tschechows Zeiten allerdings selbst Provinz. Erst nach der Revolution wurde es – nach über 200 Jahren – wieder Hauptstadt.

Moskauer zu sein war in der Sowjetunion ein Privileg, eine Art Adelsprädikat, wie der Schriftsteller Viktor Jerofejew einmal sagte. Entsprechend hoch trugen die Moskauer ihre Nase. Daran hat sich nichts geändert. Die Moskauer schätzen sich heute glücklich, in der reichsten aller russischen Städte zu wohnen. Die Hauptstadt wächst, doch immer weniger Bewohner sind hier geboren, nur noch 53 %. Und nur 2 % sind – wie Viktor Jerofejew – alteingesessene Moskowiter. Der Ausländeranteil beträgt zurzeit 16 %.

Schmelztiegel Moskau

Minderheiten hatte es in Moskau immer schon gegeben, vor allem Tataren, Armenier und Georgier. Doch nachdem Moskau erneut Hauptstadt des Imperiums geworden war, entwickelte es sich immer stärker zu einem Schmelztiegel.

Auferstehungstor am Roten Platz

Das entsprach der ›internationalen‹ Ausrichtung der Bolschewiki-Politik: Schon bei der Allunionsausstellung in den 1930er-Jahren hatte jede Republik einen eigenen Pavillon erhalten. Auch die Evakuierung vieler Moskauer in die asiatischen und die Kaukasus-Republiken während des Zweiten Weltkrieges hat dazu beigetragen, dass die ethnische Zusammensetzung der Moskauer sehr gemischt ist.

In Moskau herrschte während der Sowjetzeit eine relativ freie Atmosphäre im Umgang mit Menschen verschiedener Rassen und Nationen. Die Hauptstadt funktionierte als Ballungspunkt imperialen Bewusstseins. Das spiegelt sich noch heute u. a. in der Restaurantszene der Stadt: In Moskau findet man nicht nur die italienische, japanische, chinesische und französische Küche, was in jeder Großstadt der Welt der Fall ist, sondern ebenso leicht kann man in ein georgisches, aserbaidschanisches, usbekisches oder armenisches Restaurant gehen. Diese sind bei den Moskauern sehr beliebt!

Heute leben viele Flüchtlinge aus mittelasiatischen Republiken und dem Kaukasus in Moskau. Seit einigen Jahren gibt es Schwierigkeiten mit der Integration und dem Zusammenhalt. Feindbild sind vor allem die Kaukasier, die für den Zerfall des Imperiums verantwortlich gemacht werden. Auch der tschetschenische Krieg hat dazu beigetragen, dass es ethnische Probleme gibt. Andere Aspekte des Zusammenlebens gestalten sich dagegen unkompliziert. So haben die Moskauer heute viel mehr Möglichkeiten, ihren jeweiligen Glauben zu praktizieren. Synagogen, Moscheen und russisch-orthodoxe Kirchen werden gleichermaßen besucht. Medwedjew und Putin nehmen an Feierlichkeiten in der Synagoge teil, genauso wie sie keinen Feiertagsgottesdienst in der Christi-Erlöser-Kathedrale versäumen.

Süchtig nach Superlativen

Moskau ist eine Stadt, die nie zur Ruhe kommt. Seit der Jahrtausendwende hat es sein Erscheinungsbild dramatisch verändert. Das ist natürlich auch an den Menschen nicht spurlos vorübergegangen. Eine neue Generation ist zum Zuge gekommen, von den Moskauern *swetskije ljudi* genannt, ›Menschen im Licht‹. Es sind die ›Happy Few‹ der russischen Metropole, die in den letzten Jahren unglaubliche Karrieren gemacht haben – elitär, reich und süchtig nach Superlativen. Die Philosophie des Glamour hat die geistigen Werte vertrieben. Statussymbole wie teure Uhren, Schmuck und Handtaschen werden bewusst eingesetzt. Der Moskauer Reichtum ist ein anderer als jener in Zürich, Hamburg oder Wien: Man kann ihn sehen. Geld hat den Alltag und die Straßen der Metropole erobert. Doch nicht alle haben vom Wandel profitiert, viele sind nur Zuschauer des neuen Luxus. 2008 lebte fast ein Viertel der Moskauer nach offizieller Statistik unter dem Existenzminimum. Auch die Armut ist sichtbar, aber eher am Stadtrand. Rund um die Metrostationen, die außerhalb des direkten Zentrums liegen, verscherbeln alte Frauen ihre Habseligkeiten, denn vor allem die Renten reichen kaum zum Überleben.

Die Mehrheit der Bevölkerung gehört zur Mittelschicht, dazu zählt in Moskau, wer in einer eigenen Wohnung wohnt, ein Auto besitzt und sich mindestens einmal im Jahr eine Reise ins Ausland leisten kann. Vor der Krise im Herbst 2008 galt Moskau als zweitteuerste Stadt der Welt. Das ist vorbei. Dabei hatten sich die meisten Moskauer längst an das neue Lebensgefühl gewöhnt. Nun fürchten sie, der gerade erst gewonnene Wohlstand könne zu Ende sein. Doch sie trotzen der Krise, weil sie ihr neues Selbstbewusstsein nicht gleich wieder verlieren wollen.

Eine Welt für sich

»Die Zeit hat hier ein anderes Maß«, schrieb der Schriftsteller Stefan Zweig 1928 während seiner Reise in die Sowjetunion. Man lerne hier rasch, zu warten und sich selbst zu verspäten. Und er wunderte sich über die unfassbare Geduld der Menschen, »die so weit ist wie das russische Land«. Diese Bemerkungen über die russische Lebensart treffen auf die Moskauer noch heute zu. Und doch ist Moskau eine Welt für sich: Zum Teil haben Moskauer keine Ahnung, was sich im übrigen Land abspielt. Einen Moskauer erkennt jeder Russe sofort an der Art, wie er redet: Er spricht schneller und betonter, bewegt sich auch schneller und zielgerichteter. Moskauer gelten als gastfreundlich und überhaupt nicht zugeknöpft, als distanzlos und neugierig, als stolz und optimistisch. Wer es hier schafft, schafft es überall, sagen junge Moskauer stolz. Die Moskowiter haben sich verändert, genauso wie die Stadt sind sie angekommen im Hier und Jetzt, und das ist überall zu spüren.

Stadt mit vielen Gesichtern – Moskaus Architektur

Die Moskauer Fürsten und Zaren verwendeten viel Mühe darauf, der Stadt ein eigenes, harmonisches Gesicht zu geben, und doch ist das Aufeinanderprallen verschiedener Kulturen auch in der Architektur erkennbar – heute mehr denn je. Neben restaurierten Adelspalästen ragen nun postmoderne Prunkbauten in den Himmel.

Bei Spaziergängen durch die Stadt trifft man noch auf das alte, fast dörflich anmutende Moskau ebenso wie auf das Moskau des aufstrebenden 19. Jh. mit seinen Adelspalästen und auf das moderne, nachrevolutionäre Moskau.

Im Krieg mit Napoleon brannten in der Stadt 1812 drei Viertel aller Häuser und die Hälfte der Kirchen nieder. Alexander I. ließ Moskau im russischen Empirestil wieder aufbauen. Berühmteste Beispiele aus dieser Zeit sind der Theaterplatz mit Bolschoi- und Malyj-Theater sowie die alte Universität.

Russischer Jugendstil

Ab Mitte des 19. Jh. prägten reiche Kaufleute das Bild der Stadt: zweistö-

1898 von William Walcott im Jugendstil errichtet: das legendäre Hotel Metropol

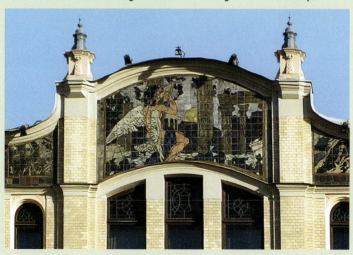

ckige Wohnhäuser und Villen entstanden, und um die Jahrhundertwende, als Moskaus Wachstum und Prosperität auf dem Höhepunkt waren, wurden im Rahmen eines großen Booms zahlreiche Bauten im Jugendstil – in Russland Stil modern genannt – errichtet, erstmals auch mehrstöckige Wohnhäuser und Fabriken. Moskau ist quasi ein Reservat des Jugendstils; man findet Bauten in diesem Stil vor allem am Kusnezkij most, in den Seitenstraßen des Arbat, in Kitaj-Gorod und in der Pretschistenka. Sehr sehenswert sind die großen Kaufhäuser und Geschäftspassagen im Stil modern wie die Petrowskij Passasch, das GUM und das ZUM.

Sowjetarchitektur

Nach der Revolution wurde Moskau wieder zur Hauptstadt und es begann die kurze Phase der Moderne; parallel zum deutschen Bauhaus entwickelte sich in der Sowjetunion der Konstruktivismus (s. Entdeckungstour S. 184). Bis man Mitte der 1930er-Jahre einen »Generalplan zur Rekonstruktion Moskaus« erstellte. Im Zentrum verschwanden Holzhäuser und enge Gassen und die Twerskaja uliza wurde auf 42 m verbreitert. Moskau wurde als politischer Raum geplant – für Festmärsche und Paraden. Mit der Metro ging man unter die Erde, mit dem Palast der Sowjets wollte man hoch in den Himmel. Für den Bau, dessen Form auf den Entwürfen an einen mehrstöckigen Hochzeitskuchen erinnert, wurde die Christi-Erlöser-Kathedrale geschleift. Geplant als Triumph über die amerikanischen Hochhäuser, als höchstes Gebäude der Welt, wurde das Palastprojekt verworfen. Das war nicht die einzige Vision, die entwickelt, später jedoch nicht verwirklicht wurde.

Zwischen 1948 und 1955 wuchsen prägende Bauten in den Himmel: Stalins ›Sieben Schwestern‹ – sieben ›Zuckerbäckerbauten‹, die der Stadt eine Struktur gaben. »Die Hochhäuser stehen exponiert, beherrschend, wie früher Burganlagen nach strategischen Gesichtspunkten festgelegt wurden«, und sie »sind eine Art Schwerezentrum, das je einen Rayon zusammenhält, auf sich zieht, ihm ein Gesicht gibt«, schreibt Karl Schlögel in »Moskau lesen«. Unter dem Einsatz von Gulag-

und Kriegsgefangenen entstanden die ›Wyssotki‹, wie die Häuser im Volksmund genannt werden. Als dominierende Monumente sind sie aus dem Stadtbild nicht mehr wegzudenken.

Tauwetter in der Architektur

Ernüchternd war in den 1960er-Jahren die Architektur unter Chruschtschow: Graue Hochhäuser und einfache Wohnhäuser wurden gebaut, die ›Chruschtschoby‹, die jedoch vielen Moskauern erstmals eine eigene Wohnung boten. Der Mangel an Wohnraum war eines der drängendsten Probleme nach Stalins Tod. Als Urbild aller Plattenbausiedlungen gilt das Viertel Nowye Tscherjomuschki im Süden der Stadt. Die viergeschossigen Häuser, die 1956–58 in kurzer Zeit errichtet wurden, entwickelten sich für viele Moskauer zum Versprechen auf eine bessere Zukunft: statt Kommunalka eine

Gigantische Bauten, die Moskaus Stadtbild grundlegend verändern: Moskwa-City

eigene Wohnungstür, ein eigenes Bad und eine eigene Küche. Letztere wurde zum Symbol der neuen Zeit (s. S. 94).

Gigantischer Bauboom

In den 1990er-Jahren nach dem Umbruch von der Plan- zur Marktwirtschaft wurde dann alles anders. Unter dem Motto »Wir bauen eine eigene Welt« rief der damalige Bürgermeister Luschkow zur Renaissance von Moskau auf und zur Schaffung einer eigenen Skyline. Die Metropole wurde von einem gigantischen Bauboom erfasst.

Der Generalplan der Stadtverwaltung für die Entwicklung Moskaus bis 2020 sieht einen Umbau von gut 40 % der Stadtfläche vor. Mit dem Triumphpalast wurde im Nordwesten das größte Wohngebäude (264 m) Europas erbaut. Der 2005 fertiggestellte Turmbau kopiert den stalinistischen Zuckerbäckerstil: Die ›Sieben Schwestern‹ haben eine achte dazu bekommen. Neue Himmelsstürmer wachsen auch an der Moskwa in die Höhe: das futuristische Geschäftszentrum Moskwa-City.

Im Herbst 2008 erfasste die weltweite Krise auch Russland – mit weitreichenden Konsequenzen. Wie viele andere Prestigebauten wird eine große russische Utopie vorerst nicht verwirklicht: Ein von Norman Foster geplanter, 612 m hoher Büroturm, der Moskwa-City noch überragen sollte, bleibt Modell. Insgesamt wurden rund 60 % aller Bauvorhaben in Moskau gestoppt. Die Banken lehnen derzeit weitere Finanzierungen für Bauprojekte ab. Das freut die Denkmalschützer, die beklagt hatten, dass die Interessen der Investoren das Baugeschehen ohne Rücksicht auf gewachsene Stadtstrukturen beherrschen. In der Altstadt wurden in den letzten zehn Jahren etwa 400 historische Bauten abgerissen, darunter 50 wertvolle Architekturdenkmäler.

Stalinarchitektur par exellence: das Wohnhaus am Kotelnitscheskaja-Ufer

Denkmäler und Mythen

Wer seit Beginn der 1990er-Jahre nicht mehr in Moskau war, wird vom neuen Gesicht der Stadt – besonders im Zentrum – überrascht sein. Kontrastreich und zwiespältig, ist es ein Spiegel der Erinnerungskultur im heutigen Russland.

In den 1930er-Jahren lernten sowjetische Kinder in der Schule den Reim: »Natschinajetsja semlja, kak iswestno, ot Kremlja« (Wie alle wissen, beginnt die Erde am Kreml). Der Rote Platz bleibt nach wie vor der symbolträchtigste Ort der Stadt. Das Durcheinander der Symbole hier zeigt das Durcheinander im historischen Gedächtnis Russlands: Seit Lenins Tod 1924 bildet sein Mausoleum, das zuerst provisorisch aus Holz und etwas später aus Porphyr errichtet worden war, das Zentrum des Platzes. Anfang der 1990er-Jahre wurden Stimmen laut, die die Schließung des Mausoleums und die Bestattung Lenins forderten. Aber die kommunistischen Mythen erwiesen sich als stärker, als man gedacht hatte. Und so liegt Lenin noch heute an seinem alten Platz – Putin führte sogar die zeitweilig abgeschaffte Ehrenwache wieder ein. Obwohl auch heute an bestimmten Feiertagen Demonstrationen über den Roten Platz ziehen und hier schon wieder die Militärparaden stattfinden, dient das Mausoleum anders als früher nicht mehr als Tribüne für die Staatsführer.

Aber nicht nur Lenin ist präsent, hinter dem Mausoleum liegt zusammen mit anderen Prominenten auch Stalin begraben, der Anfang der 1960er-Jahre aus dem Mausoleum hinausgetragen worden war. An seine Opfer erinnert auf dem nahen Lubjanka-Platz ein Gedenkstein – das einzige Denkmal dieser Art im Zentrum der Stadt.

Symbole der neuen Zeit

Auf dem Roten Platz sind auch andere Symbole der neuen Zeit sichtbar: An einem der ältesten Warenhäuser Moskaus, dem berühmten GUM, sieht man Werbeslogans und Namen bekannter Westfirmen. Gegenüber erblickt man die 1993 neu gebaute Kathedrale der Gottesmutter von Kasan. Wie viele Moskauer Kirchen war der Vorgängerbau in den 1930er-Jahren gesprengt worden. Der Versuch, die sowjetischen Zeiten zu überspringen, wird jedoch besonders am Beispiel der Erlöser-Kathedrale deutlich, die ebenfalls Anfang der 30er-Jahre gesprengt wurde und wieder errichtet als Symbol des neuen Russland am Moskwa-Ufer steht – so, als wäre nichts gewesen.

Vor dem Historischen Museum steht das zum 50. Jahrestag des Sieges über die Deutschen errichtete Denkmal von Marschall Schukow zu Pferde. Er ist so dargestellt, wie er sich auf der Siegesparade 1945 zeigte. Das im alten Sowjetstil gestaltete Denkmal steht neben dem Denkmal des unbekannten Soldaten aus Breschnews Zeit, das traditionell auch heute noch von Frischvermählten besucht wird. Das Marschall-Schukow-Denkmal und besonders das umstrittene Riesendenkmal für Peter den Großen an der Moskwa (s. S. 245) symbolisieren den Mythos des Großstaates.

Moskauer Stil

Ein besonders deutlicher Ausdruck der neuen Zeit ist die Gestaltung des Manegeplatzes. In den 1990er-Jahren wurde er ganz im ›Moskauer Stil‹ umgebaut, einer Erfindung des Bildhauers Zereteli und des ehemaligen Bürgermeisters Luschkow. Heute präsentiert er sich als Mischung aus kitschigem Nationalismus, russischen Märchenmotiven und den Symbolen der neuen kapitalistischen Epoche. Diese Gestaltung signalisiert in gewissem Sinne einen Abschied von den demokratischen Massenbewegungen Ende der 1980er-Jahre. Damals wurde der Maneschnaja ploschadj zum Hauptplatz für die Kundgebungen, an denen Millionen von Moskauern teilnahmen. Jetzt ist an diesem Ort kein Platz mehr für sie. Der Manegeplatz wurde mit verzierten Laternen und Bänken ausstaffiert und mit Figuren aus russischen Märchen geschmückt; tief unter dem Platz liegt ein Rieseneinkaufszentrum mit Cafés und Spielautomaten. Viele alte Moskauer finden sich auf dem Manegeplatz heute nicht mehr zurecht – auch im übertragenen Sinne. Doch auch manche Jüngere protestieren gegen den Kitsch. So widersprüchlich wie die heutige russische Erinnerungskultur ist das neue Gesicht des ›Goldenen Moskau‹, wie die Stadt in einem Lied der 40er-Jahre betitelt wird, das nun Moskaus Stadthymne ist.

Irina Scherbakowa

Die Gastautorin lebt als Historikerin und Publizistin in Moskau. Sie lehrt am Zentrum für erzählte Geschichte und visuelle Anthropologie der Moskauer Staatlichen Humanistischen Universität (RGGU). Sie arbeitet für die Menschenrechtsorganisation Memorial.

Moskau in den Jahren des Terrors

1937 – ein europäisches Schicksalsjahr: Eine Welle des Terrors überzieht die Sowjetunion und hält die Menschen in Atem. Stalin ist uneingeschränkter Alleinherrscher. Besessen von der Idee der vermeintlichen Bedrohung durch eine innere Opposition, führt Stalin in Wirklichkeit Krieg gegen das eigene Volk.

»*Und es öffnete sich mir der Weg / Auf dem man vor mir gegangen / Und der meinen Sohn transportiert… / Die tränenlosen Augen gesenkt – / Vor mir her nach Osten, das / Die Hände ringende Russland*«. Im »Poem ohne Held« beklagt die Lyrikerin Anna Achmatowa ihr eigenes Schicksal und das Schicksal ihrer ganzen Generation. Das Gedicht entstand 1942. Fünf Jahre zuvor hatte der stalinistische Terror seinen Höhepunkt erreicht. Doch viele Moskauer waren schon lange vor dem Jahr 1937 zu politischen Opfern geworden. In den 1920er-Jahren wurden die Vertreter der sogenannten feindlichen Klassen oder Intellektuelle, die mit der Politik der Bolschewiki nicht einverstanden waren, verhaftet, ins Gefängnis oder in die Verbannung geschickt, danach die politischen Gegner. Anfang der 30er-Jahre waren Ingenieure und sogenannte Spezialisten an der Reihe, die man als ›Schädlinge‹ verurteilte.

Im Moskauer Stadtteil Butowo erinnert ein Kreuz an die Opfer des Großen Terrors

Der ›Große Terror‹

Den schrecklichsten Schlag erlitten die Moskauer 1937/38, zur Zeit des ›Großen Terrors‹, als nach dem Befehl des NKWD (Volkskommissariat für Innere Angelegenheiten) über 30 000 Menschen verhaftet und viele von ihnen erschossen wurden. Ganz unterschiedliche Menschen erklärte man zu ›Volksfeinden‹: Arbeiter und Ingenieure der Moskauer Betriebe, Beamte, Mitglieder des Politbüros und kleine Parteifunktionäre, Ärzte, Lehrer, Journalisten und Schauspieler. Niemand konnte sich sicher fühlen. Moskau verlor seinen talentiertesten Theaterregisseur, Wsewolod Meyerhold, den Dichter Ossip Mandelstam und den Schriftsteller Isaak Babel.

Nach den Männern wurden auch die Frauen als ›Mitglieder der Familien der Volksfeinde‹ verhaftet. Die verlassenen Kinder brachten die NKWD-Leute in Heime. Die Moskauer bekamen Angst vor dem nächtlichen Türklingeln, denn die Verhaftungen wurden meist in der Nacht durchgeführt. In die frei gewordenen Wohnungen und Zimmer (im Jahr 1937 waren es über 10 000) wurden hauptsächlich NKWD-Mitarbeiter einquartiert, die Lagerräume waren mit beschlagnahmten Gegenständen der Verhafteten überfüllt. Nachts rasten spezielle Autos, ›schwarze Raben‹ genannt, durch die Stadt, die die verhafteten Moskauer in unterschiedliche Gefängnisse brachten. Das wichtigste war die Lubjanka, ein Gefängnis für besonders prominente Staatsfeinde. Hier saßen in Erwartung des Prozesses Bucharin, Sinowjew und andere prominente Funktionäre der Kommunistischen Partei. Andere wurden in das älteste Moskauer Gefängnis, Butyrka, oder nach Lefortowo gebracht. All diese Gefängnisse existieren in Moskau bis heute.

Seinen Höhepunkt erreichte der Große Terror in Moskau an den Novemberfeiertagen zum 20. Jahrestag der Oktoberrevolution. Viele von denen, die in den Novembertagen 1937 verhaftet wurden, trugen mit sich ins ferne Lager als letzte Erinnerung an Moskau das Bild der feierlich beleuchteten Gorki-Straße (heute wieder Twerskaja) und des Manegeplatzes, geschmückt mit den riesigen, leuchtenden römischen Zahlen XX.

Der Gulag

Denen, die das Glück hatten, nicht erschossen zu werden, stand ein langer und schwerer Weg in den Gulag bevor. Nach dem Schrecken des Großen Terrors blieb die große Angst über viele Jahre erhalten. Und auch noch nach Stalins Tod, als der Gulag sich allmählich auflöste und die Rehabilitierung der ehemaligen ›Volksfeinde‹ begann, löste das Wort ›Lubjanka‹ alte Ängste aus. Vielleicht trieben eben diese Ängste die Moskauer nach dem missglückten kommunistischen Putsch im August 1991 zur Lubjanka, um das Dserschinskij-Denkmal in der Mitte des Platzes zu stürzen. Felix Dserschinskij war nach der Revolution in den engen Führungskreis um Lenin aufgestiegen und hatte die Tscheka organisiert, die Geheimpolizei, die durch den Terror die Macht der Sowjets stabilisierte.

Die historische Aufarbeitung der Vergangenheit hat eigentlich erst begonnen. Es gibt immer noch kein großes Museum, keine staatliche Gedenkstätte. Das Gedenken an die Opfer der politischen Unterdrückung muss erst noch zum wichtigen Teil der Erinnerungskultur in Moskau werden.

Irina Scherbakowa

Frauenpower in der Metropole

Wer zum ersten Mal nach Moskau kommt, wird vom Anblick der Frauen beeindruckt sein. Nicht nur wegen der Vielfalt der Gesichter, die verschiedenen Nationalitäten und ethnischen Gruppen angehören – Moskau hat im Laufe von vielen Jahrzehnten Menschen aus allen sowjetischen Republiken ›eingesogen‹. Auch nicht nur deshalb, weil sich die Mehrzahl der Moskauer Frauen sehr darum bemüht, möglichst gut auszusehen. Besonders anziehend wirkt wohl, dass in der russischen Gesellschaft die Frauen eine ganz entscheidende Rolle spielen.

Natürlich bemerkt man die soziale Kluft zwischen Reich und Arm. Zwischen den Frauen, die in teuren Boutiquen einkaufen, und denen, die sich nur billige türkische oder griechische Ware von einem der unzähligen Moskauer Märkte leisten können. Aber ganz gleich, was es kostet: Für viele Moskauerinnen gehören elegante Schuhe, starkes Make-up und Schmuck einfach dazu.

Die Alleskönnerinnen

Trotz Matsch und Schnee unter den Füßen stehen viele Moskauerinnen auf erschreckend hohen Absätzen in der überfüllten Metro oder drängen sich in die Busse. Manchmal mag das komisch aussehen, aber hier spielen die Hartnäckigkeit und das Durchhaltevermögen eine Rolle, die die Frauen in Russland jahrzehntelang den enormen Schwierigkeiten des Alltags trotzen ließen. Die sowjetische Frau jener Zeit war eine Alleskönnerin. Das gab es nirgendwo: Die Frauen waren bestens organisiert, wahnsinnig diszipliniert und kreativ, wenn es darum ging, sich trotz Mangels schön anzuziehen.

Als Ende der 1980er-Jahre Moskau von Massendemonstrationen mit Forderungen nach demokratischen Reformen erschüttert wurde, bildeten Frauen die Mehrzahl der Teilnehmer. Und es waren keineswegs nur die politisierten Intellektuellen, sondern ganz gewöhnliche Frauen, mit Plastiktüten in den Händen, um unterwegs auf Schnäppchenjagd zu gehen. Die überwiegende Mehrheit der russischen Frauen war ja nicht nur gezwungen, die Hauptlast in der Familie und bei der Kindererziehung zu tragen – und das unter Bedingungen schwersten Mangels, dem Schlangestehen und den beengten Wohnbedingungen –, sie musste auch noch Geld verdienen, denn um nur die alltäglichen Bedürfnisse zu befriedigen, mussten in einer Familie beide voll arbeiten.

In der schwierigen wirtschaftlichen Situation zu Beginn der 1990er-Jahre kamen bei einer großen Gruppe von Frauen in den Städten die in Jahrzehnten erlernten Überlebenstechniken zum Tragen. Die Frauen bewiesen ihre Mobilität und ihre Fähigkeit, sich wesentlich besser als die Männer den neuen Umständen anzupassen. Einige von ihnen schafften den Aufstieg zu Kleinhändlerinnen, andere gründeten kleine Firmen, dritte wiederum erreichten gar nichts, und als die Finanzkrise von 1998 kam, nahmen sie wieder irgendwelche schlecht bezahlten Arbeiten an, wenn es ihnen gelang, welche zu finden. In jener heißen Periode aber brachten viele auf diese Weise ihre Familien durch.

Die Frauen der älteren Generation, die Rentnerinnen – unter denen sehr viele alleinstehend sind –, waren vom Übergang zur freien Marktwirtschaft am meisten betroffen: Ihre kleinen Ersparnisse verloren ihren Wert, die Pension sicherte angesichts der Inflation nicht einmal das Existenzminimum. Sie überlebten und überleben entweder mit Hilfe von Verwandten oder dank des Kleinhandels – zum Beispiel, indem sie Zigaretten verkauften oder Kräuter, die sie in ihren Gärten zogen.

Flexibel und vielseitig

Während der politischen Umwälzungen der 1990er-Jahre waren es die Frauen, die das Land zusammenhielten. Die Frauen konnten viel besser mit den Umstrukturierungen und Veränderungen umgehen. Einige Frauen haben es in die Politik geschafft, ins Parlament und auch in die Regierung. Schon 2006 waren laut einer Statistik der Vereinten Nationen mit 42 Prozent so viele Frauen im mittleren und hohen Management beschäftigt wie in keinem anderen Land in Europa. Die Veränderungen seit der Jahrtausendwende haben der Stadt ein neues Erscheinungsbild beschert und den Moskauerinnen neue Lebenswelten.

Ein neuer ›Spielplatz‹ tat sich auf, vor allem für die Oligarchettes, die Oligarchenfrauen: die Kunstszene. Seit der Jahrtausendwende spielen viele einflussreiche Frauen auch in der Moskauer Kunstwelt eine Rolle (s. S. 111). Die Mäzenin von heute steht nicht mehr diskret im Hintergrund, sondern drängt ins Rampenlicht. Galerien und Kunstzentren sind zum Abenteuerplatz für urbane Hipster geworden. Die Privatsammlerin Stella Kessajewa, die mit ihrer Stella Art Foundation den Bau eines Museums plant, sagt: »Ich bin Patriotin und jedes zivilisierte Land sollte tolle Museen haben!« Auf zu neuen Ufern!

Glaube ist wieder ›in‹ – 1000 Jahre russisch-orthodoxe Kirche

Kirche ist in Russland heute wieder modern. An hohen religiösen Feiertagen drängen die Menschen in die Gotteshäuser. Seit mehr als 1000 Jahren ist die russisch-orthodoxe Kirche die größte Glaubensgemeinschaft des Landes – unterbrochen von 70 Jahren Sowjetherrschaft.

»Nach der Massentaufe der Bevölkerung Kiews im Dnjepr begann er in den Städten Kirchen zu erbauen und Priester einzusetzen und das Volk in allen Städten und Dörfern zur Taufe zu führen. Dann sandte er hin und ließ die Kinder der angesehenen Männer nehmen, um sie in der Schrift zu unterweisen: die Mütter aber dieser Kinder weinten um sie, denn sie waren noch nicht im Glauben gefestigt und sie beweinten sie wie Tote.« So beschreibt die Nestorchronik den Beginn der Christianisierung nördlich der alten Grenzen des Römischen Reichs im Jahr 988. Die Rede ist von Fürst Wladimir, 978–1015 Herrscher der Kiewer Rus, der die Taufe durchsetzte.

Entwicklung des russischen Christentums

Noch viele Jahre blieben vorchristliche Glaubensinhalte wie Naturmagie und Zauberglauben erhalten. Erst im Mittelalter wurden die russischen Gläubigen durch das Zusammenwirken von Herrschaft und Kirche christlich geprägt. Zauberei wurde mit dem Tod bestraft. Doch die Kirche kam dem Bedürfnis der – vor allem bäuerlichen – Bevölkerung nach Beschwörung der Natur entgegen. Kirchliche Weihen und Prozessionen begleiten in der russisch-orthodoxen Kirche das Jahr.

Die russische Frömmigkeit war von Anfang an sehr stark auf Klöster ausgerichtet. Dort wurde nach christlicher Vollkommenheit gesucht. Der höhere Klerus kam noch Jahrhunderte nach der Christianisierung aus Griechenland. Erst 1589 erfolgte die Unabhängigkeit von Konstantinopel mit der Errichtung des Patriarchats in Moskau. Peter der Große ersetzte das Patriarchat durch die Synodalverfassung, die es der zaristischen Regierung ermöglichte, unmittelbaren Einfluss auf die Kirche zu nehmen.

Erste Krisen gab es im Zuge des Dekabristenaufstandes 1825. Die revoltierenden Offiziere verurteilten vor allem die Leibeigenschaft als unchristlich, doch der Aufstand wurde niedergeschlagen und die Leibeigenschaft erst als Folge der außenpolitischen Niederlage des Krimkrieges abgeschafft. Den zunehmend materialistischen Positionen innerhalb der russischen Intelligenz versuchte Dostojewskij mit seinen Romanen etwas entgegenzusetzen.

Kirche in der Sowjetzeit

Nach der Oktoberrevolution 1917 und dem Sturz des Zaren erneuerte die or-

thodoxe Kirche das Patriarchat, doch in der Folge wurden das Vermögen der Kirche und ihre Gebäude verstaatlicht. Waren 1928 noch an die 40 000 Gotteshäuser intakt gewesen, so waren es zehn Jahre später nur noch wenige hundert. Die Kirchen wurden teils abgerissen, teils zu Warenlagern umfunktioniert. Viele Christen kamen in den 1930er-Jahren ins Lager. Erst nach dem Zweiten Weltkrieg wurde die außenpolitische Nützlichkeit der Existenz der Kirche erkannt und die Situation stabiler. Doch wer in der Sowjetzeit aktiver Kirchgänger war, konnte eine berufliche Karriere vergessen. Erst unter Gorbatschow zum 1000. Geburtstag der russisch-orthodoxen Kirche 1988 begann eine Wende. In den letzten Jahren hat die Kirche in Russland eine Renaissance erlebt: Man lässt sich taufen und besucht regelmäßig Gottesdienste.

Gelebter Glaube

Wer erstmals eine Moskauer Kirche betritt, wird sich wundern, dass sich die Betenden in ständiger Bewegung befinden. Sie stellen ihre Kerzen vor den Ikonen auf, wo sie Gott ihr Herz ausschütten. An einem kleinen Tisch werden Seelenmessen gelesen, die Gläubigen spenden für eine neue Kerze und gedenken der Toten. Es ist wie eine Wallfahrt durch das Gotteshaus.

Ein zentrales Ereignis und Schlüssel zum Verständnis des russisch-orthodoxen Glaubens ist das Osterfest. Um Mitternacht am Karsamstag ist die Kirche festlich geschmückt und hell erleuchtet. Der sonst dunkle, traurige Sprechgesang der Priester weicht einem freudigen Tonfall. Der eigentliche Gottesdienst beginnt mit einer Prozession rund um die Kirche mit Ikonen, Kerzen und Hymnensängern. Die Tore der Kirche bleiben verschlossen – ein Symbol für den geschlossenen Sarg Christi. Vor den Toren stimmen die Priester einen Chorgesang an, der Christus aufruft, von den Toten aufzuerstehen. Die Kirchentore öffnen sich und die Prozession betritt den Kirchenraum. Ostern ist in der russisch-orthodoxen Kirche wie in den westlichen Kirchen der höchste Feiertag, wird aber noch feierlicher begangen, ähnlich wie der Heilige Abend in der westlichen Welt.

Die Traditionen des Osterfestes reichen in Russland bis zu frühen Ritualen aus vorchristlicher Zeit zurück. Genau wie im Westen hat das Ei eine symbolische Bedeutung. Es steht für das Erwachen neuen Lebens. Die Legende besagt, dass Maria Magdalena nach Rom kam, um dem Kaiser Nachrichten zu überbringen. Sie hatte vergessen, ein Geschenk vorzubereiten, und streckte ihm ein weißes Ei entgegen. Um das unangemessene Geschenk auszugleichen, rief sie »Christus ist auferstanden« (ХВ – diese beiden Buchstaben stehen im Russischen für diesen Ausruf). Der Kaiser antwortete: »Wie kann man nur glauben, dass jemand wieder aufersteht? Das ist ebenso schwer, wie sich vorzustellen, dass das Ei sich rot färbt!« In diesem Moment verfärbte sich das Ei vor den Augen des Kaisers rot. Im Glauben an diese Legende werden in Russland Eier und Ostergebäck am Morgen des Ostersonntags von den Gläubigen in die Kirche getragen, um sie segnen zu lassen. Die gesegneten Gaben werden zu Hause mit Verwandten und Freunden gegessen als Symbol des anbrechenden neuen Lebens.

Bereits seit dem 15. Jh. ein Ort des Glaubens: die Mariä-Himmelfahrts-Kirche im Kreml, Moskaus erste Steinkirche

Es war doch alles so schön – Sowjetnostalgie, der neue Trend

»Wir werden mit dir in der Küche sitzen, süßlich riecht das weiße Kerosin«, schrieb im Jahr 1931 in einem Gedicht einer der berühmtesten russischen Lyriker des 20. Jh., **Ossip Mandelstam. Was waren sie denn – diese berühmten Moskauer Küchen und warum sind sie zum Symbol des sowjetischen Vorperestrojka-Lebens geworden?**

Lange Abende und sogar Nächte, endlose Gespräche und heftige Diskussionen wurden in den Moskauer Küchen – ebenso in den Küchen von St. Petersburg, Nowosibirsk und Woronesch – Anfang der 1960er-Jahre zu einem wichtigen Bestandteil des Lebens. Denn in dieser Zeit zogen mehr und mehr Moskauer aus Gemeinschaftswohnungen – Kommunalkas – in die zwar kleinen, aber doch eigenen Wohnungen um, die in den damaligen neuen Außenbezirken entstanden waren.

In den Ein- bis Zweizimmerwohnungen spielte sich das Leben hauptsächlich in den Küchen ab. Bei der Moskauer Intelligenzija jener Zeit war das nicht anders als bei Angehörigen anderer Bevölkerungsgruppen. So wurden auch hier die Gäste in der Küche empfangen, denn im Wohnzimmer schliefen nicht nur die Kinder, hier stand auch das Telefon, das man – ganz naiv – unter Kissen versteckte, um sich vor dem Abhören durch den Geheimdienst KGB zu schützen. Die Angst saß den Menschen tief in den Knochen.

Kartoffeln, Wodka und Diskussionen

Gäste und Gastgeber saßen eng zusammengepfercht in den kleinen Küchen um den Esstisch bei den üblichen

gekochten Kartoffeln mit Hering und Teewurst, bestenfalls noch bei Käse und Rote-Bete-Salat. Wodka und Tee durften natürlich nicht fehlen.

In den Kreisen der Moskauer Intelligenzija wurden hier sehr offene Gespräche und heftige Diskussionen geführt. In der Küche wurde über Politik und Lebenssinn gestritten, über Kunst, Musik und Literatur sowie über neue Publikationen. Es wurden Texte des sogenannten *samisdat* (abgetippte Manuskripte) ausgetauscht oder die in der UdSSR verbotenen, im Westen publizierten und heimlich ins Land geschmuggelten Bücher. Und man erzählte Witze – ein Charakteristikum jener Zeit. Die Kinder wuchsen mit aus der Küche dröhnendem Geschrei und Gelächter auf und mit Gitarrenklängen, die das Singen der oft an Ort und Stelle komponierten Lieder begleiteten.

In den 1970er- und 1980er-Jahren wurden die Wohnungen geräumiger, die Kühlschränke größer und die Küchen gemütlicher. Auf bemalten Holzbrettern standen das typisch russische blau-weiße Geschirr und bunte, aus dem westlichen Ausland mitgebrachte Teedosen aus Blech. Die Küche blieb auch in diesen Zeiten der belieb-

Die Sehnsucht nach dem Flair der Kommunalka-Küchen stillt das Restaurant Petrowitsch

teste Kommunikationsplatz für Familie und Freunde.

Verlust der Muße

Zu Beginn der 1990er-Jahre – nach der Wende – veränderte sich die Moskauer Lebensweise grundlegend. Nun fehlte den Moskauern die Muße für stundenlange Küchengespräche. Die Arbeit fraß immer mehr Zeit und auch die nun möglichen Auslandsreisen. Die junge Generation begann sich in Klubs und Cafés zu treffen. In der neuen Managergeneration wurden aus den alten kleinen Küchen stilvolle Designerräume. Keiner saß mehr in der Küche und die Gesprächsthemen wechselten: Man redete nun weniger über Politik und mehr über das Geldverdienen, Urlaub oder Immobilien.

Verklärter Blick zurück

Nachdem immer mehr Gegenstände und Gewohnheiten der Sowjetzeit aus dem Alltag verschwunden waren, wurde die sowjetische Tradition plötzlich wiederentdeckt und neu mit Leben gefüllt. Von heute auf morgen entstanden Flohmärkte, auf denen Gegenstände aus der Sowjetzeit angeboten wurden: Abzeichen, Embleme, Uhren und Pelzmützen. Es eröffneten Cafés, Restaurants und Klubs, deren Namen an die Sowjetzeit erinnerten. Sie ahmten das sowjetische Ambiente nach und servierten nostalgische Speisen.

Eine der populärsten Fernsehsendungen wurde »Staryje pesni o glawnom« (Alte Lieder über das Wichtigste), wo beliebte Sänger alte sowjetische Lieder der 1930er- bis 1950er-Jahre vortrugen. Außerdem setzte eine umfassende Veröffentlichung von alten sowjetischen Plakaten ein. Aus der tragischen sowjetischen Vergangenheit wurde nun eine nostalgisch verkürzte Geschichte – ein quasi historischer Kultur- und Freizeitpark, in dem sich der Mensch in Ruhe erholen kann.

Der Trend zum Sowjetischen gewann mit der Wende zum neuen Jahrtausend zunehmend an Bedeutung und hält bis heute an. Er äußert sich im Bereich Politik in der Wiederbelebung der alten sowjetischen Hymne – nur die Worte sind etwas verändert – und im Bereich Architektur im Bau bombastischer Wohnhäuser, die den Stil der ›Sieben Schwestern‹ (s. S. 82) imitieren. Die Stalindenkmäler wurden in den 50er-Jahren nach dem XX. Parteitag vernichtet, aber jetzt hat man an der Metrostation Kurskaja den Refrain der ersten sowjetischen Nationalhymne eingraviert: »Uns hat Stalin großgezogen, in Treue zum Volk, er inspirierte uns zu Arbeit und Heldentaten.«

Sowjet-Hype bei der Jugend

In der jüngeren Generation gibt es ein großes Interesse an der Alltagsgeschichte der Sowjetzeit, die ihr wie ein versunkenes Atlantis erscheint. In Fernsehprojekten, Blogs und auf Websites ersteht der Sowjetalltag neu. Es existiert sogar ein Kabelkanal (www.nostalgia tv.ru), der ausnahmslos alte Filme zeigt. Auf den Kunstmessen sind die Preise für sowjetische Kunstobjekte deutlich gestiegen. Und wenn schon nicht in der Küche, so kann man sich in den Restaurants Petrowitsch (s. S. 35) oder Mari Vanna (s. S. 37) treffen. Sie erinnern an Kommunalkas und servieren sowjetische Speisen. Im Schwarzweißfernseher von Mari Vanna laufen außerdem ausnahmslos sowjetische Filme!

Juwel der Avantgarde – die Privatvilla Melnikow

Konstantin Melnikow ist einer der berühmtesten Vertreter der russischen Architektur-Avantgarde. Er schuf in den 20er-Jahren legendäre Bauten in Moskau, darunter sein ungewöhnliches Privathaus im Arbatviertel, das zu einer Ikone der Moskauer Architekturgeschichte wurde.

Über dem riesigen Atelierfenster seines Wohnhauses brachte Konstantin Melnikow 1929 einen Schriftzug an: Konstantin Melnikow, Architekt. Kein anderer russischer Architekt der 20er-Jahre hätte das gewagt – in einer Zeit, in der das Bauen den Interessen eines Kollektivs unterworfen war und ein eigenes Wohnhaus im Herzen Moskaus nicht gerade auf der Tagesordnung stand.

Konstantin Melnikow (1890–1974) galt als eigenwilliger Modernist. Im Moskau der 20er-Jahre war er einer der meistbeschäftigten Architekten. Als er sein Privathaus baute, war er bereits weltberühmt. Er hatte 1925 den sowjetischen Pavillon für die Exposition Internationale des Arts Decoratifs et Industriels Modernes in Paris entworfen und damit für das krisengeschüttelte junge Land Ansehen erworben. Deswegen ist es nicht verwunderlich, dass

Kreisförmiger Grundriss, sechseckige Fensteröffnungen: Schlafraum im Melnikow-Turm

er die Genehmigung für das einzige privat gebaute Haus der frühen Sowjetzeit bekam. Der Wohnzylinder, den Melnikow 1927–29 für sich und seine Familie errichtete, ist ein außergewöhnliches Bauwerk der Avantgarde und einer der bedeutendsten Villenbauten der Moderne: Auf dem Grundriss einer Acht erheben sich zwei sich überschneidende Zylinder unterschiedlicher Höhe. Der größere Zylinder fällt durch seine 38 sechseckigen, wabenartigen Fenster auf. Der niedrigere Bau hat auf einer Seite eine großflächige Verglasung, hinter der sich über zwei Geschosse das Atelier und ein Wohnraum mit Tageslicht erstrecken. Die Dimensionen sind loftähnlich. Im ganzen Haus gibt es keine rechtwinkligen Räume und zur Abtrennung von Bereichen dienen paraventartige Wandeinsätze. Die versetzten Stockwerke sind durch gemauerte Wendeltreppen verbunden. Ganz oben betritt man vom Atelier die Dachterrasse. Form, Raum und Licht wurden von Melnikow hier auf ungewöhnlich innovative Weise eingesetzt.

Vom Ikonenmaler zum genialen Architekten

Konstantin Melnikow wuchs in einem kleinen Dorf vor den Toren Moskaus auf. Er ging zunächst bei einem Ikonenmaler in die Lehre und später dann auf die Moskauer Kunstschule, wo er Kunst und Architektur studierte.

Nach der Revolution wurde Melnikow schnell zu einem der führenden Architekten. 1922 entwarf er einen Musterwohnkomplex in Moskau, 1925 erhielt er für den sowjetischen Pavillon auf der Weltausstellung in Paris die Goldmedaille. Das Prinzip des Pavillons war die Auflösung der Außenwände in Glas und die Trennung von tragenden und nicht tragenden Elementen durch eine Holzkonstruktion. In Anerkennung seiner Verdienste wurde er mit einem eigenen Grundstück mitten in der Stadt Moskau belohnt.

Zur gleichen Zeit wie sein Privathaus entwarf Melnikow in Moskau fünf sogenannte Klubhäuser (s. Entdeckungstour S. 184), ein beliebter Gebäudetyp der 1920er-Jahre.

Als ›Individualist‹ gescholten

Die Zeit der Avantgarde in Russland war faszinierend, aber kurz. Schon wenige Jahre nach der Revolution stellte Stalin mit dem sozialistischen Realismus auch in der Kunst neue Maximen auf. »Unrealistisch, egozentrisch«, so lautete das Urteil über Melnikow Mitte der 30er-Jahre. Die Sowjetmacht setzte auf Monumentalarchitektur, konstruktivistische Architektur verfemt. Die Villa verfiel, doch Melnikow konnte in seinem Haus wohnen bleiben – und das war durchaus ungewöhnlich. Am Ende jenes Jahrzehnts wurde er als »unpraktischer, eigenbrötlerischer Individualist« denunziert. Es folgte eine Art innerer Emigration, ein Leben ohne Aufträge und in Armut bis zu seiner Wiederentdeckung in Moskau 1965, mit einer Ausstellung, Publikationen, Ehrungen und internationaler Anerkennung. Bis zu seinem Tod 1974 gab Melnikow Mal- und Zeichenunterricht.

In den 1980er-Jahren restaurierte Melnikows Sohn, der Maler Viktor Melnikow, das Gebäude gemeinsam mit seinen Töchtern. Er kämpfte bei den russischen Behörden darum, es in ein Melnikow-Museum zu verwandeln. Seit er 2006 92-jährig starb, lebt eine seiner Töchter in dem Haus. Noch ist kein Geld für eine grundlegende Res-

Konstantin Melnikows Wohnhaus gilt als Meisterwerk des Konstruktivismus

taurierung vorhanden. Doch wenn nicht bald etwas geschieht, sind Haus und Grundstück dem Verfall preisgegeben oder könnten von geldgierigen Investoren vereinnahmt werden. Auch Erbstreitigkeiten innerhalb der Familie tragen nicht gerade zur Rettung der Architekturikone bei.

Die Melnikow-Gesellschaft – führende Architekten und Architekturwissenschaftler aus dem In- und Ausland – setzt sich für das Museumsprojekt ein, auch die UNESCO ist beteiligt. Das Haus ist nicht zu besichtigen, aber von außen gewinnt man einen guten Eindruck von der Idee, die ihm zugrundeliegt.

Tanz, Tradition und Tragödie

Es galt als eines der schönsten Theater der Welt und zählt zu den bedeutendsten Symbolen der russischen Kultur und Geschichte: das Bolschoi, das ›große Theater‹. Vor seiner Renovierung, die sich schon Jahre hinzieht, besaß es 2300 Plätze.

Schon seit 2005 ist das Bolschoi-Theater verhängt und geschlossen. Hinter gigantischen Stoffbahnen mit einem Bild des Theaters verbirgt sich ein 1821–25 von Ossip Beauvais im klassizistischen Stil errichteter Bau, über dessen Eingangskolonnade eine Bronzequadriga mit Apoll prangt, geschaffen von dem Bildhauer Peter Klodt.

An der Stelle des Bolschoi hatte zuvor das Petrowskij-Theater gestanden, in dem schon seit 1776 gespielt worden war. Gegründet hatte es Fürst Urusow, dessen Leibeigene das Ensemble bildeten. Es führte nicht nur Opern auf, sondern auch Sprechstücke. Schon bald kam eine Tanzschule hinzu, aus der sich die Truppe für das Ballett rekrutierte.

Ballettkunst unter schwierigen Bedingungen: Der Umbau des Bolschoi zieht sich hin

Staatsgast Adenauer war beeindruckt

Bis zu Beauvais' Neubau brannte das Theater zweimal ab. Nach einem weiteren Brand im Innern des Gebäudes erhielt es 1853 eine prachtvolle Innenausstattung: vergoldete Stuckdecken, roter Samt, prächtige Kronleuchter und eine Proszeniumsloge, in der die Zaren Platz nahmen, später auch die Sowjetführer und ausländische Staatsgäste wie Konrad Adenauer, der das Opernhaus in den 50er-Jahren besuchte: »Als Bulganin, Chruschtschow und ich unsere Loge betraten, erhob sich das gesamte Publikum und klatschte Beifall. ... Dann wurde die Sowjethymne gespielt und das Deutschlandlied. Die Vorstellung von ›Romeo und Julia‹, die Musik und insbesondere der Tanz waren hervorragend und beeindruckten mich sehr.«

»Romeo und Julia« kann man auch heute noch so sehen wie damals Adenauer, denn das Bolschoi ist ein Repertoiretheater, die Inszenierungen werden jahrzehntelang gespielt – derzeit allerdings nur auf der Neuen Bühne, dem Gebäude links vom alten Theater.

Ballett und Dauerkrise

Das Bolschoi stand immer für überragendes Ballett. Hier tanzte die großartige Maja Plissezkaja mehr als 1000-mal den »Sterbenden Schwan«, aber nicht nur damit riss sie das Publikum zu Begeisterungsstürmen hin. Tschaikowskijs Ballett »Schwanensee« und seine Oper »Eugen Onegin« wurden hier 1877 und 1879 uraufgeführt. »Schwanensee« ist in fast unveränderter Form immer noch zu sehen. Doch nicht alle Aufführungen sind ein Genuss. Eine finanzielle und künstlerische Dauerkrise hat dazu geführt, dass das Bolschoi inzwischen weit hinter dem Petersburger Mariinskij-Theater zurückliegt. Mitte der 1990er-Jahre eskalierte die Situation am Bolschoi, als Boris Jelzin höchstpersönlich den Ballettdirektor Jurij Grigorjewitsch rauswarf, dessen damals 55-jährige Frau immer noch die Julia tanzte. Sein Nachfolger wurde ein Tänzer, der zwar auf den Barrikaden das Weiße Haus verteidigte, aber kein guter Choreograf war. Künstlerstreiks folgten, das Theater war kurz vor dem Kollaps. Große Stars wanderten ab, die Gehälter waren lächerlich und die finanzielle Lage des Hauses durch Vetternwirtschaft und Korruption desaströs.

2000 berief Putin einen neuen Intendanten ins Amt und unterstellte ihn dem Kulturministerium: Anatolij Iksanow aus St. Petersburg. Er konsolidierte die Finanzen, gewann Sponsoren, plante Gastspiele, erneuerte den Spielplan, tauschte 90 % der leitenden Mitarbeiter aus und stellte einen neuen Ballettdirektor ein: Alexej Ratmanskij setzt auf junge Talente und eine Mischung aus Traditionellem und Modernem. Doch dann begann 2005 der Umbau des Theaters, der zu einem Trauerspiel geworden ist – nicht nur, weil die versprochene Eröffnung 2008 nicht stattfand, sondern auch weil er ein Beispiel für die alltägliche Korruption in Russland ist: Die Kosten sind inzwischen 16-mal höher als veranschlagt, die Eröffnung um drei Jahre verschoben.

Seit 2009 verlaufen die Arbeiten unter Hochdruck, denn auch Präsident Medwedjew fürchtet nun, die Renovierung könne zu einer nationalen Schande werden. Voraussichtlich 2011 soll mit »Ruslan und Ljudmila« von Michail Glinka eröffnet werden.

Zimmer mit Aussicht – Moskauer Nobelhotels

Mit dem Hotel Metropol und dem Hotel Baltschug Kempinski besitzt Moskau zwei Grandhotels, die unterschiedlicher nicht sein könnten und doch verbunden sind durch den Atem der Geschichte, der noch in ihren Räumen weht.

Der Anfang war glanzvoll: Initiiert von einem Kunstmäzen, finanziert durch eine Versicherungsgesellschaft, erbaut vom William Walcott, nahm das Metropol 1905 den Betrieb auf. Es wurde bald zum beliebten Treffpunkt für die Crème der Moskauer Gesellschaft und die Künstler aus dem gegenüberliegenden Bolschoi-Theater. Unter Aufwendung der für die damaligen Zeit riesigen Summe von 7 Mio. Rubeln war einer der größten Jugendstilbauten Russlands entstanden, opulent – von den Majolika-Friesen an der Außenfassade bis zum berühmten Bojarskij-Saal im Zentrum des Hauses. Hier näherte

Die Stadt von ihrer schönsten Seite genießen: vom Hotel Baltschug Kempinski

sich der Sänger Fjodor Schaljapin gerade seinem Menü, als verlautete, Zar Nikolaj II. habe endlich politischen Reformen zugestimmt. Vor Begeisterung schmetterte Schaljapin daraufhin für die anderen Gäste einige Arien.

Geschichtsträchtiger Saal

Der Glanz des Hauses währte jedoch nur wenige Jahre. Das Metropol überstand zwar die Artilleriefeuer der Bolschewiki während des Bürgerkriegs, war dann aber eine Zeit lang Hauptquartier des Volkskommissariats für Äußere Angelegenheiten. Von der Galerie des Bojarskij-Saals hielt Lenin flammende Reden, Stalin, Bucharin und Trotzki gingen ein und aus. Obwohl Lenin im Kreml ein Vier-Zimmer-Appartement bewohnte, hielt er sich im Metropol eine Suite. »Nachmittags um fünf wäre ich in der Halle beinahe Lenin begegnet«, spottete George Bernard Shaw, der 1931 im Metropol seinen Geburtstag feierte.

Schon kurz nach der Revolution war das Hotel prominenten Ausländern vorbehalten, die man verwöhnte und verhätschelte. Die Rechnung ging zum Teil auf: Drei Jahre nach Shaws Geburtstagsfeier fand im Metropol ein großer Schriftstellerkongress statt, zu dem neben Klaus Mann, Egon Erwin Kisch, Hans Becher, Oskar Maria Graf auch André Malraux, Romain Rolland und Louis Aragon geladen waren.

Als im Zweiten Weltkrieg die Deutschen auf Moskau marschierten, versteckte man die wertvollen Antiquitäten des Hauses in den Metroschächten. Nach dem Krieg blätterte noch mehr vom alten Glanz ab, trotzdem diente das Hotel ausländischen Politikern bei ihren Moskaubesuchen als Unterkunft. Anfang der 60er-Jahre drehte David Lean im Bojarskij-Saal einige Szenen für »Doktor Schiwago«. Unter der goldenen Kuppel des Saals wurde der Raumfahrer Jurij Gagarin von Chruschtschow mit Lorbeer behängt. Ein paar Jahre zuvor waren sich Stalin und Mao im Roten Saal mit Misstrauen begegnet. Alles geschah unter der Aufsicht des KGB, der in einigen Zimmern Quartier bezogen hatte und mit Vorliebe die Künstler des Bolschoi-Theaters zum Verhör bestellte.

Heute ist das Metropol ein 5-Sterne-Hotel, in puncto Ausstattung und Service ist es aber noch nicht ganz in der neuen Zeit angekommen.

Künstlertreffpunkt

Kein Hotel der Stadt bietet spektakulärere Blicke als das Hotel Baltschug

Kempinski – vorausgesetzt, man hat genug Geld bezahlt, um ein Zimmer mit Blick auf den Kreml beziehen zu können. Aber was ist schon Geld im Baltschug, dem Hotel am Rande der Macht. Keine 200 m vom Kreml entfernt, beherbergt es in seinen Suiten fast alle ausländischen Staatsgäste.

1898 errichtete der Architekt Iwanow einen vierstöckigen Neubau, in dessen Rondell ein Restaurant eröffnete, das sich zum Treffpunkt der künstlerischen Elite entwickelte. Wer heute im Baltschug im Café Kranzler sitzt, darf das in dem Bewusstsein tun, dass hier schon Fjodor Schaljapin auf den Regisseur Konstantin Stanislawskij traf. Letzterer saß hier auch gern mit Anton Tschechow am Tisch, um Inszenierungen seiner Stücke zu besprechen.

Die Maler Ilja Ostrouchow und Valentin Serow, Mitglieder im Rat der Tretjakow-Galerie, führten ihre Fachgespräche am liebsten beim Essen mit dem Kunstsammler Iwan Morosow, während im vierten Stock unablässig neue Kunst entstand. Hier hatte man Künstlerateliers eingerichtet, die einen unvergleichlichen Blick auf den Kreml boten. Dieser Blick faszinierte übrigens auch den deutschen Dichter Rainer Maria Rilke. Während seiner zweiten großen Russlandreise im Sommer 1900 notierte er: »Diese letzten Moskauer Tage waren sehr reich und schön. Wir wohnten im Nowomoskowskoje Podworje, alle Tage und Nächte den Kreml vor uns aufgetan – hell und herrlich und doch so einfach im Ausdruck seiner Pracht. So nur mit dem Kreml vor Augen kann man Moskau in seinem vollen Leben begleiten, kein Lächeln seiner Mienen versäumen und kein ernstes Wort überhören, welches aus seinen großen dunklen Glocken kommt.«

Nach einer mehrwöchigen Wolgareise waren er und seine Reisebegleiterin Lou Andreas-Salomé nach Moskau zurückgekommen. Die Schriftstellerin hatte ein paar Tage vorher ebenfalls in einem Brief den Blick gelobt: »…vom Fenster aus sieht man ganz Moskau mit dem Kreml, alles erstrahlt im Glanz der Sonne.«

Pracht für Prominente

Wenige Jahre später ging die Zeitgeschichte über das Hotel hinweg. Der Glanz vergangener Tage verblasste, und das Haus hatte es schwer, seinen Platz in der Historie zu bewahren. Sozialistische Planer stockten das Haus auf, nannten es Hotel Nowomoskowskaja und gliederten es dann umstandslos dem Ministerium für Auswärtige Angelegenheiten an. Eine weitere Interimsphase überstand das Hotel unter dem Namen Bukarest. Bei der vorläufig letzten Umgestaltung Anfang der 1990er-Jahre blieb nur die Fassade erhalten. Aber noch immer verweisen die hohen Wände im vierten Stock auf die Atelierräume der Anfangszeit und ein Stück russischer Kunstgeschichte.

Das Baltschug wirbt heute mit den zeitgemäßen Werten des neuen Russland: Sicherheit und Business. Wie in der guten alten Zeit wohnen einige Gäste ständig im Haus und andere immer wieder.

Wer auf sich hält, versüßt sich den Aufenthalt im Moloch Moskau mit dem Luxus von ›fünf Sternen plus‹ am Ufer der Moskwa: Neben Topmanagern und Spitzenpolitikern schätzen auch die Kapitäne der Vergnügungsindustrie von Pavarotti bis Harrison Ford das Baltschug. Der Blick über die Moskwa auf den Kreml ist immer noch genau so, wie Rilke ihn beschrieb, und gewährt kleine Gedankensprünge in eine große Vergangenheit.

Tatort Moskau – der Krimi-Autor Boris Akunin

Seit Mitte der 1990er-Jahre erlebt Russland eine Renaissance des Krimis – in der Sowjetzeit ein vernachlässigtes Genre. Einer der populärsten Autoren ist Boris Akunin. Seine Kriminalromane wurden in 30 Sprachen übersetzt und mehr als 15 Millionen Mal verkauft.

Moskau im Mai 1876. Im Alexandergarten in der Nähe des Kremls erschießt sich ein Student. Zuvor hat er einer jungen Dame der Moskauer Gesellschaft, die mit ihrer Gouvernante auf einer Parkbank sitzt, Avancen gemacht. Scheinbar wegen ihrer Abweisung greift er zur Waffe. Der junge Erast Fandorin, aus verarmter Familie, nun im Staatsdienst bei der Polizei gelandet, glaubt nicht an einen Selbstmord und begibt sich auf Spurensuche. Hinter dem Suizid vermutet er ein Geheimnis, denn der Selbstmörder hinterlässt nicht nur ein großes Vermögen, Fandorin sieht auch einen Zusammenhang mit anderen seltsamen Ereignissen.

Bei seiner ersten Ermittlung wird Fandorin beinahe erstochen, aber er kommt einer geheimnisvollen Frau auf die Spur. Sein Chef glaubt an seine Fähigkeiten und schickt ihn auf Recherche nach Paris, London und St. Petersburg, wohin sich die geheimnisvolle Frau abgesetzt hat. Doch dahinter steckt mehr: Es ist eine Weltverschwörung, die Fandorin unter Einsatz seines Lebens aufdeckt, womit er eine rasante Karriere startet.

Fahndung vor historischer Kulisse

Erast Fandorin, der Detektiv in mehr als 20 Romanen von Boris Akunin, ist charmant, smart, attraktiv und mit allen Superman-Fähigkeiten eines James Bond ausgestattet. Er fahndet vor der historischen Kulisse des alten Russland nach Gaunern, Mördern und Ganoven.

Akunin ist ein Unikum. Seine mit modernen Erzählmitteln geschriebenen Krimis spielen zwischen 1876 und 1900 überwiegend in Moskau, in einer Art Gründerzeit. Der Autor lässt seinen Ermittler Fandorin im Laufe der Recherchen auf bekannte Figuren der russischen Literatur treffen: Die hysterische Schöne findet man bei Dostojewskij, die gelangweilten Aristokraten bei Tolstoj und den Falschspieler und Duellanten

> **Bücher von Boris Akunin**
> Die Kriminalromane von Boris Akunin sind in deutscher Übersetzung im Aufbau Verlag und im Goldmann Verlag als Taschenbücher erschienen. Neben Fandorin ermittelt in einer anderen Reihe die Ordensschwester Pelagia.
> Boris Akunin, Die Moskauer Diva, Fandorin ermittelt, Aufbau, Berlin 2011; Boris Akunin, Pelagia und die weißen Hunde, Goldmann Verlag, München 2000.

Krimiautor Boris Akunin

Boris Akunin im Internet
Auf der englischsprachigen Website www.boris-akunin.com findet man weitere Infos zu den Krimis von Boris Akunin.

Die Unterhaltungsliteratur boomt

»Mich interessiert das Phänomen der Massenliteratur im Zusammenspiel mit anspruchsvoller Literatur, so etwas gab es in Russland bisher nicht. Die starken Veränderungen im Land bewirken auch ein anderes Freizeitverhalten. Die neue Mittelschicht braucht ihre spezielle Art der Muße, auch in Bezug auf Bücher. In Russland hat man sich die Massenliteratur immer auf eine große Distanz gehalten. Nun findet eine Annäherung statt«, so äußerte sich Akunin einmal.

Auch Kriminalromane mussten in der Vergangenheit immer literarisch sein – und russische Literatur galt als Synonym für Schwermut. Doch dieses Klischee ist nun veraltet: Die Unterhaltung boomt. Seit einigen Jahren machen die neuen russischen Kriminalromane der hungrig verschlungenen amerikanischen Durchschnittsware Konkurrenz. Die qualitativ besten dieser neuen Generation von Krimis sind spannend und originell geschrieben und leben besonders von der Persönlichkeit ihrer Helden.

Boris Akunin hat mit seinen populären historischen Kriminalromanen einen Platz gefunden, der in der postsowjetischen Literatur lange vakant war, und er hat einen Nerv getroffen; denn der historische Roman hat stets einen hohen Rang eingenommen. Akunin eroberte das breite Publikum spielerisch, seine Bücher sind Kult, denn die Geschichten sind geschickt gebaute Spiele für Moskaus neue Elite. In Moskau liest man Akunin-Krimis in der Metro, im Internet oder in der Mittagspause im Café. Die Fandorin-Bücher wurden auch vom russischen Fernsehen verfilmt.

bei Puschkin. »Ich beute die russische Literatur aus. Und das mache ich mit großem Vergnügen, denn mich fasziniert die Aura der russischen Literatur des 19. Jahrhunderts, ihre mächtige geistige Energie und vor allem ihr Stil. Wie man damals gesprochen und geschrieben hat«, sagt Akunin. Aber er arbeitet nicht nur mit Versatzstücken der russischen Literatur, er kreuzt auch »Pulp Fiction« mit Fernöstlichem.

Boris Akunin ist das Pseudonym von Grigorij Tschchartischwili. Er wurde 1956 als Sohn eines georgischen Offiziers und einer russisch-jüdischen Lehrerin geboren. Sein Pseudonym spielt auf den russischen Anarchisten Bakunin an. Bis er Krimis zu schreiben begann, war der Japanologe stellvertretender Chefredakteur der Zeitschrift »Ausländische Literatur« sowie Übersetzer und Rezensent.

In den Nischen des Staates – die Intelligenzija

Der Begriff der Intelligenzija wurde Mitte des 19. Jh. von dem Publizisten Pjotr Boborykin geprägt und bezeichnet die gesellschaftliche Schicht, die »klug, verständnisvoll, wissend, denkend und auf professionellem Niveau kreativ beschäftigt ist und zur Entwicklung und Verbreitung von Kultur beiträgt«. In allen Definitionen wird die gesellschaftskritische Haltung oder sogar Staatsfeindlichkeit hervorgehoben.

»Diese Intelligenzija steht da einsam zwischen Volk und Bourgeoisie, ohne irgendwelchen Einfluss auf das Leben auszuüben, kraftlos, sie hat Angst vor dem Leben; sie ist innerlich zerrissen, aber will trotzdem interessant leben«, schrieb Maxim Gorki am Vorabend der ersten russischen Revolution an Max Reinhardt und charakterisierte den Zeitgeist damit zutreffend.

Fünf Jahre später, 1909, veröffentlichten liberale Intellektuelle eine philosophisch-politische Zeitanalyse von epochalem Rang: In der Essaysammlung »Wegzeichen. Zur Krise der russischen Intelligenz« warfen sie der Intelligenzija Mangel an politischem Sinn, Halbbildung und moralische Verkommenheit vor. Die kritische Aufar-

Treffpunkt der heutigen Intellektuellen: Projekt O.G.I., ein Klub mit Buchladen

beitung der Rolle russischer Intellektueller ging jedoch in den Revolutionswirren unter.

Inneres Exil und Unterdrückung

Die Angehörigen der Intelligenzija teilten fortan die Leiden der Mangelgesellschaft, standen um Brot an wie die Arbeiter und lebten in Gemeinschaftswohnungen. »Um in der Sowjetzeit zu überleben, lebten viele Menschen in einem Zustand des inneren Exils. Sie lebten in derselben Welt, aber das Ganze war nur ein Vorwand. In Wirklichkeit lebten sie nur in ihrem eigenen Gedankenuniversum«, bemerkte einmal der Pop-Poet des heutigen Moskau, Viktor Pelewin, in einem Interview.

Zahllose Angehörige der alten Intelligenzija wurden psychisch und physisch vernichtet. Erst nach der Stalin-Ära fanden sich jene, die überlebt hatten, in einer ähnlichen Situation wieder wie vor der Revolution. Die Intelligenzija suchte nun den Anschluss an das Denken der vorrevolutionären Epoche, denn mitten im sowjetischen Alptraum erschien ihnen das vorrevolutionäre Russland geradezu idyllisch.

Während der Sowjetzeit führte die Moskauer Intelligenzija eine privilegierte Existenz in den Nischen des Systems. Durch ihr Selbstwertgefühl als Bildungsschicht fühlte sie sich den plumpen Funktionären der KPdSU haushoch überlegen.

Die neue Zeit

Eine entscheidende Zäsur setzte Michail Gorbatschow mit seiner Perestrojka. Er appellierte an die Intelligenzija, ihn bei seinen Reformen zu unterstützen, und wies ihr damit eine völlig neue Rolle zu. Die Wende wurde als neue intellektuelle Freiheit erlebt. Man riss sich gegenseitig Zeitungen und bis dahin nicht veröffentlichte Bücher aus den Händen und saß Tag und Nacht vor dem Fernseher. Die Intelligenzija wurde politisiert. Das nahm der im Exil lebende Schriftsteller Andrej Sinjawskij kurz vor seinem Tod 1997 zum Anlass, den Vorwurf zu formulieren, dass die postsowjetische Intelligenzija sich zu sehr mit der Regierung verbünde. Die große alte Dame der Moskauer Intellektuellen, Jelena Bonner, hatte schon nach dem Oktoberputsch 1993 gemahnt: »Wir haben einen schweren Weg zu bewältigen, von dem uns keiner befreien wird – weder der Zar noch Gott, noch irgendein Held.«

Die demokratische Intelligenzija war schon Anfang der 1990er-Jahre gescheitert. Sie schaffte es nie, eine Partei mit einer nennenswerten Mitgliederbasis zu organisieren. Der Masse des russischen Volkes sind die 90er-Jahre als Zeit des Reallohnverlustes, von Auftragsmorden, Selbstbereicherung einiger weniger und der Rubelentwertung in Erinnerung. Eine Entwicklung, die in der Finanzkrise 1998 endete. Die Intelligenzija sah dabei hilflos zu und verlor zunehmend an moralischer Glaubwürdigkeit.

Die heutige Intelligenzija ist zerrissen zwischen Resignation und postmoderner Lebensart. Ersteres betrifft vor allem die ältere Generation, die heute materiell vor großen Problemen steht. Die meisten Jüngeren dagegen haben ihren Weg zwischen neuer Medienwelt, Politik und Business gefunden. Sie bringen im Monat mehr Geld nach Hause als ihre Eltern im ganzen Jahr. Sie verfolgen irgendein geniales Projekt, gehören zu den neuen ›bisnesmeny‹ oder engagieren sich in der Politik.

Moskau im Kunstrausch

In der Moskauer Kunstszene geht es um Glamour, Macht und Geld. Die Szene hat sich in den letzten Jahren rasant entwickelt, ist ungemein schnell, ungemein vital, ungemein russisch. Zuletzt erlebte Moskau einen Kunstboom mit Dimensionen, die zuvor nicht denkbar gewesen waren. Trotz Wirtschaftskrise scheint er ungebrochen anzuhalten.

»Was ich haben will, das kaufe ich«, sagt einer der finanzkräftigsten Sammler Russlands, der Moskauer Bankier Pjotr Awen. Russische Sammler gelten mittlerweile als eine kaufkräftige, aber scheue Spezies. Sie fliegen im eigenen Jet zu den Auktionen in London oder New York und halten Ausschau nach neuen Trends, sie kaufen Werke von Stars wie Jenny Holzer, Francis Bacon oder Andreas Gursky. Gesammelt wird auch mit patriotischem Anspruch. So sammelt Awen nur russische Kunst. Auf dem Kunstmarkt fürchtet man diese neuen Sammler, denn sie zahlen Preise, die sich kein Museum mehr leisten kann. Moskau ist, was die Kunstszene angeht, auf dem besten Weg, ein europäisches New York zu werden.

Objekte der Begierde: zeitgenössische Werke

Es begann 2004, als sich der russische Öl-Oligarch Viktor Wechselberg für mehr als 100 Mio. US-$ die Forbes-Fabergé-Sammlung kaufte. Das war ein Schock, denn bis dahin hatten Russen kaum mehr als 1 Mio. US-$ für Kunst ausgegeben. Die Message kam an: Russland ist präsent und kauft sein Erbe zurück.

Nach Fabergé-Eiern und russischen Waldidyllen haben die russischen Sammler die zeitgenössische Kunst für sich entdeckt – zur Abrundung der eigenen Kollektion und als lukrative Anlagemöglichkeit. Das eröffnete Kunsthändlern und Galeristen neue Perspektiven in Moskau – die Stadt wurde zum bevorzugten Terrain internationaler Galerien, privater Kunsthändler und Berater.

Seit einigen Jahren agieren in Moskau rührige Kunstkuratoren und neue Kunstinstitutionen sind entstanden, ob nun das Privatmuseum art.4 oder das Staatliche Zentrum für Moderne Kunst (s. Entdeckungstour S. 260). Besuchermagneten sind auch die Kunstbiennale und die Fotobiennale.

An die berühmten Sammlertraditionen russischer Magnaten zu Beginn des 20. Jh., unter ihnen Schtschukin und Morosow, die sich in Paris persönlich bei Picasso, Matisse und Cézanne die besten Werke reservieren ließen, knüpfen die neuen Sammler an, die Galerien, Museen und Kunstzentren in Moskaus teuersten Gegenden oder spektakulären Gebäuden eröffnen. Aber die Kunstszene stellt nicht nur aus, sondern man trifft sich und diskutiert.

Hotspot der Kunstszene: Winsawod, das Moskauer Zentrum für Gegenwartskunst

Glasnost und Perestrojka in der Kunst

Rückblende: Als der Sowjetstaat in den letzten Zügen lag, schufen die Künstler ihre Werke im Untergrund. Sie malten ausschließlich für sich und ihresgleichen, gründeten geheime Künstlergruppen und schotteten sich von der sozialistischen Außenwelt ab. Ein Publikum, das etwas mit ihren Werken anfangen konnte, geschweige denn sie kaufte, gab es nicht. Hoch im Kurs standen dagegen die Bilder im Stil des sozialistischen Realismus. Diese Schinken konnte man offiziell über den staatlichen Künstlerverband erwerben. Aber wer wollte die schon? Erst mit Glasnost und Perestroika konnten Künstler, die sich jenseits der vorgegebenen Kunstauffassung bewegten, mit Werken an die Öffentlichkeit gehen. Aber die verstand von den avantgardistischen Aktionen, Bildern, Performances nichts. Wie auch? War doch über Jahrzehnte jedes Abweichen von der Norm als westlich dekadent gebrandmarkt worden.

Frauen mit Kunstsinn – und Geld

Vom avantgardistischen Geist und der Lust an der Provokation ist wenig üb-

rig geblieben. Glamour heißt die neue Devise. Es sind vor allem die reichen Frauen und Töchter der Oligarchen, die den Kunstbetrieb aufmischen. Shopping wurde ihnen auf die Dauer zu langweilig. Nach dem Kunstkaufen haben sie nun auch das Kunstzeigen für sich entdeckt – wie Sofia Trotzenko. Sie betreibt in einer ehemaligen Weinfabrik das Winsawod, ein Zentrum für Gegenwartskunst. Seit 2007 stehen hier 20 000 m² für Kunst zur Verfügung. Der Ort hat sich zu einer wichtigen Kommunikationsplattform für Kunstinteressierte entwickelt.

Auch Dascha Schukowa, Freundin von Roman Abramowitsch, einem der reichsten Männer der Welt, mischt mit. Bisher hatte sich der Oligarch mit dem Kauf von Yachten und des Fußballklubs FC Chelsea vergnügt. Dascha Schukowa zuliebe öffnete Abramowitsch sein Herz und seinen Geldbeutel der Kunst. Schukowa eröffnete 2008 das Center for Contemporary Culture Moscow. Es befindet sich in der Melnikow-Busgarage (1928), einer Architekturikone der russischen Avantgarde. Man kann Dascha Schukowa dankbar sein, denn sie ließ das vom Verfall bedrohte Bauwerk behutsam renovieren. Über den Kaufpreis für das Gebäude, das der Stadt gehörte, wird nur gemunkelt. Wie viel Millionen genau die Stadt daran verdiente, wer mag es wissen?

Dascha Schukowa stammt aus einer Familie, die immerhin seit zehn Jahren Kunst sammelt. Sie wird vermutlich zur Stargaleristin unter den Damen der Moskauer Haute Volée avancieren. Das neue Kunstzentrum eröffnete sie mit einer spektakulären Ausstellung von Werken eines der teuersten Künstler der Welt, Ilja Kabakow (s. a. Entdeckungstour S. 260 sowie S. 62).

Die Privatsammlerin Stella Kesajewa gründete eine Stiftung, die Stella Art Foundation (Skarjatinskij per. 7, Tel. 691 34 07, www.safmuseum.org, Metro: Barrikadnaja, tgl. Di–So 10.30–18.30 Uhr). In der Foundation wird neben russischer Avantgarde auch westliche Kunst von Basquiat bis Warhol gesammelt. Geplant ist der Bau eines Privatmuseums.

Die engagierte Direktorin des Moskauer Fotomuseums (s. S. 58 und 201), Olga Swiblowa, schaffte es aus eigener Kraft, mit großer Energie und gutem Netzwerk. Ihr ist es zu verdanken, dass Moskau eine hochkarätige Fotobiennale hat und regelmäßig das Festival ›Mode und Stil‹ stattfindet. Ihr neues Museum im Herzen der Stadt wurde im Herbst 2010 eröffnet.

Für Visionen ist man nie zu alt – Museumsdirektorin Antonowa

Alle haben von ihr gehört, viele sind ihr begegnet und die meisten glauben zu wissen, wer sie ist: Gralshüterin der Beutekunst, Grande Dame der Kunst oder durchsetzungsfähige Charmeurin: Irina Antonowa, Jahrgang 1922, Direktorin des Puschkin-Museums für Bildende Künste in Moskau.

Das Puschkin-Museum ist Irina Antonowa Bühne und Heimat zugleich. Seit fast 50 Jahren regiert sie das Haus, das zu den größten Kunstmuseen des Landes zählt und neben der Petersburger Eremitage die bedeutendste Sammlung ausländischer Kunst beherbergt – eine Schatzkammer. Gefüllt ist sie mit den großartigsten Kunstwerken, die in den letzten 3000 Jahren entstanden sind, darunter die weltberühmten Gemälde der Impressionisten und Postimpressionisten.

Kindheit in Deutschland

»Von meiner Erziehung her bin ich Kosmopolitin«, sagt die Diplomatentochter. Als Siebenjährige kam sie 1929 nach Berlin, wo ihr Vater als hochrangiges Mitglied der Russischen Delegation an der Botschaft arbeitete. Irina las Goethe, Schiller und Heine im Original. Die Ferien verbrachte man standesgemäß im Kaiserbad Heringsdorf an der Ostsee. Glückliche Jahre. Von der Mutter, einer Pianistin, lernte sie die Liebe zur Musik und zu den Künsten. 1933 endete dieses Leben abrupt. Die Mutter war Jüdin. Nach dem Reichstagsbrand verließ die Familie Deutschland. In Moskau studierte Irina Kunstgeschichte und spezialisierte sich auf die italienische Renaissance. Neben Russisch spricht die Museumsdirektorin Italienisch, Französisch und vor allem Deutsch.

Beutekunst und Kalter Krieg

Wohl auch wegen dieser Kenntnisse unterstellte man ihr später, sie habe sich als Mitglied von Stalins Trophäenkommission am Kunstraub in Deutschland beteiligt, doch ihre Karriere am Puschkin-Museum begann erst nach dem Krieg. Kurze Zeit später heiratete sie den jüdischen Kunsthistoriker Jewsej Rotenberg. Eine Lebensliebe, die politische wie private Tragödien überstehen musste.

»Niemand trägt am Chanelkostüm den Leninorden dekorativer als die Antonowa«, so beschrieb Martin Roth, Generaldirektor der Staatlichen Kunstsammlungen Dresden, seine russische Kollegin. Alle, die Irina Antonowa näher kennen, schwärmen von ihrem Charme und ihrem Humor. Sie ist eine emotionale Frau, deren Zielstrebigkeit man leicht mit Härte verwechselt. Sie hat langen Atem bewiesen und vor allem Mut. In der Sowjetzeit war sie die Erste, die westliche Kunst nach Moskau holte.

Das enorme Engagement brachte ihr nicht nur Sympathien ein. Dass sie Schliemanns Goldschatz nach Kriegsende jahrelang im Keller des Puschkin-Museums lagerte und verleugnete, war Anlass für unschöne Spekulationen. 1996 dann, als sie den Schatz des Priamos öffentlich zeigte, wurde die Angelegenheit zum Politikum: Russland lehnte die Herausgabe der Beutekunst nun auch offiziell ab. 1998 erklärte die Duma die Kulturgüter per Gesetz kurzerhand zu russischem Eigentum – ganz im Sinne Irina Antonowas: »Alle kennen meine Position. Wir haben ein Gesetz und wir folgen diesem Gesetz.« Ganz unversöhnlich gibt sie sich jedoch nicht. 2007, als in Moskau mit der Merowinger-Ausstellung eine Schau der Superlative eröffnet wurde, waren sich Deutsche und Russen bereits näher gekommen. Irina Antonowa wünscht sich einen runden Tisch zum Austausch aller Argumente.

Großereignis in Planung: das Museumsjubiläum

Das Wichtigste ist zurzeit das Jubiläum ihres Museums 2012 und die Verwirklichung einer Vision. Antonowa überzeugte die Mächtigen des Landes und konnte das Museum spektakulär erweitern. Ein ganzer Gebäudekomplex wurde rund um das Haupthaus errichtet – viel Platz für eine neue Impressionisten-Galerie: Für die Werke von Matisse, Gauguin und ihren Zeitgenossen stehen nun 26 Räume zur Verfügung.

Und Irina träumt weiter: Bis 2012 – zum 100. Geburtstag des Puschkin-Museums – soll ein ganzer Stadtteil für die schönen Künste entstanden sein. Dann ist Irina Antonowa 90 Jahre alt. Dann wird sie auf ›ihrer‹ Bühne stehen und an die Geschichte eines Museums erinnern, das ihr Leben mehr geprägt hat als alles andere.

Noch immer voller Elan im Einsatz für ihr Museum: Irina Antonowa

Ein Ort für Erholung und Gespräche – die Banja

»Ohne Banja sind wir alle verloren«, lautet ein russisches Sprichwort. Seit Jahrhunderten gehört für die Russen ein Besuch in der Banja zur Kultur.

Die Banja ist mehr als nur ein Badehaus. Sie ersetzt den Russen – vor allem den Männern – das Café, Klubs und öffentliche Plätze. Sie ist nicht nur ein Ort für private Gespräche, sondern auch für Geschäftstreffen und politische Vorverhandlungen – sogar im Kreml gibt es eine Banja!

Nirgendwo scheint der durch ein ausgiebiges Dampfbad aufgeräumte seelische Zustand besser gegeben für eventuelle delikate Angelegenheiten als in der Banja. So besiegelten im Dezember 1991 bei einem Banja-Besuch die Präsidenten Russlands, der Ukraine und Weißrusslands das Schicksal der Sowjetunion. Offensichtlich trägt die Nacktheit dazu bei, eine besondere Atmosphäre der Eintracht und Freundschaft zu schaffen. Wenn die Menschen nackt sind, sind ihre Absichten sauber, das zumindest behauptet Boris Jelzin in seinen Memoiren.

Es kommt vor, dass sich Männer zu einer Banja-Clique zusammenfinden, ähnlich wie in Deutschland Stammtischbrüder, und wie diese trinken die ›Banja-Brüder‹ oft Bier zusammen.

Wohltat für Körper und Seele

Schon der portugiesische Leibarzt von Zarin Elisabeth bestätigte, dass »die Banja zwei Drittel aller Medikamente ersetzt, die in der ärztlichen Heilkunde beschrieben sind«. Immer noch ist für die Russen die Banja eine Art Allheilmittel für Leib und Seele und das beste Mittel gegen Depressionen. Der feuchte Dampf, der durch gut dosiertes Aufgießen von Wasser auf die glühenden Kohlen des Banjaofens gespritzt wird, wirkt wohltuend auf die Lungen und trocknet nicht so aus wie die finnische Sauna. Das Wasser ist meist mit Essenzen von Kräutern durchsetzt.

Mit einer Rute *(wenik)* aus Birkenzweigen (gegen Erkältungen), Eichencken die Moskauer schon seit 200 Jahren. Anfang des 19. Jh. ließ der Schauspieler Sila Sandunow die Banja am vorbeifließenden Neglinka-Bach errichten, finanziert mit dem Verkauf der Brillanten seiner Frau, die diese von Zarin Katharina erhalten hatte. Zu dem Palast – als solcher wird der Bau heute gesehen – mit seinem opulenten Interieur, einem Mix aus Barock, Gotik und maurischem Stil, ließ sich der Architekt Freidenberg Ende des 19. Jh.

zweigen (gut für die Haut), Lindenzweigen (vertreiben Kopfschmerzen) oder Tannenzweigen (heilen Hexenschuss) schlägt man sich leicht auf den Rücken. In der Sandunowskaja Banja (s. u.) beispielsweise werden die Ruten am Eingang verkauft.

Traditionell befanden sich Badehäuser an einem Fluss oder einem See, sodass man nach dem Schwitzen direkt ins Wasser springen konnte oder sich im Winter im Schnee wälzte. Das gibt es heute nur noch auf dem Dorf. In der Stadt muss man sich mit einem Wasserbecken zufrieden geben.

Wellness-Palast am Neglinka-Bach

Nur zehn Minuten vom Roten Platz entfernt liegen die Sandunowskije Banji, Moskaus traditionelle Luxusbanja. In der Sandunowskaja entschlavon dem andalusischen Alhambra-Palast inspirieren. Anton Tschechow nahm sogar zeitweise in der Neglinnaja-Straße eine Wohnung, um in der Nähe seines Lieblingsbades zu sein. Heute sind die Preise so hoch, dass sich nur noch wenige Moskauer einen Besuch leisten können.

Adressen
Sandunowskije Banji: Neglinnaja ul. 14/Sandunowskij per. 1, Metro: Kusnezkij Most, Mi–Mo 8–22 Uhr.
Donskije Banji: ul. Ordschonikidse 1, Metro: Leninskij Prospekt, Mi–Mo 9–22 Uhr.
Krasnopresnenskije Banji: Stoljarnyj per. 7, Metro: Ul. 1905 Goda, Mi–So, 8–22, Di 14–22 Uhr. Zwei Stunden kosten ca. 12 € pro Person.

Unterwegs in Moskau

Wirkungsstätte des Bürgermeisters: das Rathaus, davor das Jurij-Dolgorukij-Denkmal

Das Beste auf einen Blick

Kreml, Roter Platz und Kitaj-Gorod

Highlights !

Kreml: Von Peter dem Großen verschmäht und verlassen, unter Lenin und der Sowjetmacht wieder Zentrum der Macht, ist er heute auch Sitz des Präsidenten. S. 121

Roter Platz: Besonders eindrucksvoll präsentiert sich der Platz im Dunkeln, wenn Kreml und GUM angeleuchtet sind, aber auch bei Festen ist es ein Erlebnis, auf dem Platz zu stehen. 24 S. 132

GUM: Das neue Russland pur – Shopping bis zum Umfallen, aber in jahrhundertealter Architektur. 31 S. 136

Auf Entdeckungstour

Bootsfahrt auf der Moskwa: Zwischen Mai und September gehört eine Flussfahrt auf der Moskwa zu den reizvollsten Möglichkeiten, Moskau zu entdecken. Das Boot passiert die schönsten Sehenswürdigkeiten der Metropole – meist begleitet von nostalgischen russischen Klängen. S. 140

Kultur & Sehenswertes

Rüstkammer: Die Schätze der Zaren, Zarenkrone, Zarenthron, Zarenkutsche, Schmuck und Zierrat, alles ist hier ausgestellt. 22 S. 129

Lenin-Mausoleum: Mythos Lenin, der Führer der Revolution – man muss ihn einfach gesehen haben: anstehen, hineingehen, vorbeigehen und anschließend die Gräber der Sowjetführer an der Kremlmauer in Augenschein nehmen. 28 S. 135

Aktiv & Kreativ

Glockenturm: Steigen Sie die 137 Treppenstufen zum 81 m hohen Turm Iwan der Große hinauf – die Aussicht entlohnt für die Anstrengung. 17 S. 128

Eislaufbahn: Mitten auf dem Roten Platz elegant auf den Kufen den russischen Winter genießen, was gibt es Schöneres? 1 S. 146

Genießen & Atmosphäre

Krasnaja Ploschadj: Im Historischen Museum speist man historisch – Gerichte, wie die russische Aristokratie sie liebte. 4 S. 145

Expedizija: Eine Expedition in die Küche der sibirischen Weiten und des russischen Nordens zwischen Eisbären und Tannenzweigen – ein echtes Abenteuer. 10 S. 145

Abends & Nachts

Dissident: Die Vinoteka tut sich durch eine große Auswahl an Weinen hervor; dazu schmecken die italienischen und französischen Speisen. 6 S. 145

Kitajskij Ljotschik Dschao Da: Im Bohemian-Hangout ist die Musik gut, die Stimmung turbulent und die Getränke sind günstig. 2 S. 147

Das Epizentrum der Stadt

Wer den Kreml (Кремль) nicht gesehen hat, kennt Moskau nicht. Durch viele Jahrhunderte geistliches und weltliches Zentrum des Landes, ist er der Schlüssel zur Stadt. Der Kreml war Ausgangspunkt für die Gründung Moskaus, mit dem Bau der Festung begann die Geschichte der Stadt. Erst Zarensitz und Herz der russisch-orthodoxen Kirche, dann Schaltzenrale des internationalen Kommunismus, ist er noch heute Machtzentrum des riesigen Landes. Insofern hat sich ein russisches Sprichwort über Jahrhunderte bewahrheitet: »Nichts ist über Moskau als der Kreml, und über dem Kreml ist nichts als der Himmel.«

Von oben wirkt Moskau wie ein zersägter Baumstamm mit seinen Jahresringen, denn die Stadt wuchs in Ringen. Als im 15. Jh. Moskau zum Zentrum des Reiches und der Kreml zu einer Steinfestung ausgebaut wurde, entstand östlich der Festung Kitaj Gorod, die Siedlung der Handwerker und Kaufleute, die mit einer Ziegelmauer umge-

Stadtgeschichte im Spiegel der Architektur – der Kreml ist Moskaus Keimzelle

ben wurde. Die Stadt wuchs schnell: Ende des 16. Jh. wurde eine neue Stadtmauer um die sogenannte Belyj Gorod (Weiße Stadt) gelegt, sie schloss Kitaj-Gorod mit ein. In der Weißen Stadt ließen sich Adel und Bürgertum nieder, die Mauer diente auch als Abgrenzung gegen die ärmliche Vorstadt. Adel und Geistlichkeit bauten sich hier steinerne Paläste, während sich die einfachen Bürger kreisförmig um den Kreml in Vorstädten ansiedelten.

Kitaj-Gorod ist ein altes Handels- und Kaufmannsviertel, das sich zu einem reizvollen Businessquartier mit vielen Restaurants und Bars entwickelt hat. Bis zum 17. Jh. gab es in Kitaj-Gorod nur Holzgebäude, nach dem großen Brand von 1812 entstanden nach und nach Steinhäuser, die zum Teil bis heute erhalten sind.

Der Kreml !

»Nichts als steile Rampen, Bogenwölbungen, welche die Straßen tragen, auf denen man aus dem jetzigen gemeinen Moskau in den Kreml, in das Moskau der Geschichte, das wunderbare Moskau gelangt«, so beschrieb Astolphe de Custine auf seiner Moskaureise 1839 den Kreml. Seitdem wurde im Kreml weiter Geschichte ge-

Infobox

Reisekarte: ▶ Karte 2, J/K 7/8

Internet
Informationen für den Besuch des Kremls findet man unter www.kremlin.museum.ru.

Übersicht
Der vorgeschlagene Rundgang beginnt am Dreifaltigkeitsturm, wo sich die Kassen zum Kreml und der Eingang befinden (Metrostation Biblioteka im. Lenina, Aleksandrowskij Sad). Er endet an der Metrostation Kitaj-Gorod.

Zeitrahmen
Diesen Rundgang unterteilt man am besten in zwei Etappen: Will man im Kreml alle Kirchen sowie die Rüstkammer besichtigen, dann ist allein dafür ein ganzer Tag erforderlich. Für den Roten Platz und das Viertel Kitaj-Gorod sollte man einen halben Tag einplanen.

Sehenswert

1. Erlöserturm
2. Senatsturm
3. Nikolausturm
4. Arsenalturm
5. Kutafjaturm
6. Dreifaltigkeitsturm
7. Kremlpalast (ehemals Kongresspalast)
8. Arsenal
9. Senat
10. Residenz des Präsidenten der Russischen Föderation
11. Mariä-Himmelfahrts-Kirche
12. Gewandniederlegungskirche
13. Facettenpalast
14. Mariä-Verkündigungs-Kathedrale
15. Erzengelkathedrale
16. Patriarchenpalast
17. Glockenturm
18. Zarenglocke
19. Zarenkanone
20. Großer Kreml-Palast
21. Terem-Palast
22. Staatliche Rüstkammer
23. Alexandergarten
24. Roter Platz
25. Marschall-Schukow-Denkmal

Kreml, Roter Platz und Kitaj-Gorod

- 45 Kirche des Hl. Georg
- 46 Dreifaltigkeits-kirche in Nikitniki

Essen & Trinken
1. Bosco Café
2. Gastronom No. 1
3. Bosco Bar
4. Krasnaja Ploschadj
5. Café Loft
6. Vinoteka Dissident
7. Amsterdam
8. Russkoje Bistro
9. Zebra Square
10. Expedizija

Einkaufen
1. Kaufhaus Nautilus
2. Tretjakowskij passasch
3. Mir Kino
4. Wolkonskij
5. Twins Shop

Aktiv & Kreativ
1. Eislaufbahn

Abends & Nachts
1. Propaganda
2. Kitajskij Ljotschik Dschao Da
3. Sorry, Babuschka
4. Soljanka

- 26 Historisches Museum
- 27 Auferstehungstor
- 28 Lenin-Mausoleum
- 29 Denkmal von Minin und Poscharskij
- 30 Basilius-Kathedrale
- 31 GUM
- 32 Kasaner Kathedrale
- 33 Sajkonospasskij-Kloster
- 34 Alter Druckereihof
- 35 Slawjanskij Basar
- 36 Apotheke
- 37 Epiphaniakloster
- 38 Börse
- 39 Gostinyj dwor
- 40 Kirche der Hl. Barbara
- 41 Alter Englischer Hof
- 42 Kirche des Hl. Maxim
- 43 Palast der Bojaren Romanow
- 44 Kloster zu Mariä Erscheinung

Kreml, Roter Platz und Kitaj-Gorod

> **Infos für den Besuch des Kremls**
> Der Kreml ist Fr–Mi 10–17 Uhr geöffnet. Eintrittskarten kann man von 9.30 bis 16.30 Uhr am Kutafjaturm kaufen. Die Eintrittsgebühr für alle Kirchen beträgt insgesamt 350 RUB. Besteigung des Glockenturms Fr–Mi 10, 11.15, 13.30 und 14.45 Uhr, 350 RUB. Die Rüstkammer ist Fr–Mi um 10, 12, 14.30 und 16.30 Uhr zu besichtigen. Eine Stunde vorher kauft man die Tickets (700 RUB).

schrieben. Der Kreml war immer wieder Schauplatz von Konflikten, Aufständen und Brandschatzungen.

Kremlmauer

Man kann sich dem Kreml auf unterschiedliche Art und Weise nähern. Will man das Ausmaße dieser 43 m über dem Moskwa-Fluss auf dem Borowizki-Hügel gelegenen Festung erfassen, sollte man ihre insgesamt 2235 m lange Mauer umwandern. Den Spaziergang kann man auf dem Roten Platz beginnen. Hier vor dem Lenin-Mausoleum wirkt der Kreml unzugänglich und bedrohlich – zum einen, weil man sofort die Machtdemonstrationen der Sowjetzeit vor Augen hat, zum anderen weil die Architektur an dieser Stelle ihre schöneren Seiten verbirgt.

Die nahezu dreieckige Ziegelsteinmauer des Kremls, die teilweise bis zu 5 m dick und 18 m hoch ist, ließ Iwan III. (1462–1505) von italienischen Architekten bauen. In seiner Regierungszeit wurde die Fremdherrschaft der Mongolen beendet und Moskau entwickelte sich – nicht zuletzt durch Iwans Heirat mit der Nichte des letzten byzantinischen Kaisers – zum ›Dritten Rom‹. Die alte hölzerne Festung genügte Iwans Ansprüchen nicht mehr.

Die Türme

Die Kremlmauer wird von 18 Türmen unterbrochen, die zum Teil zur Ein- und Ausfahrt dienen. Einige der Türme wurden im späten 17. Jh. umgebaut und erweitert. Die Wassergräben sind zwar verschwunden, aber noch immer gibt es Gänge in den Mauern, die von Turm zu Turm führen.

Vom Roten Platz aus gesehen steht links der **Erlöserturm** [1] (Spasskije worota). An seiner Spitze prangt noch immer der rote Stern, den die Sowjets anbrachten. Zur Zarenzeit zogen an der Erlöserikone, die dem Tor seit 1658 religiöse Weihen verlieh, Prozessionen vorbei. Nachdem Lenin Moskau zur Hauptstadt des Sowjetreichs gemacht hatte, wurde der Turm zum offiziellen Einfahrtstor in den Kreml für Staatslimousinen.

Hinter dem Mausoleum sieht man den kleinen **Senatsturm** [2] (Senatskaja baschnja) und links vom Mausoleum den **Nikolausturm** [3] (Nikolskaja baschnja), in dessen Richtung man den Weg fortsetzt. An der Ecke des dreieckigen Kremlgeländes ragt der **Arsenalturm** [4] (Arsenalnaja baschnja) auf. Vorbei am Grabmal des unbekannten Soldaten geht man durch den Alexandergarten (s. S. 132) zum **Kutafjaturm** [5] (Kutafja baschnja). Er wirkt kaum wie ein Turm und ist auch nur die Vorhut für den hoch aufragenden **Dreifaltigkeitsturm** [6] (Troizkaja baschnja), einen Zwilling des Erlöserturms. Hier befindet sich der einzige Eingang für Besucher.

Profanbauten im Kreml

Über eine lange Brücke gelangt man durch den Dreifaltigkeitsturm in das Innere des Kremls und passiert sogleich mit dem Kremlpalast das hässlichste Bauwerk der Anlage.

Der Kreml

Kremlpalast 7
Den Kremlpalast (Kremljowskij dworez), ehemals Kongresspalast, ließ Chruschtschow, der auch für andere Architekturschandtaten in der Stadt verantwortlich ist, drei Jahre vor seinem Sturz (1964) errichten. Immerhin baute man fünf Stockwerke unterirdisch, um die anderen Kremlgebäude optisch nicht zu erdrücken. Auf den Stilbruch angesprochen, antwortete Chruschtschow dem amerikanischen Journalisten Henry Shapiro: »Der Kreml ist ein Museum verschiedener Perioden, und der Kongresspalast ist der Beitrag unserer Zeit. Kommende Generationen werden das würdigen.« Errichtet wurde das Bauwerk, das für Kongresse, Festivals, Empfänge, Theatervorführungen und Konzerte genutzt wird, aus Glas, Beton, Marmor und Aluminium.

Arsenal 8
Gegenüber vom Kongresspalast liegt das Arsenal. Peter der Große gab es zu Beginn des Nordischen Krieges 1700 in Auftrag. Doch nachdem er seine neue Hauptstadt St. Petersburg im Newa-Delta angesiedelt hatte, durfte kein Stein mehr in Moskau verbaut werden. Erst 1736 konnte das Arsenal fertiggestellt werden. Während der napoleonischen Kriege sprengten die Moskauer 1812 die Waffenkammer. Der heutige klassizistische Bau wurde im Jahr 1828 vollendet. Während der Oktoberrevolution fanden hier Kämpfe statt: Die Rotarmisten schafften es, das Arsenal zu besetzen, und kamen der Macht so ein Stück näher.

Senat 9
Neben dem Arsenal – nur durch eine kleine Parkanalage getrennt – breitet sich das Gebäude des ehemaligen Senats (Sdanije Senata) aus, gut erkennbar auch vom Roten Platz an der Kuppel und der weiß-blau-roten russischen Fahne, die auf der Spitze weht. Katharina die Große ließ den klassizistischen Bau Ende des 18. Jh. von Matwej Kasakow errichten. Als die Sowjets die Macht übernahmen, bezog Lenin hier vier Räume, und auch die Büros des Ministerrats der UdSSR befanden sich hier. Heute residiert in dem prachtvollen Gebäude der russische Präsident. Beeindruckend ist die Rotunde mit dem Katharinensaal, einer der schönsten Kuppelbauten Russlands.

Residenz des Präsidenten der Russischen Föderation 10
Daneben thront, ein Relikt der Sowjetzeit aus den 1930er-Jahren, ein neoklassizistischer Monumentalbau, in dem der Oberste Sowjet tagte und heute die Präsidialverwaltung untergebracht ist. Die Sowjets haben für diesen Bau das alte Tschudow-Kloster (Kloster der Wunder) und das Himmelfahrtskloster abgerissen, Schauplätze in Puschkins Drama »Boris Godunow«. 1993 fand hier – nach der Auflösung der Sowjetunion – die letzte Sitzung statt. Die Tribünen wurden abgebaut, das Gebäude wird restauriert.

Kathedralenplatz

Hat man die Fronten der Profanbauten abgeschritten, so wendet man sich nach rechts und stößt zum Herzstück des Kremls vor, dem Kathedralenplatz (Sobornaja ploschadj), über den schon Michail Lermontow ins Schwärmen geriet: »Was gibt es Erhabeneres als diese auf einem Platz dicht zusammenstehenden dunklen Tempel!« Ende des 15. Jh., als das Großfürstentum Moskau die russischen Lande zu einem Staat vereinigte, setzte Iwan III. nicht nur mit der Festungsmauer neue Ak-

Kreml, Roter Platz und Kitaj-Gorod

zente, auch im Zentrum begannen Umbau und Erweiterung.

Mariä-Himmelfahrts-Kirche 11

Die älteste Kathedrale des Ensembles ist die Mariä-Himmelfahrts-Kirche (Uspenskij sobor, Успенский собор), die 1475–79 von dem italienischen Architekten Aristotele Fioravanti nach dem Vorbild der gleichnamigen Kirche von Wladimir erbaut wurde. Das Gebäude aus weißem Stein strahlt mit seinen fünf goldenen Kuppeln majestätische Ruhe aus und ist eine gelungene Mischung aus altrussischer Baukunst und italienischer Renaissance.

Eine besondere Atmosphäre vermittelt der Innenraum: Das Gewölbe wird von hohen runden Säulen getragen, die Wände sind mit Fresken bemalt. Hier wurden Zaren gekrönt und Kirchenfürsten beigesetzt, die Kirche beherbergt die Ikone des Hl. Georg aus dem 12. Jh. und den Monomach-Thron, den Betstuhl Iwans des Schrecklichen. Das dem Platz zugewandte Südportal wurde mit biblischen Motiven verziert. Vor dieser Kathedrale lässt Puschkin eine der wichtigsten Szenen in »Boris Godunow« spielen: Der Zar verlässt die Kirche, ein Narr ruft ihm törichte Worte zu, die Wachen wollen den Narren ergreifen, doch Godunow lässt es nicht zu, da das Volk gegen ihn einnehmen würde – ›Narrenfreiheit‹ auch in Russland. Das nahmen die Sowjets wörtlich und ließen die Kathedrale – wie so viele in der Stadt – 1918 schließen. Erst 1989 wurde sie der Kirche zurückgegeben.

Gewandniederlegungskirche 12

Im Schatten der Mariä-Himmelfahrts-Kirche duckt sich die Gewandniederlegungskirche (Zerkow Rispoloschenija) mit nur einer Kuppel. Die Hauskapelle der Metropoliten wurde 1484 erbaut und besticht durch helle, leichte Fresken, die sich an den Fresken der Mariä-Himmelfahrts-Kirche orientieren. Zudem gibt es hier eine Sammlung hölzerner Heiligenfiguren, die man an Wegkreuzungen und Fluren aufstellte, um den Teufel zu verwirren.

Facettenpalast 13

Der Facettenpalast (Granowitaja palata) wurde 1491 von den italienischen Architekten Pietro Antonio Solario und Marco Ruffo im Stil der italienischen Frührenaissance errichtet. In dem 500 m² großen Saal, dessen Kreuzgewölbe nur von einer einzigen Säule getragen wird, tagte die Zarenduma zu Zeiten Godunows, später wurden hier ausländische Gäste empfangen – daran hat sich bis heute nichts geändert. Doch der Facettenpalast hat auch eine entscheidende Rolle in der Geschichte Russlands gespielt: 1682 ermordeten aufständische Strelitzen Mitglieder der Zarenfamilie – Peter der Große musste das mitansehen. Es prägte seine Hassliebe zu Moskau und war ein Grund für seine Hinwendung zum ›Westen‹, d.h. zum Bau von St. Petersburg als neuer Hauptstadt. Der Facettenpalast ist für die Öffentlichkeit nicht zugänglich.

Mariä-Verkündigungs-Kathedrale 14

Neben dem Facettenpalast steht die kleine Mariä-Verkündigungs-Kathedrale (Blagoweschtschenskij sobor), die Hauskirche der russischen Großfürsten. Hier wurden ihre Trauungen und Taufen zelebriert, während die Zarenfamilie auf der Empore weilte. Der mit neun goldenen Kuppeln gekrönte Bau wurde von russischen Architekten 1482–90 als Hofkirche vollendet und von den Zaren liebevoll ›Goldspitze‹ genannt. Die letzten drei Kuppeln wurden erst nach einem Brand Mitte des 16. Jh. hinzugefügt. Unter Iwan

Der Kreml

Gebirge aus goldglänzenden Zwiebeltürmen: die Kirchen am Kathedralenplatz

dem Schrecklichen wurde Kasan am neunten Tag erobert, fortan galt die Neun als Zahl des Sieges. Bemerkenswert sind der Boden, der im 16. Jh. mit roten Jaspisfliesen versehen wurde, sowie Fresken mit Darstellungen aus dem Alten Testament und vor allem die Ikonostase mit Werken von Andrej Rubljow, Theophanes dem Griechen und Prochor von Gorodez – eine der schönsten Ikonostasen in Russland.

Erzengelkathedrale 15

Gegenüber, am Rand des Kremlhügels, erhebt sich die Erzengel-Kathedrale (Archangelskij sobor), deren Bau der Italiener Alevisio Nuovi 1509 vollendete. Der aus Venedig stammende Architekt entwarf die Kirche zwar im traditionellen russischen Stil als Kreuzkuppelkirche mit fünf Kuppeln, doch die Außenfassade wurde mit Motiven der venezianischen Renaissance versehen: Blüten, Fabeltiere, Vasen und Kandelaber schmücken die Portale. Während die Kirche von außen Großzügigkeit zeigt, empfängt den Besucher im Innenraum ein Tonnengewölbe, das eine bedrückende Enge ausstrahlt. Doch diese düstere Atmosphäre entspricht dem Zweck des Gebäudes: In der Kathedrale befinden sich seit Iwan Kalita die Gräber aller Großfürsten und Zaren, bis Peter der Große mit dieser Tradition brach. Leider sind die ursprünglichen Fresken weitgehend hinter Mauerputz durch Umbauten im 17. und 18. Jh. verschwunden. An den Nord- und Südwänden werden die Heldentaten des

Kreml, Roter Platz und Kitaj-Gorod

Erzengels Michael dargestellt, der mit erhobenem Schwert die feindlichen Tatarenheere zurückdrängt.

Alle Zaren und Großfürsten, die in der Kathedrale ihre letzte Ruhestätte fanden, sind an den unteren Abschnitten der Wand porträtiert. Bevor die Herrscher in die Schlacht zogen, baten sie im Gotteshaus den Erzengel Michael um Beistand. Eine Ikone ist den Wundertaten des Erzengels gewidmet.

Patriarchenpalast 16

Schon im 14. Jh. erhielten die Metropoliten Platz für den Bau ihres Hofes innerhalb des Kremls. An dieser Stelle wurde nach einigen Vorgängerbauten 1656 der Patriarchenpalast (Patriarschij dworez) errichtet. Patriarch Nikon ließ ihn nach erfolgreichem Kampf gegen die Kirchenspaltung bauen.

Den größten Raum nimmt das Kreuzgemach ein, in dem Kirchenversammlungen stattfanden und Empfänge abgehalten wurden. Das Besondere ist, dass es keine Stützen gibt, die das Gewölbe des fast 300 m² großen Raumes halten. Die Gemächer des Patriarchen befanden sich eine Etage höher. Schon bald nach der Fertigstellung verlor der Bau seine Bedeutung, da Peter der Große mit dem Umzug der Hauptstadt auch das Patriarchat abschaffte und den Heiligen Synod in Petersburg einrichtete. Heute zeigt hier ein Museum Kunsthandwerk des 17. Jh., u. a. Utensilien der Zaren und Kirchenfürsten. Im obersten Stock befindet sich die **Zwölf-Apostel-Kathedrale** (Sobor dwenadzati apostolow), die Hauskirche der Patriarchen.

Glockenturm 17

Die Runde um den Kathedralenplatz schließt sich fast. Man steht nun vor dem 81 m hohen Glockenturm Iwan der Große (Kolokolnja Iwana Welikowo). Von Iwan Kalita wurde hier bereits 1329 der Grundstein für eine Kirche gelegt, unter Iwan III. entstand der achteckige Grundriss mit drei Geschossen. Erst Boris Godunow ließ das Bauwerk 1600 in seiner heutigen Form vollenden und die Inschrift unterhalb der goldenen Kuppel anbringen: »Auf Wunsch der Heiligen Dreieinigkeit und auf Wunsch des Zaren und Großfürsten von ganz Russland Boris Fjodorowitsch und seines Sohnes, des wohlgeborenen Zarewitsch und Großfürsten von ganz Russland, Fjodor Borissowitsch, ist das Gotteshaus vollendet und vergoldet worden im Sommer ihrer Herrschaft 108 (1600).«

Zu Zarenzeiten durfte fortan kein Bau in Moskau höher sein als der Turm. Bis zur Revolution konnte man den Turm besteigen. Nach jahrelanger Renovierung ist das nun wieder möglich. 137 Stufen führen ins Paradies, denn der Blick von oben ist einmalig!

Zarenglocke 18

Zu Füßen des Turms beeindruckt die Zar Kolokol, die ›Königin der Glocken‹, die größte Glocke der Welt. Doch die Legende besagt: Sie hat niemals geläutet, denn während eines Brandes stürzte sie aus ihrem Holzgerüst in einen Wassergraben. Die schnelle Abkühlung verursachte Risse und ein 11 Tonnen schweres Stück splitterte ab. Das geschah Anfang des 18. Jh.; etwa hundert Jahre – bis 1836 – lag sie unter der Erde. Dann hob man die 200 Tonnen schwere Glocke auf einen Sockel.

Zarenkanone 19

Eine ähnliche Geschichte erlebte die Zar Puschka, die Zarenkanone, die am Eingang zum Kathedralenplatz steht. 1586 wurde die 40 Tonnen schwere Kanone mit dem 890-mm-Kaliber von Andrej Tschochow gegossen. Auch sie kam nie zum Einsatz. Doch dafür ging sie in die Literaturgeschichte ein: In

Der Kreml

Leo Tolstojs Roman »Krieg und Frieden« wird Pjotr, der jüngste Sohn der Rostows, auf die Kanone gehoben, um in der neugierigen Menge besser sehen zu können, wie Alexander I. die Mariä-Himmelfahrts-Kirche zu einem Gottesdienst betritt.

Großer Kreml-Palast [20]
Die Hauptfront des Großen Kreml-Palastes (Bolschoj Kremljowskij dworez) ist der Moskwa zugewandt. Der heutige Palast entstand Mitte des 19. Jh. an der höchsten Stelle des Kremls. Konstantin Thon schuf ihn im pseudorussischen Stil. Eklektisch ist auch die Innenarchitektur des Baus, in dem die privaten Zarengemächer untergebracht waren. Lange waren die Räume im Palast nicht zu besichtigen, heute ist dies möglich. Im kleineren Katharinensaal unterzeichneten Willy Brandt und Ministerpräsident Kossygin 1970 den Deutsch-sowjetischen Vertrag. Zwei Jahre später kam es im Wladimirsaal zur Unterzeichnung eines amerikanisch-sowjetischen Vertrages. Im 1250 m² großen Georgssaal wurde 1945 der Sieg über das faschistische Deutschland gefeiert und später Jurij Gagarin, der erste Mensch im Weltraum, geehrt. Seine Tochter Elena Gagarina ist heute Direktorin des Kreml-Museums.

Terem-Palast [21]
Hinter dem Großen Kreml-Palast liegt fast versteckt – nur die goldenen Kuppeln schauen hervor – der Terem-Palast (Teremnoj dworez), der alle anderen Paläste an Schönheit übertrifft. Russische Baumeister schufen ihn 1635/36. Das ›Märchenschloss‹ des Kremls oder ›Turmhäuschen‹ (russ. *teremok*), in dem im 17. und 18. Jh. die Zaren lebten, ist heute nur mit einer Sondergenehmigung zu besichtigen.

Eine kurze vergoldete Treppe führt in die Zarengemächer, die lebhaft im altrussischen Stil ausgestattet sind. Durch eine reich verzierte Bogentür betritt man die Vorhalle, deren Deckengewölbe mit riesigen blauen Schmetterlingen geschmückt ist und zu beiden Seiten von zwei Kachelöfen dominiert wird. Im dahinter liegenden Kreuzgemach versammelten sich die Bojaren, um auf das Erscheinen des Zaren zu warten. Hier wurden auch Gottesdienste abgehalten.

Das Arbeitszimmer, in dem der Zar die meiste Zeit des Tages verbrachte, ist ganz in Rot und Gold gehalten, zwei goldene Löwen bewachen den Thron und ein runder Kachelofen strahlt Gemütlichkeit aus. Dahinter liegt das Schlafgemach, wo ein mit barocken Schnitzereien versehenes Baldachinbett steht.

Staatliche Rüstkammer [22]
Kurz vor dem Borowizki-Turm (Borowizkije worota), benannt nach dem Wald an der Mündung der Neglinnaja in die Moskwa, liegt die Rüstkammer (Oruschejnaja palata, Оружейная палата), die ›Schatzkiste‹ des Kremls und eine der größten Schatzkammern der Welt. Das Gebäude wurde ebenfalls von Konstantin Thon im pseudorussischen Stil (1844–51) errichtet.

Die Rüstkammer bildet den Höhepunkt jeder Kreml-Besichtigung, Kostbarkeiten aus über 500 Jahren wurden hier zusammengetragen. Schon Iwan der Schreckliche schrieb 1567 an die englische Königin Elisabeth: »Wir haben unsere Kaufleute Stepan Twerdikow und Fedot Pogorelow nach Deinen Landen entsandt, dass sie dort Saphire und Rubine für unseren Schatz erwerben.« Zuerst wurde in der Rüstkammer der persönliche Schatz der Moskauer Großfürsten aufbewahrt, dann war sie staatliche Schatzkammer. Im 16. und 17. Jh. wurden ihr spezielle Werkstätten angegliedert, die

Lieblingsort

Lenins Mausoleum im Blick – Terrasse des Bosco Cafés

Schöner als von der Terrasse des **Bosco Cafés** 1 kann man den Roten Platz nicht genießen: Bei einem Cappuccino, Espresso oder Latte Macchiato sitzt man draußen vor dem historischen Kaufhaus GUM mit Blick auf den Kreml und Lenins Mausoleum. Die Küche ist italienisch leicht, doch besonders verführerisch ist das Sortiment an kleinen Törtchen (Krasnaja pl. 3, im GUM, Tel. 929 31 82, www.bosco.ru/restoration/bosco_cafe/, tgl. 10–23 Uhr, Metro: Kitaj-Gorod/Teatralnaja).

Gebrauchsgegenstände für die Zarenfamilie herstellten sowie kostbare Geschenke. Auch Geschenke aus dem Ausland wurden in der Rüstkammer verwahrt.

Heute bekommt man hier einen Überblick über den unermesslichen Reichtum und die Verschwendungssucht der Zaren. Neben Fabergé-Eiern kann man Juwelen und Krönungsinsignien, Ikonen und Handschriften, Waffen und Rüstungen, Gewänder und Staatskarossen, Uhren und Porzellan besichtigen. In der Rüstkammer befindet sich auch der Diamantenfonds (Almasnyj fond), der 1967 erstmals für Besucher öffnete. Hier sind besonders wertvolle Unikate des Juwelierhandwerks und einzelne Diamanten, Edelsteine und Goldklumpen ausgestellt. Highlights sind der Orlow-Diamant, der aus einem indischen Tempel stammt und den Katharina die Große von ihrem Geliebten Graf Orlow zum Geschenk erhielt, und der Schah-Diamant, den Zar Nikolaus I. 1829 aus Persien geschenkt bekam.

Jenseits der Kremlmauern

Westlich des Kremls

Alexandergarten 23

Wo sich heute an der westlichen Kremlmauer der Alexandergarten (Alexandrowskij sad) erstreckt, floss einst das Flüsschen Neglinnaja, das in einen unterirdischen Kanal gelenkt wurde, als man unter Zar Alexander I. 1822 den Alexandergarten anlegte. Ursprünglich befand sich hier der Apothekergarten Iwans IV. Am **Grabmal des unbekannten Soldaten** (Mogila neiswestnowo soldata) brennt ein ewiges Feuer, daneben liegen Gedenkblöcke aus rotem Porphyr. Zum 25. Jahrestag des Sieges über das faschistische Deutschland wurde das Denkmal errichtet. Auch heute noch pilgern die Hochzeitspaare hierher und lassen sich vor der ewigen Flamme fotografieren.

Roter Platz ! 24

Durch eines der Tore in der Kremlmauer öffnet sich der Rote Platz (Красная площадь) in seiner ganzen Weite. Bis zum Ende des 15. Jh. war er mit kleinen Holzhäuschen bebaut, die bis an die Kremlmauern heranreichten. Nach einem Brand (1493) befahl Iwan III., eine Schutzzone vor dem Kreml zu schaffen, der unter seiner Herrschaft (1462–1505) um- und ausgebaut wurde. So entwickelte sich der Platz zum Marktflecken. Seinen heutigen Namen bekam er erst im 17. Jh.: Krasnaja ploschadj. Die Übersetzung von *krasnaja* mit ›rot‹ ist nur eine Deutung, denn im Altrussischen bedeutet dieses Wort auch ›schön‹.

Über Jahrhunderte war der Platz Moskaus historische Schaubühne. Die Moskauer drängten sich hier nicht nur, um zu kaufen, sondern auch, um zu feiern. Alle Osterprozessionen führten vom Kathedralenplatz durch den Erlöserturm auf den Roten Platz. Hier wurden neue Gesetze verkündet, Peter der Große ließ den Strelitzen hier die Köpfe abschlagen, der ›falsche Dmitrij‹ wurde 1605 erst jubelnd begrüßt, ein Jahr später wurde dem Volk seine Leiche präsentiert. Stenka Rasin, der die Bauern in den Aufstand geführt hatte, wurde auf dem Platz geviertteilt. Die Sowjets feierten mit Militärdemonstrationen die Revolution, den 1. Mai, den ›Tag des Sieges‹ (9. Mai), und auch die neue demokratische Bewegung machte den Platz zur politi-

Jenseits der Kremlmauern

Typisch für den Roten Platz: von Matrjoschkas überbordende Souvenirstände

schen Bühne. Gefeiert wird hier immer noch: Konzerte finden an Feiertagen statt und in der Silvesternacht tanzen die Moskauer in das neue Jahr, Champagnerkorken und Feuerwerke knallen. Im Winter verwandelt sich ein Teil des Platzes vor dem GUM in eine künstliche Eisbahn mit Musik (s. S. 146). Schlittschuhe können ausgeliehen werden.

Marschall-Schukow-Denkmal 25
Vor dem dunkelroten Backsteinbau des Historischen Museums thront hoch

Kreml, Roter Platz und Kitaj-Gorod

Minin-und-Poscharskij-Denkmal vor der Basilius-Kathedrale

zu Pferd Marschall Schukow, der Held von Berlin, denn er eroberte die Stadt 1945 und nahm für die Sowjetunion die Kapitulation der Deutschen entgegen. Das Denkmal wurde erst 50 Jahre nach Kriegsende errichtet (s. a. S. 85).

Historisches Museum 26
www.shm.ru, Mi–Mo 10–18 Uhr, 1. Mo im Monat geschl.
Ende des 19. Jh. wurde das Historische Museum (Istoritscheskij musej, Исторический музей) im neorussischen Baustil mit diversen Türmchen, Spitzen und Zinnen aus rotem Backstein erbaut. Hier kann man die Geschichte Russlands von den Anfängen bis zur Gegenwart in fast 50 Sälen studieren. Etwa 4,5 Mio. Exponate nennt das Museum sein Eigen, darunter archäologische Funde, und zahlreiche Objekte und Dokumente zur Geschichte der Völker der ehemaligen Sowjetunion. Zudem finden interessante Wechselausstellungen statt.

Auferstehungstor 27
»An dem Tore, das zwischen der ehemaligen Duma und dem Historischen Museum am Eingang des Moskauer Roten Platzes erbaut ist, klebt zwischen beiden Torbogen die kleine Kapelle der wundertätigen Iberischen Mutter Gottes. Sie bildet das Ziel aller Pilger, aber auch der meisten profanen Besucher Moskaus…«, schrieb 1920 der Schriftsteller Arthur Holitscher bei seinem Moskaubesuch. Die Rede ist von dem Auferstehungstor (Woskresenskije worota). Etwas mehr als ein Jahrzehnt nach Holitschers Besuch in Moskau klaffte an der Stelle, wo das Tor mit der Kapelle gestanden hatte, eine architektonische Wunde: Das

Jenseits der Kremlmauern

1535–38 erbaute Tor war geschleift worden, um Platz für Militärparaden und Zeremonien zu schaffen. 1995 errichtete man es jedoch nach alten Vorlagen neu. Über den beiden Durchfahrten erheben sich zwei grüne Zeltdachtürme. Dazwischen befindet sich nun wieder die kleine **Kapelle zur Iberischen Muttergottes**. Angeblich machte ein Moskauer früher keine Reise, ohne zuvor vor der Ikone in der Kapelle gebetet zu haben. Vor dem Tor ist eine Bronzeplatte in den Boden eingelassen: ›Kilometer Null‹. Hier liegt der Ausgangspunkt aller russischen Fernstraßen. Wer sich mit dem Gesicht zum Auferstehungstor auf die Platte stellt und eine Münze über die Schulter nach hinten wirft, kann sich etwas wünschen – es wird ganz sicher in Erfüllung gehen.

Lenin-Mausoleum [28]
Di–Do, Sa, So 10–13 Uhr
Im Westen wird der Rote Platz von der Kremlmauer begrenzt, zu deren Füßen sich das Lenin-Mausoleum (Mawsolej Lenina) duckt. Als Lenin im Januar 1924 starb, wurde sein Körper einbalsamiert und zunächst provisorisch verwahrt, bis der Architekt Alexej Schussew 1930 den strengen Bau aus schwarzem Labradorstein und rotem Porphyr – eine Kombination aus historischen und avantgardistischen Elementen – errichtet hatte. Nach Stalins Tod 1953 lag der Diktator einige Jahre neben Lenin, bis Chruschtschow ihn 1961 an die Kremlmauer verbannte.

Zu Sowjetzeiten standen die Menschen in endlos langen Schlangen an, um den Gründer der Sowjetunion zu besichtigen. Durch Gorbatschows Perestroika wurde bekannt, dass unter dem Roten Platz ein unterirdisches Forschungslabor ständig mit der Konservierung von Lenins Leichnam beschäftigt war, und es entbrannten Diskussionen, ob man ihn nicht endlich beerdigen solle. In letzter Zeit gibt es Überlegungen, das Mausoleum abzuschaffen, aber noch kann Lenin in seinem gläsernen Sarg besichtigt werden. Dazu muss man sich zwischen Kremlmauer und Historischem Museum anstellen. Man darf keine Kamera mitnehmen, diese muss zuvor links in einem Seiteneingang des Historischen Museums abgegeben werden. Im Mausoleum selbst darf nicht gesprochen werden und man darf nicht stehenbleiben.

Hinter dem Mausoleum befinden sich an der Kremlmauer die Gräber anderer Revolutionäre und späterer Sowjetführer.

Minin-und-Poscharskij-Denkmal und Richtplatz
Vor der Basilius-Kathedrale steht auf einem Postament das **Denkmal von Minin und Poscharskij** [29] (Pamjatnik Mininu i Poscharskomu). Der Bürger Minin stellte ein Heer gegen die polnischen Besetzer auf und Fürst Poscharskij übernahm die Führung. Erfolgreich schlugen sie 1612 die Polen zurück. Errichtet wurde das Denkmal erst im Jahr 1818.

Auf dem **Richtplatz** (Lobnoje mesto) vor dem Denkmal wandten sich die Zaren bis zur Zeit Peters des Großen ans Volk, hier wurden Gesetze verkündet, aber hier fanden auch Hinrichtungen statt. Eigentlich heißt der Platz Schädelplatz – Lobnoje mesto –, denn der Legende nach stieß man hier beim Graben auf unzählige Menschenschädel.

Basilius-Kathedrale [30]
Tgl. Mi–Mo 11–18 Uhr, im Winter bis 16 Uhr
Gegenüber vom Auferstehungstor erhebt sich mächtig und märchenhaft die Basilius-Kathedrale (Chram Wassilija Blaschennowo, Храм Василия Бла-

Kreml, Roter Platz und Kitaj-Gorod

женного), Moskaus Wahrzeichen. Egon Erwin Kisch war auf seiner Russlandreise sehr beeindruckt von dem Meisterwerk: »... am Roten Platz steckt eine buntgewürfelte Gesellschaft von beturbanten Emiren, Scheichs und Großwesiren die Köpfe zusammen und flüstert sich, o heiliger Basilius!, pikante Geheimnisse aus dem Harem zu – jemand erhob feierlich seinen Becher und der Becher ward zum Kirchturm.«

Iwan der Schreckliche gab die Kirche 1553 in Auftrag zum Dank für den Sieg über die ›Goldene Horde‹, die Tataren, in Kasan. Die Baumeister Barma und Postnik – so die Legende – ließ er später blenden, damit sie nie wieder so ein schönes Kunstwerk errichten würden. Doch zu seiner Zeit war der Bau noch wesentlich schlichter und strenger. Die orientalische Opulenz, von der Kisch und Holitscher schwärmen, erhielt die Kathedrale erst im 17. Jh. Aus dieser Zeit stammt auch der Glockenturm mit Zeltdach im Osten der Kathedrale.

Auch wenn es nicht so scheint, der Grundriss ist geometrisch: Im Zentrum steht eine Turmkirche und um sie herum gruppieren sich vier kleine Kapellen als selbständige Bauten an den Endpunkten eines imaginären Kreuzes. In den vier Winkeln des Kreuzes erheben sich vier weitere Kapellen. Neun Kuppeln erinnerten an den neunten Tag, an dem die Tataren besiegt und Kasan eingenommen wurde. 1588 wurde in der Nordostecke der Kirche eine zehnte Kapelle errichtet. Sie ist dem Hl. Basilius gewidmet. Von ihm erhielt die Kirche ihren Namen. Er galt als heiliger Narr und erfreute sich großer Beliebtheit bei den Moskauer Frauen: Ein Gebet in seinem Namen konnte unerwünschte Schwangerschaften verhindern, so glaubte man. Das Innere der Kathedrale lohnt nicht unbedingt den Besuch, da gibt es schönere Kirchenräume in der Stadt.

GUM ! 31

www.gum.ru, tgl. 10–22 Uhr

Das schönste Kaufhaus Moskaus, das GUM (ГУМ) erstreckt sich auf einer Länge von 250 m am Roten Platz. Die früheren Oberen Handelsreihen wurden 1894 von Alexander Pomeranzew im pseudorussischen Stil fertig gestellt. In drei parallelen Ladenpassagen auf zwei Etagen unter Glasgewölben kann man hier bei jedem Wetter einkaufen. Egon Erwin Kisch beschrieb die Handelsreihen in seinen Reisereportagen der 1920er-Jahre: »Sechshundert Jahre

Jenseits der Kremlmauern

lang herrschten in dem Stadtteil, den der chinesische Wall umgibt, die Handelsleute absolutistisch, wie im Nachbarbezirk die Bojaren herrschten und der Zar. Gegenüber dem größten Kremlpalast hatte die Kaufmannschaft den ihren erbaut: auf der anderen Seite des Roten Platzes, mehr als einen Viertelkilometer lang und fast hundert Meter breit, stehen die Handelsreihen, ein dreistöckiger Sandsteinbau mit glasgedeckten Gängen und Brücken, mit tausend Geschäften, Detail und Engros, Restaurants und Teestuben ...«

Die Architektur ist geblieben, nur die Läden, die in die Handelsreihen eingezogen sind, sind heute andere. Seit Anfang der 1990er-Jahre ist das GUM eine Aktiengesellschaft. GUM, das heißt heute Glawnyj Uniwersalnyj Magasin (Hauptkaufhaus). Die neue Freiheit zog nicht nur westliche Aktionäre an – die Hälfte der GUM-Aktien sind in ausländischen Händen –, sondern auch westliche Firmen, von Edeldesignern wie Burberry, Max Mara, Hermès bis zu Billiglabels wie Zara. Aber auch kleine Cafés, in denen man

Kaufhaus mit Charakter: Auch wer nichts kaufen will, hält sich gern im GUM auf

Kreml, Roter Platz und Kitaj-Gorod

Tee trinken oder ein Eis essen kann, findet man hier sowie **Gastronom No. 1** 2, den bekannten Edelimbiss mit angeschlossenem Laden (s. S. 35).

Kasaner Kathedrale 32
Tgl. 8–19 Uhr
Schräg gegenüber dem nördlichen Ausgang des Kaufhauses erhebt sich die Kasaner Kathedrale (Kasanskij sobor) an der Ecke zur Nikolskaja uliza. Jenem Fürsten Poscharskij zu Ehren, der die Polen so erfolgreich vertrieb, wurde diese Kirche 1625 erbaut. Sie diente als Aufbewahrungsort der Ikone der Gottesmutter von Kasan, die Poscharskij bei seinem Feldzug mit sich führte. In den 1930er-Jahren fiel auch diese Kirche Stalins Abrisswut zum Opfer. Doch seit 1993 steht sie in neuer alter Pracht wieder an ihrem Platz.

Kitaj-Gorod

An der Nikolskaja uliza beginnt Moskaus altes Handelsviertel. Dank der begünstigten Lage in Moskwa-Nähe gewann dieser Teil der Stadt schon früh Bedeutung als Handelsplatz: Bereits Ende des 12. Jh. siedelten sich hier Händler und Kaufleute an, die den Zarenhof belieferten.

Über die Entstehung des Namens Kitaj-Gorod wurde viel gerätselt: *Kitaj* heißt übersetzt ›Chinese‹ und *gorod* ›Stadt‹, sodass Kitaj-Gorod gern als ›Chinesenstadt‹ gedeutet wurde. Doch so einfach ist es nicht, denn es gibt noch weitere Wörter, auf die ›Kitaj-Gorod‹ zurückgehen könnte: So bedeutet *kita* Strick und verweist vielleicht auf die Stricke, mit denen die Waren in dem alten Moskauer Handelsviertel zusammengebunden wurden. Eine andere Deutung des Namens geht auf ein turko-tatarisches Wort zurück: *Kit* bedeutet ›befestigen‹, sodass Kitaj-Gorod mit ›Befestigte Stadt‹ übersetzt werden könnte. Tatsächlich hatte man zwischen 1535 und 1538 um Kitaj-Gorod eine Stadtmauer mit sieben Toren errichtet. Teile davon sind noch am Kitajgorodskij projesd und am Teatralnyj projesd (neben dem Hotel Metropol) erhalten.

Um die Wende zum 20. Jh. entwickelte sich Kitaj-Gorod zu einem Banken-, Geschäfts- und Regierungsviertel. Wie in westeuropäischen Citys ist es hier tagsüber belebt und abends wie ausgestorben, denn Wohnungen gibt es in dem Viertel nicht.

Nikolskaja-Straße

Der Weg vom Kreml in die frühere russische Hauptstadt Wladimir führte einst durch die Nikolskaja uliza. Sie entwickelte sich zu einer der lebendigsten Geschäftsstraßen des alten Moskau. Hier siedelten die Lieferanten des Zarenhofs und fast jedes Haus schrieb hier Geschichte. Heute wirkt die Straße ein wenig chaotisch: Sie ist den Fußgängern vorbehalten, lädt aber nicht wirklich zum Schlendern oder gar Verweilen ein, da sie von Imbissbuden und Billigshops gesäumt ist.

Sajkonospasskij-Kloster 33
Im Innenhof von Haus Nr. 7 finden sich Reste des Sajkonospasskij-Klosters (Saikonospasskij monastyr), das Boris Godunow gründete und Peter der Große erweiterte. Vom 17. bis ins 19. Jh. hinein befand sich hier die erste höhere Lehranstalt Russlands, die Slawisch-Griechisch-Lateinische Akademie, an der auch der spätere Mitgründer der Moskauer Universität, Michail Lomonossow, studierte. Heute ist in dem Gebäude das Staatliche Moskauer Institut für Geschichtsdokumente untergebracht, die kleine Kirche des Klosters im Innenhof kann besichtigt werden.

Kitaj-Gorod

Alter Druckereihof 34
Nur ein paar Häuser weiter fällt ein blau-weißes, reich verziertes Gebäude im neogotischen Stil auf, der Alte Druckereihof (Petschatnyj dwor). Über dem Eingang hängt eine Sonnenuhr, über der ein Löwe und ein Einhorn abgebildet sind. Schon 1563 befahl Iwan der Schreckliche, einen Staatlichen Druckereihof zu bauen, die erste russische Druckerei. Hier druckte Iwan Fjodorow das erste russische Buch, eine Apostelgeschichte. Danach war hier die Synodal-Druckerei untergebracht. 1703 wurde in dem Haus die erste russische Zeitung, »Wedomosti«, gedruckt. Heute kann man hier im Historischen Archiv stöbern. Der jetzige Bau wurde allerdings erst 1814 nach dem großen Brand errichtet, lediglich im Hof finden sich noch Gebäudereste des alten Druckereihofs.

Ehemaliges Restaurant Slawjanskij Basar 35
Im Nebengebäude, Ende des 18. Jh. errichtet und hundert Jahre später grundlegend umgebaut, befand sich früher ein legendäres Restaurant, und ganz Moskau wartet darauf, dass es endlich wieder zu neuem Leben erwacht: Der Slawjanskij Basar, in dem sich vor hundert Jahren alle Größen der russischen Kultur einfanden: Der Komponist Tschaikowskij, der Sänger Fjodor Schaljapin und auch Anton Tschechow pflegten hier zu speisen. Letzterer ließ seine »Dame mit dem Hündchen« hier im Hotel ihren Geliebten Gurow treffen. Nach einem Brand im Jahr 1993 wurde das Restaurant geschlossen.

Tretjakowskij projesd
Nebenan führt der Tretjakowskij projesd, benannt nach den Brüdern Pawel und Sergej Tretjakow, die die Passage 1871 anlegen ließen, zum Theaterplatz, wo man noch Reste der alten Stadtmauer von Kitaj-Gorod sehen kann. Wie heute war hier damals eine Einkaufspassage für edle Waren (s. S. 42).

Das Haus Nr. 21, 1899 erbaut, beherbergt die älteste **Apotheke** 36 Moskaus. Sie gehörte vor der Revolution dem Deutschen Karl Verein und trägt noch heute seinen Namen.

Kaufhaus Nautilus 1
Die Nikolskaja uliza führt zum Lubjanka-Platz. Das letzte Haus auf der linken Seite repräsentiert das neue Russland: Das postmoderne Kaufhaus Nautilus beherbergt ausschließlich Edel-Designer-Shops. Gegenüber liegt das mehr berüchtigte als berühmte Gebäude der Lubjanka (s. S. 182).

Epiphaniakloster 37
Bogojawlenskij per. 2/4, tgl. 8–20 Uhr
In dem kleinen Bogojawlenskij pereulok erhebt sich die Kathedrale des Epiphaniaklosters (Bogojawlenskij monastyr), das Ende des 13. Jh. gegründet wurde. Es war eines der äl- ▷ S. 143

Mein Tipp

Vitamine in luftigen Höhen
Für die kleine Pause zwischendurch oder gleich zum Start in den Tag mit einem Frühstück ist das **Café Loft** 5 ideal! Leicht und luftig ist nicht nur seine Lage in der oberen Etage des Kaufhauses Nautilus (s. u.), sondern auch die Auswahl der Säfte: 30 Sorten werden frisch gemixt. Am Buffet stellt man sich Frisches selbst zusammen oder bestellt à la carte (Nikolskaja ul. 25, im Kaufhaus Nautilus, 6. Stock, Tel. 933 77 13, www.cafeloft.ru, Metro: Lubjanka, tgl. 9–24 Uhr).

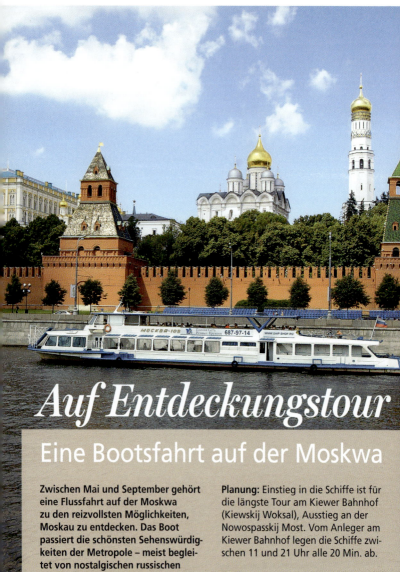

Auf Entdeckungstour
Eine Bootsfahrt auf der Moskwa

Zwischen Mai und September gehört eine Flussfahrt auf der Moskwa zu den reizvollsten Möglichkeiten, Moskau zu entdecken. Das Boot passiert die schönsten Sehenswürdigkeiten der Metropole – meist begleitet von nostalgischen russischen Klängen.

Zeit: 1,5 Std.

Planung: Einstieg in die Schiffe ist für die längste Tour am Kiewer Bahnhof (Kiewskij Woksal), Ausstieg an der Nowospasskij Most. Vom Anleger am Kiewer Bahnhof legen die Schiffe zwischen 11 und 21 Uhr alle 20 Min. ab.

Info: SSK (Stolitschnaja Sudochodnaja Kompanija), Tel. 225 60 70, Ticket 300 RUB.

Bevor es losgeht, lohnt ein kurzer Blick auf die Gebäude, die man vom Schiffsanleger aus sieht: Der **Kiewer Bahnhof (1)** wurde 1913–17 im Stil des Neoklassizismus erbaut. Hier fahren die Züge in die Ukraine, nach Tschechien, Ungarn und Österreich ab. Hinter dem Bahnhof schaut linker Hand das **Hotel Ukraina (2)** hervor, eine der ›Sieben Schwestern‹. Der 20-geschossige Regierungssitz rechts daneben, **Weißes Haus (3)** (Belyj dom) genannt, ist seit dem Putsch im August 1991 international bekannt.

Direkt am Anleger wird die Moskwa von der **Borodinskij-Brücke (4)** überspannt, die 1912 zum hundertsten Jahrestag des Krieges gegen Napoleon erbaut wurde. Die Uferpfeiler wirken wie Festungsbastionen und auf der Brücke stehen zwei Obelisken, an denen auf Bronzetafeln der Kriegshelden gedacht wird.

Von der Stätte des Glaubens zur Stätte des Wissens

Die Fahrt führt an Wohnhäusern vorbei. Linker Hand sieht man die goldenen Kuppeln des **Neujungfrauenklosters (5)**, dann wird die neue Stadtautobahn unterquert. Auf der linken Seite innerhalb einer großen Flussschleife befindet sich der riesige Sportkomplex **Luschniki (6)**, der anlässlich der Olympiade 1980 gebaut wurde und 130 Sportanlagen aller Disziplinen beherbergt. Inwischen finden im großen Stadion (100 000 Zuschauer) auch Rockkonzerte statt und tagsüber wird um das Stadion herum ein großer Markt veranstaltet. Hier beginnt Moskaus ›grüne Lunge‹ – ein riesiges Parkgelände: die **Sperlingsberge.**

Schaut man rechts nach oben, dann erblickt man über den Baumwipfeln die Turmspitze der Moskauer **Universität (7)**, ein weiteres der sieben Hochhäuser im stalinschen Zuckerbäckerstil. Schon zur Zarenzeit waren die Sperlingsberge ein beliebtes Naherholungsgebiet.

Ganz geduckt und versteckt zwischen hohen Bäumen liegt das **Andrejewskij-Kloster (8)**. Darüber fällt der Blick auf ein Bauwerk der Sowjetzeit: das **Präsidium der Akademie der Wissenschaften (9)** aus den 60er-Jahren; 18 Stockwerke hoch, dominiert es das Kloster. Das Andrejewskij-Kloster mit seiner kleinen Barockkirche stammt aus dem 18. Jh. Das Kloster selbst wurde schon Mitte des 17. Jh. gegründet. An der Flussschleife gelegen, war es ursprünglich ein idealer Ort für eine Einsiedelei. Doch heute führt eine mächtige Brücke direkt daran vorbei: die Stadtautobahn.

Abwechslung garantiert

Danach schließt sich auf der rechten Seite der **Lustgarten (10)** (Neskutschnyj sad) an, der urwüchsigere Teil des Gorki-Parks: 50 Hektar hügelige Grünzone, mit Pappeln, Linden, Birken, Eichen und Ahorn bepflanzt. Bevor der Vergnügungsteil des Gorki-Parks beginnt, fährt man unter der neuen Fußgängerbrücke durch – eine wunderschöne Konstruktion aus Glas und Metall. Wie ein gleißender Regenbogen überspannt sie den Fluss: die **Andrejewskij-Brücke (11)** (s. S. 205).

Der **Gorki-Park (12)**: eine Achterbahn, Karussells und ein Riesenrad, Schaschlik- und Eisbuden, ein See, auf dem man im Sommer Boote ausleihen kann und im Winter Schlittschuh läuft – man kennt den See aus dem gleichnamigen amerikanischen Thriller.

Hinter der Krimbrücke liegt auf der rechten Seite das **Zentralhaus des Künstlers (13)**, ein Ausstellungsgebäude, das in einem Teil auch die Neue Tretjakow-Galerie beherbergt mit der nachrevolutionären Kunst bis heute.

Alles Geschmackssache

Hinter dem Zentralhaus des Künstlers erhebt sich das **Präsident-Hotel (14)** und davor konkurriert mit ihm an Höhe Moskaus umstrittenstes **Denkmal (15)**: Peter der Große auf einem Schiff in Bronze. Der totale Kitsch! Surab Zereteli durfte es dort errichten – unter Protest vieler Moskauer –, denn er ist ein Freund von Bürgermeister Luschkow.

Links beginnt das Gelände von Moskaus berühmter **Schokoladenfabrik ›Roter Oktober‹ (16)**. Ganz klein duckt sich dahinter die **Nikolaj-Kirche (17)**. 1656 ließ sie der reiche Bojar Awerkij Kirillow zusammen mit der rot-weißen Villa, die man vom Ufer aus sieht, erbauen. Die Legende erzählt, er habe sich einen unterirdischen Gang von seinem Haus direkt in den Kreml legen lassen. Am anderen Ufer protzt mit Größe und Goldglanz die **Christi-Erlöser-Kathedrale (18)**. Auffällig das rotziegelige **Eckhaus an der Uferstraße (19)**. Anfang des 20. Jh. wurde es im neorussischen Jugendstil errichtet und mit Fassadenmalereien geschmückt. Hier lebte viele Jahre der Maler Robert Falk (1886–1958).

Mitten ins Herz der Stadt

Das große, graue Haus rechts, **Haus an der Moskwa (20)** genannt, verewigte der Schriftsteller Jurij Trifonow in dem gleichnamigen Roman (s. Entdeckungstour S. 242). Die große **Steinbrücke (21)** überspannt die Moskwa, dahinter breitet sich linker Hand der **Kreml** aus.

»Fürst Jurij bestieg den Hügel, sah sich um, schaute nach allen Seiten, hierhin und dorthin, in beiden Richtungen den Moskau-Fluss und die Neglinnaja entlang; und er entzückte sich an ihren Dörfern und befahl, unverzüglich hier eine Stadt aus Holz zu errichten, und ihr Name solle Moskau sein«, so soll sich die Stadtgründung zugetragen haben – nachzulesen in einer Chronik aus dem Jahr 1156. Vom Fluss aus kann man gut erkennen, dass der Kreml auf einem Hügel erbaut wurde, und man versteht die Verzückung von Stadtgründer Fürst Jurij Dolgorukij.

Gegenüber dem Kreml verläuft die Uferstraße, Sofijskaja nabereschnaja, auf einer Insel zwischen der Moskwa und einem Kanal, der Ende des 18. Jh. angelegt wurde, um die Hochwassergefahr für den Stadtteil Samoskworetsche zu vermindern. Als Erstes fällt der Glockenturm der **Sophienkirche (22)** auf. Der mächtige, rosafarbene und weiße Turm versperrt vom Fluss aus den Blick auf die Kirche. 1860 wurde er in einer Mischung aus altrussischem und romanisch-maurischem Stil erbaut.

Gegenüber der **Basilius-Kathedrale (23)** erhebt sich stolz das **Hotel Baltschug (24)**, dahinter ein großes Businesscenter, Teil des neuen Moskau.

Dann gleitet das Schiff auf das große **Wohnhaus an der Kotelnitscheskaja nabereschnaja (25)** zu, das zu den ›Sieben Schwestern‹ zählt. Kurz vor dem Ausstieg macht sich die moderne Kuppel des Hauses der Musik bemerkbar, hinter die hoch der Turm des Swissotels aufragt.

testen Männerklöster in Moskau. Die Kathedrale im Barockstil wurde allerdings erst 1693–97 erbaut, in der Blütezeit des Klosters, das eng mit dem Zarenhof verbunden war. Nach der Verlegung der Hauptstadt durch Peter den Großen begann der Niedergang des Klosters. Um so schöner, dass es nun frisch renoviert ist und hier Gottesdienste und Konzerte stattfinden.

Iljinka-Straße

Benannt nach dem Elias-Kloster, von dem nur die kleine **Elias-Kirche** (17. Jh.) im Hinterhof von Nr. 3 erhalten geblieben ist, entwickelte sich die uliza Iljinka im 19. Jh. zum Handelszentrum von Kitaj-Gorod. Ende des 19. Jh. verdrängten jedoch Banken, Versicherungen und die 1836 erbaute **Börse** 38 (Haus Nr. 6) die Kaufleute. Zeugen dieser Zeit sind die prächtigen Gründerzeithäuser. Die Börse ist heute Sitz der russischen Industrie- und Handelskammer.

Gostinyj dwor 39
Auch der ›Alte Kaufhof‹ grenzt an die Iljinka. Der mächtige Kaufpalast, den der Architekt des Klassizismus, Giacomo Quarenghi, im Auftrag von Katharina der Großen 1790–1805 erbaute, hatte den Petersburger Gostinyj dwor zum Vorbild. In der Sowjetzeit wurde das Gebäude von der Stadtverwaltung genutzt. Nun gibt es Überlegungen, den Kaufhof wieder seiner eigentlichen Bestimmung zuzuführen und/oder hier ein Kulturzentrum einzurichten. Vorerst sind Läden, Unternehmen und die Verwaltung der Modemesse hier eingezogen. Flankiert wird der Kaufhof vom Chrustalnyj pereulok, der Kristallgasse. Parallel dazu verläuft der Rybnyj pereulok, die Fischgasse, ein Hinweis auf die Waren und Verkaufstätigkeiten im Alten Kaufhof.

Warwarka-Straße

Von der Kristallgasse blickt man direkt auf die **Kirche der Hl. Barbara** 40 (Zerkow Warwary), die der parallel zur Iljinka verlaufenden Straße ihren Namen gab: uliza Warwarka. Die ursprüngliche Kirche der Hl. Barbara wurde Anfang des 19. Jh. durch einen klassizistischen Bau ersetzt.

Die Warwarka ist eine der ältesten Straßen Moskaus und leider eine, der man die Zerstörungswut der Sowjetzeit deutlich ansieht. Hinter den denkmalgeschützten Kirchen und Gebäuden klafft heute eine riesige Baulücke: Einst stand hier das 3000-Betten-Hotel Rossija, eine Bausünde der 1960er-Jahre. An seiner Stelle hatte sich vor der Revolution Sarjadje erstreckt, einer der am dichtesten bevölkerten Stadtteile Moskaus, mit engen Mietshäusern, Lagerräumen und kleinen Industriebetrieben. Durch die Gassen zwischen der uliza Warwarka und der Moskwa wälzten sich die Menschenmassen. Es war laut, farbenfroh und exotisch.

Zur Zeit der architektonischen Utopien wurde dann die Idee entwickelt, Sarjadje abzureißen und am Ufer der Moskwa ein großes Verwaltungsgebäude zu errichten. Der Krieg durchkreuzte die Pläne. Unter Stalin wurden die Slums abgerissen, denn hier sollte das achte Hochhaus im Zuckerbäckerstil entstehen. Das Hotel Rossija wurde 2006 abgerissen. Sir Norman Foster entwickelte einen Plan, der vorsah, die Straßenfluchten des alten Sarjadje wiederzubeleben mit Geschäftsbauten, Hotels und einem Kulturpalast. Doch das Projekt stagniert – nicht erst seit der Krise 2008; es scheint gescheitert zu sein.

Alter Englischer Hof 41
ul. Warwarka 4a, Di, Do, Sa/So 10–18, Mi–Fr 11–19 Uhr

Kreml, Roter Platz und Kitaj-Gorod

Hinter der Barbarakirche liegt ein kleines, weißes Gebäude, der **Alte Englische Hof** (Staryj Anglijskij dwor), der eine interessante Geschichte hat: 1553 ging in Archangelsk das Schiff von Roger Chansler, einem Kaufmann und Kapitän, vor Anker. Chansler traf sich in Moskau mit Iwan dem Schrecklichen und erhielt von ihm die Monopolrechte für den Handel mit Russland. Kurz darauf wurde in London unter der Schirmherrschaft des Königs die Moskauer Compagnie gegründet, die sich ausschließlich dem Russlandhandel widmete. Iwan übergab das Gebäude an der Warwarka den englischen Kaufleuten. Fortan entwickelte sich der Alte Englische Hof nicht nur zu einem Umschlagplatz gewaltiger Geldsummen, sondern auch zum diplomatischen Treffpunkt. Heute befindet sich hier ein kleines **Museum,** das 1994 von Königin Elisabeth II. eingeweiht wurde.

Ganz in der Nähe steht die **Kirche des Hl. Maxim** 42 (Zerkow Maxima) aus dem Jahr 1699.

Palast der Bojaren Romanow 43
ul. Warwarka 10, www.shm.ru, Do–Mo 10–17, Mi 11–18 Uhr
Der kleine Palast der Bojaren Romanow aus dem 16. Jh. im altrussischen Stil ist das Geburtshaus des Zaren Michail Romanow; mit ihm begann die Dynastie der Romanows am russischen Zarenhof. Es gehört zum Historischen Museum und beherbergt ein kleines **Museum,** in dem das Leben der Bojaren im 16. Jh. und 17. Jh. dokumentiert wird.

Kloster zu Mariä Erscheinung und Georgskirche
Hinter dem Palast erhebt sich das **Kloster zu Mariä Erscheinung** 44 (Snamenskij monastyr) mit der fünfkuppeligen, 1684 erbauten Kathedrale aus Backstein, zu der Rainer Maria Rilke bei seinen Moskau-Besuchen 1899/1900 besonders gern kam: »Dann werde ich mich vor der Snamenskaja (die liebe ich vor allen) verneigen, tief, dreimal und auf rechtgläubige Art.« Das Kloster wurde von Zar Michail, dem ersten Romanow, 1631 gegründet.

Den Abschluss der Kirchenreihe in der uliza Warwarka bildet die farbenfrohe **Kirche des Hl. Georg** 45 (Zerkow Georgija) von 1657. In starkem Kontrast zum eigentlichen Kirchengebäude steht der blau-weiße Glockenturm, der erst 1818 erbaut wurde.

Dreifaltigkeitskirche in Nikitniki 46
Nikitnikow per. 3, Mi–Do 12–19, Mo, Fr–So 10–17 Uhr
Auf einem kleinen Hügel im Nikitnikow pereulok thront die Dreifaltigkeitskirche in Nikitniki (Zerkow Troizy w Nikitnikach), ein Prachtexemplar unter den Moskauer Kirchen. 1635–53 ließ sie der reiche Kaufmann Grigorij Nikitnikow neben seinem Handelshof erbauen. Grüne Kuppeln, dunkelrote Wände und Keramikfriese schmücken die Außenfassade, doch auch das Innere ist sehenswert: Hier sind besonders schöne Wandfresken und Ikonen erhalten, u. a. von Simon Uschakow (1626–86), dessen Ikonen auch in der Tretjakow-Galerie zu sehen sind.

Essen & Trinken

Lieblingsort – **Bosco Café** 1: s. S. 130.
Edelimbiss – **Gastronom No. 1** 2: s. S. 35.
Retrodesign – **Bosco Bar** 3: Krasnaja pl. 3, im GUM, Tel. 627 37 03, www.bosco.ru, Metro: Teatralnaja, tgl. 10–23 Uhr, Hauptgericht ab 10 €. Eingerichtet ist die Bar im Retro-Stil der 70er. Aus den großen Fenstern schaut man direkt auf die Kremlmauer. Im Sommer kann man auch auf der Terrasse

Adressen

Farben als Geschmacksverstärker: das Innere der Bosco Bar am Roten Platz

sitzen und sich durch etwa 20 Eissorten schlemmen; große Kuchenauswahl und kleine Speisen.
Aristokratisch – **Krasnaja Ploschadj 4**: s. S. 37.
Vitamine – **Café Loft 5**: s. S. 139.
Weinselig – **Dissident 6**: Nikolskaja ul. 25, im Nautilus-Kaufhaus, 5. Stock, Tel. 500 27 67, www.dissident.msk.ru, Metro: Lubjanka, tgl. 11–24 Uhr, Hauptgericht ab 10 €. Über 200 Weine kann man hier gegenüber dem Lubjanka-Gebäude verkosten. Da passt der Name ›Dissident‹ für die Vinoteka perfekt. Dazu gibt es Leckeres aus der italienischen und französischen Küche.
Gemütlich – **Amsterdam 7**: Iljinka 4, im Gostinyj Dwor, Tel. 956 27 72, www.amsterdam-restaurant.ru, Metro: Kitaj-Gorod, tgl. von 12 Uhr bis zum letzten Gast, Hauptgericht ab 10 €. Klein-Holland in Moskau: ein Café, wie man es in Amsterdam finden könnte. Abends oft Programm, z. B. Filme und CD-Präsentationen. Große Speisekarte.

Russischer Imbiss – **Russkoje Bistro 8**: ul. Warwarka 14, Metro: Kitaj-Gorod, tgl. 9–23 Uhr, Sa, So ab 10 Uhr, Hauptgericht ab 4 €. Die russische Antwort auf McDonald's. Einfache, aber gute russische Küche. Man bedient sich selbst in folkloristischer Ausstattung.
Tierisch gut – **Zebra Square 9**: Slawjanskaja pl. 2, Tel. 974 32 38, www.zebrasquare.com, Metro: Kitaj-Gorod, tgl. von 12 Uhr bis zum letzten Gast, Hauptgericht ab 15 €. Blaue Ledersofas für den Aperitif, Lampen im Zebrastyle, cooles Ambiente, coole Musik. Und das Risotto mit Pilzen ist ebenso gut wie das Bœuf Stroganoff. Abends wird oft getanzt.
Abenteuer – **Expedizija 10**: Pewtschekij per. 6, Tel. 775 60 75, www.expedicia.ru, Metro: Kitaj-Gorod, tgl. 12–24 Uhr, Hauptgericht ab 15 €. Eisbären sitzen im Raum herum, ein altes Flugzeug steht in der Ecke, Zweige und Äste hängen von Decke und Wand. Tische und Stühle sind aus grobem Holz

Kreml, Roter Platz und Kitaj-Gorod

gezimmert. Serviert wird Exotisches aus Sibirien und Russlands Norden: Rentier oder Muksun, der sibirische Lachs, der viel besser ist als Lachs aus anderen Regionen der Welt – und natürlich wird nur Wodka getrunken.

Einkaufen

Riesig – **GUM** 31: s. S. 42 und 136.
Edles – **Kaufhaus Nautilus** 1: s. S. 139.
Superexklusiv – **Tretjakowskij passasch** 2: s. S. 42.
Nostalgisch – **Gastronom No. 1** 2: im GUM, Metro: Ochotnyj Rjad, tgl. 10–22 Uhr. Während der Sowjetzeit hieß der berühmte Jelissejew-Laden in der Twerskaja ›Gastronom No. 1‹. Der Name wurde frei und gehört nun zu einem Laden im GUM (3. Linie). Lebende Lobster, französischer Käse oder kalifornischer Wein – das ist eine Seite des Shops. Aber es gibt es auch Sowjetnostalgisches wie Saftflaschen im 3-Liter-Format, indischen Tee in den gelben Schachteln mit Elefant sowie Schokolade von ›Roter Oktober‹ (s. S. 244); Weinbar und Imbiss.
Video – **Mir Kino** 3: Marosejka 6/8, Metro: Kitaj-Gorod, tgl. 10-21 Uhr. Der bestsortierte Videoshop in Moskau, seltene und populäre Filme. Genauso ist es mit den CDs, die hier verkauft werden.
Brot und Gebäck – **Wolkonskij** 4: Morosejka 4/2, www.wolkonsky.ru, Metro: Kitaj-Gorod. Köstliches Schwarzbrot mit Kardamom, knackiges Baguette, Croissants und Fruchttörtchen, französische Marmeladen, Tee, und im Café kann man das alles auch probieren. Ein Ableger der französischen Bäckerei Eric Kayser.
Junge Designer – **Twins Shop** 5: Soljanka 11, Metro: Kitaj-Gorod, tgl. 12–22 Uhr, an Klubabenden auch bis 1 Uhr. Die Zwillinge Inga und Julia eröffneten diesen Shop im Klub Soljanka und bieten junge Designerlabels zum Verkauf.

Aktiv & Kreativ

Schlittschuhlauf mit Kremlblick – **Eislaufbahn** 1: Krasnaja pl., Metro: Ochotnyj Rjad, Dez.–Anfang März, tgl. 10–23.30 Uhr, 350 RUB, s. S. 54.

Abends & Nachts

Beliebte DJs – **Propaganda** 1: Bolschoj Slatoustinskij per. 7, Tel. 624 57 32, www.propagandamoscow.com, Me-

Adressen

tro: Kitaj-Gorod, tgl. 12–6 Uhr. Einer der ersten Dance-Clubs mit populären DJs. Aufgelegt wird Trip-Hop, Disco-House, Techno. Die besten Partys finden Do–So ab Mitternacht statt.

Künstlertreff – **Kitajskij Ljotschik Dschao Da** [2]: s. S. 46.

Schräge – **Sorry, Babuschka** [3]: Slawjanskaja pl. 2/1, Tel. 788 06 15, www.sorrybabushka.ru, Metro: Kitaj-Gorod, Mo, Di, Mi 12–24, Do, Fr bis 6, Sa/So 18–6 Uhr. Die besten DJs der Stadt legen hier am Wochenende auf. Auch viel Retro der 80er-Jahre. Elegantes Interieur mit rotem Fußboden und roter Decke, Zebrafellsesseln, und auf großen Screens läuft Video-Art. An den Wänden schräge ›Babuschkas‹ wie aus den Filmen Almodovars. Immer gute Stimmung, dazu die besten Barkeeper Russlands, die einfach sensationelle Cocktails mixen. Die Preise halten sich im Rahmen, viel junges Publikum.

Szenig – **Soljanka** [4]: Soljanka 11, Tel. 221 75 57, www.s-11.ru, Metro: Kitaj-Gorod, tgl. von 10 Uhr bis zum letzten Gast. Im Adelspalast feiern – das kann man im Restaurant und Klub Soljanka. Das Besondere: Man fühlt sich nicht wie im Restaurant, sondern wie zu Besuch bei guten Freunden. Loungeatmosphäre und -musik in völlig unterschiedlich gestalteten Räumen. Hier trifft sich die Szene.

Märchenhaft: Kreml, Kaufhaus GUM und Basilius-Kathedrale bei Nacht

Das Beste auf einen Blick

Twerskaja uliza und Umgebung

Highlight !

Jelissejew: Alles ist hier üppig – das Warenangebot ebenso wie das Jugendstilinterieur. Auf keinen Fall versäumen! 13 S. 159

Auf Entdeckungstour

Zu Schauplätzen von Michail Bulgakows Kultroman: In den 1930er-Jahren schrieb Michail Bulgakow bis zu seinem Tod im Jahr 1940 unter größter Geheimhaltung sein Hauptwerk, den Roman »Der Meister und Margarita«. Erst Mitte der 60er-Jahre durfte er veröffentlicht werden. 20, 21 S. 164

Kultur & Sehenswertes

Manege: Mit 7500 m² Fläche ist sie der zentrale Ausstellungssaal im Zentrum. So findet hier die Kunstmesse statt und wegen Baumaßnahmen zurzeit auch die meisten Ausstellungen des Hauses der Fotografie. 4 S. 151

Museum für die neue Geschichte Russlands: Das Museum residiert im schönsten Palast der Straße. Es zeigt Wechselausstellungen und besitzt eine der besten Sammlungen zum politischen Plakat. 16 S. 161

Aktiv & Kreativ

Spaziergang um die Patriarchenteiche: Gehen Sie um die Patriarchenteiche und lassen Sie dabei Szenen aus Bulgakows Roman »Der Meister und Margarita« Revue passieren. 21 S. 163, 165

Genießen & Atmosphäre

Kafe Puschkin: Borschtsch mit Piroggen oder gebackener Fisch, vielleicht auch nur Tee mit Gebäck – einfach eine schöne Atmosphäre und der beliebteste Treffpunkt der Stadt. 1 S. 161

Café Margarita: Für alle Bulgakow-Fans ein Muss! Ein wenig verplüscht, aber günstige Preise. 13 S. 168

Warwary: Das Nonplusultra in Moskau! Anatoly Komms molekulare Küche ist einfach sensationell. 20 S. 171

Abends & Nachts

Helikon-Opera: Das kleine Opernhaus, das nur 250 Plätze besitzt, bringt ungewöhnliche Inszenierungen auf die Bühne. 1 S. 166

Konservatorium: Ein Ohrenschmaus der Extraklasse erwartet die Besucher hier – tolle Akustik, tolle Konzerte. Jeder Abend ist ein Erlebnis. 2 S. 166

Moskaus Prachtmeile

Für die Mehrheit der Moskauer ist die Twerskaja uliza das eigentliche Moskau. Die Geschichte der Straße begann schon im 14. Jh., als sich Moskau in eine Metropole verwandelte und vom Kreml aus in alle Richtungen ausdehnte. Sie war der Weg von Twer in den Kreml, daher ihr Name. Zugleich war sie auch der erste Teil einer Verbindung nach Westen und ins Baltikum. Im 18. Jh. erhielt sie als erste Moskauer Straße Steinpflaster, denn Peter der Große pflegte auf diesem Weg in seine Geburtsstadt einzureisen. In der Folge entstanden Paläste, Hotels und Geschäfte.

Puschkin beschrieb die Twerskaja schon im »Eugen Onegin« als lebendige Magistrale. Bereits damals besaß die Straße die ungewöhnliche Breite von fast 20 m, doch das war Stalin nicht repräsentativ genug. Mit dem Generalplan zur Rekonstruktion von Moskau ließ er die Twerskaja auf mehr als das Doppelte, nämlich 42 m, verbreitern. Einige Häuser wurden abgerissen, andere aufwendig verschoben: Man setzte sie auf Stahlrahmen und bewegte sie dann mit Hilfe von Schienen und Laufrollen. Später entstanden massige Wohnhäuser mit Läden im Erdgeschoss. 1932 wurde die Straße in Gorki-Straße umbenannt, doch seit 1991 heißt sie wieder Twerskaja. Heute wechseln sich in Moskaus ›Hauptstraße‹ Cafés und Restaurants ab.

Vom Hotel National bis zum Weißrussischen Bahnhof ist die Twerskaja 7 km lang. Über sechs Spuren läuft der Verkehr, wenn er nicht – wie in den letzten Jahren häufig – steht.

Der Auftakt des Twerskaja-Spaziergangs ist eine Begegnung mit dem klassizistischen Moskau, wie es vor und nach dem großen Brand 1812 an den zentralen Plätzen entstand. Im nordwestlichen mittleren Teil schließt das Bronnaja-Viertel an, in dem Bulgakow seine Helden agieren ließ. Heute ist es eines der beliebtesten Wohnviertel Moskaus, auch die meisten Botschaften residieren hier.

Infobox

Reisekarte: ▶ H–K 5–8

Übersicht
Der vorgeschlagene Rundgang beginnt an der Mochowaja uliza, Metrostation Biblioteka im. Lenina/Alexandrowskij Sad. Da es einmal im Kreis herum geht, endet er an der gleichen Station.

Zeitrahmen
Für diesen Rundgang sollte man sich einen halben Tag Zeit nehmen. Für die Besichtigung der Museen muss extra Zeit eingeplant werden.

Zum Manegeplatz

Paschkow-Haus [1]
Mochowaja ul. 1
»Bei Sonnenaufgang befanden sich hoch über der Stadt auf der Steinterrasse eines der schönsten Gebäude Moskaus, das vor etwa anderthalb Jahrhunderten erbaut worden war, zwei Gestalten…«. Eine davon war der Teufel Woland aus Michail Bulgakows Roman »Der Meister und Margarita«. Woland hatte sich eines der schönsten Baudenkmäler des Klassizismus, das Paschkow-Haus (Dom Paschkowa, дом Пашкова), ausgesucht. Nicht nur seine

Lage auf einem Hügel gegenüber dem Borowizkij-Tor des Kremls hob es von allen anderen Bauwerken ab, der Architekt Wassilij Baschenow, der es Ende des 18. Jh. für den Hauptmann der Leibgarde Paschkow baute, hatte auch ein wahres Meisterwerk geschaffen. Der große Brand 1812 zog das Haus sehr in Mitleidenschaft, ein Umbau war notwendig. Ab 1861 beherbergte es die Kunst- und Buchsammlung des Grafen Rumjanzew und wurde zum Museum und zur ersten öffentlichen Bibliothek in Moskau. Auch heute gehört es noch zur Bibliothek, wenngleich nebenan zehn Jahre nach Beginn der Sowjetzeit ein neues Gebäude im typischen monumentalen Stil entstand.

Staatsbibliothek [2]
Mochowaja ul. 3/5
Das nächste Gebäude neben dem Paschkow-Haus ist an der Ecke Woswischenka das Hauptgebäude der Staatsbibliothek (Rossijskaja gosudarstwennaja biblioteka, Российская государственная биб-лиотека). Es beherbergt 36 Mio. Bücher sowie Ausstellungsräume, Konzertsäle, Auditorien, ein Buchmuseum und Leseräume für 2300 Personen. Ein großes Eckpodest hebt die Bibliothek weit über Straßenniveau, seit 1997 thront hier auf einem Steinsockel der lesende Dostojewskij.

Alte Universität [3]
Mochowaja ul. 11
Etwas zurückgesetzt durch eine Einfahrt mit Vorgarten steht ein gelbes Gebäude mit weißen Säulen – typisch für den Klassizismus. Es wurde Ende des 18. Jh. von Matwej Kasakow für die Universität erbaut. Nach dem großen Brand von 1812 arbeitete der italienische Architekt Domenico Gilardi an dem Bau. Er nutzte die Ideen Kasakows, veränderte jedoch die Hauptfassade im Stil des Moskauer Empire. Im alten Russland hatte hier die gesamte Universität genügend Platz. Diese hat ihr Hauptgebäude inzwischen auf den Sperlingsbergen (s. S. 20). Im alten Universitätsgebäude ist heute nur noch die journalistische Fakultät untergebracht. Vor dem Bau steht ein Denkmal für Michail Lomonossow, der die Universität 1755 gründete.

Manegeplatz

Der Manegeplatz war erst Aufmarschfeld für Militärparaden, dann während der Perestroika Diskussionsforum der Parteien, Blöcke und verschiedenen Bewegungen, die sich mit der Frage »Wie geht es weiter?« beschäftigten. Nach der Wende war er jahrelang eine Riesenbaustelle, bis er dann pünktlich zu den 850-Jahr-Feierlichkeiten in neuem Glanz und Pomp erstrahlte: In vier unterirdischen Stockwerken kann man auf 70 000 m^2 einkaufen, parken und in Schnellrestaurants essen. Wer nicht hinuntersteigen will, kann durch eine gläserne Kuppel von oben einen Blick in das Einkaufsparadies werfen.

Zwischen Alexandergarten (s. S. 132) und Shopping-Center zieht sich ein künstlicher Wasserlauf, der an das Flüsschen Neglinnaja erinnern soll. Geschmückt ist er mit Steinbalustraden, Brücken, Springbrunnen, Märchenfiguren und Mosaiken. Auch hier drängt wieder des Bürgermeisters Lieblingskünstler Zereteli den Moskauern seinen Kitschgeschmack auf. Gartencafés machen diesen Ort bei schönem Wetter zu einem beliebten Treffpunkt, vor allem für Moskaus Jugend.

Manege [4]
Maneschnaja pl. 1
Den Kopf des Manegeplatzes bildet die Manege (Manesch). Nach dem Sieg über Napoleon ließ Alexander I. sie als

Lieblingsort

Moskau liegt einem zu Füßen – O2 Lounge im Ritz-Carlton
Wenn man in den gemütlichen Sofas der **O2 Lounge** 7 im 12. Stock des Hotels Ritz-Carlton versinkt, scheinen die Kremltürme und die goldenen Kuppeln der Kremlkirchen zum Greifen nah. Ob man mittags ein kleines Sushi-Menü nimmt, nachmittags einen Cappuccino trinkt oder abends einen Sundowner, die Atmosphäre auf der riesigen Terrasse ist nicht zu toppen (s. a. S. 46).

Twerskaja uliza und Umgebung

Sehenswert
1. Paschkow-Haus
2. Staatsbibliothek
3. Alte Universität
4. Manege
5. Staatsduma
6. Adelsklub
7. Hotel National
8. Jermolowa-Theater
9. Zentrales Telegrafenamt
10. Stadtpalais des Bojaren Trojekurow
11. Rathaus
12. Ehemaliges Hotel Lux
13. Jelissejew
14. Puschkin-Denkmal
15. Gorki-Literaturinstitut
16. Museum für die neue Geschichte Russlands
17. Majakowskij-Denkmal
18. Tschaikowskij-Konzertsaal
19. Satire-Theater
20. Bulgakow-Museum
21. Patriarchenteiche
22. Museum für Moderne Kunst
23. Matrjoschka-Museum
24. Museum der aktuellen Kunst – ART4.ru
25. Kleine Himmelfahrtskirche

Essen & Trinken
1. Kafe Puschkin
2. Turandot
3. Wolkonskij
4. Kofemanija
5. Aist
6. Bavarius
7. Jeroboam
8. Jolki-Palki po mongolski
9. Konditerskaja Kafe Puschkin
10. Mari Vanna
11. Majak
12. Maki Kafe
13. Café Margarita
14. Pavillon
15. Ragout
16. Twerbul
17. Russkoje Bistro
18. T.G.I. Friday's
19. Upside Down Cake Co.
20. Warwary
21. Hatschapuri

Einkaufen
1. Moskwa Kniga
2. Falanster
3. Fashion Point
4. Galerija Aktjor
5. Galerija Ochotnyj Rjad
6. Tom Klaim
7. Transilwanija
8. Wremja

Abends & Nachts
1. Helikon-Opera
2. Moskauer Konservatorium
3. B2Club
4. Grand Cru Vinoteka
5. Musiktheater Stanislawskij- und Nemirowitsch-Dantschenko
6. Nowaja Opera
7. O2 Lounge
8. Operettentheater
9. Puschkinskij Kinoteatr
10. Satire-Theater
11. Theater des Jungen Zuschauers (TJUS)

Twerskaja uliza und Umgebung

Exerzierhaus im klassizistischen Stil errichten. Die 166 x 45 m große Halle im Innern, die von keinem Zwischenpfeiler abgestützt wird, wurde schon bald in einen Konzert- und Ausstellungssaal umfunktioniert. Mit seinen 7500 m² Fläche diente er in der Sowjetzeit dem Künstlerverband als zentraler Ausstellungssaal. Hier verdammte Nikita Chruschtschow 1962 öffentlich die abstrakte Malerei. Er schimpfte, die Bilder sähen aus, als hätte ein Esel sie mit dem Schwanz gemalt. Sein Zorn richtete sich vor allem gegen den später nach New York emigrierten Künstler Ernst Neiswestnyj. Ironie des Schicksals oder späte Bekehrung? Chruschtschows Grab auf dem Neujungfrauenfriedhof schmückt heute eine Skulptur von Neiswestnyj (s. S. 207).

Nach einem Brand 2003, der das Gebäude vernichtete, wurde die Manege neu aufgebaut und dient heute wieder als Ausstellungssaal. Die meisten Ausstellungen des Hauses der Fotografie (s. S. 58) finden – bis zur Fertigstellung von dessen Stammhaus – hier statt.

Ochotnyj Rjad

Nordöstlich des Manageplatzes heißt die Straße Ochotnyj Rjad (Jägerreihe), weil hier vor der Revolution Wild und Lebensmittel verkauft wurden. Das beschreibt auch der Moskauer Publizist Wladimir Giljarowskij: »Überall gingen Jäger vollgehangen mit Enten, Birkhühnern und Hasen umher.« Beim Anblick des fünfspurig vorbeibrausenden Verkehrs ist das nur schwer vorstellbar.

Das nordöstliche Ende des Manegeplatzes dominierte früher das Hotel Moskwa. Es galt als eines der ersten richtungsweisenden Gebäude von Stalins Erneuerungsprogramm für die Stadt in den 1930er-Jahren und demonstrierte konstruktivistische Monumentalität. In der Sowjetzeit wurde es als Hotel für die Gäste des Ministerrats

genutzt. Nach langer Diskussion wurde das Baudenkmal aus der Sowjetzeit abgetragen. In Kürze wird an seiner Stelle ein 5-Sterne-Hotel eröffnen.

Gegenüber dem Hotel wurde zur gleichen Zeit und im gleichen Stil für Gosplan, die Wirtschaftsplanbehörde, ein weiterer Monumentalbau errichtet. Seit 1993 tagt hier die **Staatsduma** 5 (Gosudarstwennaja duma), die zweite Kammer des russischen Parlaments. Daneben steht ein weiteres Beispiel des Klassizismus, ebenfalls von Kasakow erbaut für den Fürsten Dolgo-

In den 1980er-Jahren Ort für Kundgebungen, heute moderner Treffpunkt: Manegeplatz

rukij, doch schon ab 1784 beherbergte es den Moskauer **Adelsklub** 6 mit einem großen Säulensaal für Bälle, Empfänge und Konzerte. Puschkin, Lermontow und Tolstoj feierten hier; Rimskij-Korsakow, Rachmaninow, Tschaikowskij und Liszt gaben hier Konzerte. Während der Sowjetzeit richteten sich in dem Haus die Gewerkschaften ein und das Volk durfte sich in dem Säulensaal 1924 von dem aufgebahrten Lenin und 1953 von Stalin verabschieden. Ein unrühmliches Kapitel der Geschichte ist auch mit diesem Gebäude verbunden, denn hier begannen 1937 die großen Schauprozesse.

Zwischen Manege- und Twerskaja-Platz

Am Beginn der Twerskaja liegen gleich zwei Hotels: das **Hotel National** 7 (s. S. 24), 1903 im Jugendstil erbaut, und das 2006 eröffnete **Ritz-Carlton** (s. S. 24) mit der **O2 Lounge** 7 . Ein paar Häuser weiter (Nr. 5) stand einst ein weiteres Hotel, das in der Sowjetzeit

Twerskaja uliza und Umgebung

zum Theater umgebaut wurde. Im **Jermolowa-Theater** 8 (gegründet von der Schauspielerin Maria Jermolowa, 1889–1928) stehen vor allem zeitgenössische Stücke auf dem Spielplan.

Das Nebengebäude an der Ecke Gasetnyj pereulok wurde in den 1920er-Jahren von dem Architekten Iwan Rerberg im konstruktivistischen Stil erbaut, es beherbergt heute das **Zentrale Telegrafenamt** 9 (Zentralnyj telegraf) und eine Post. Das **Eckhaus Nr. 9** gegenüber wurde 1949 als Wohnhaus errichtet. Der Granitsockel besteht aus Material, das die deutsche Wehrmacht für ein Siegesdenkmal in Moskau gedacht hatte. Gebaut wurde das Haus wie fast alle anderen Wohnhäuser an der Twerskaja für prominente Moskauer, zumindest für privilegierte. Im Gasetnyj pereulok befindet sich neben diesem Haus ein gelungenes Beispiel für den Moskauer Postmodernismus, ein Büropalast aus Glas und Granit, unschwer an dem McDonald's-Schild zu erkennen.

Die mächtigen **Wohnhäuser Nr. 2, 4 und 6** auf der rechten Straßenseite wurden nach der Verbreiterung der Twerskaja in den 1930er-Jahren gebaut. Geht man unter dem klassizistischen Torbogen von Haus Nr. 4 hindurch, findet man im Georgijewskij pereulok noch ein Beispiel eines nach hinten verschobenen Gebäudes: das alte **Stadtpalais des Bojaren Trojekurow** 10 aus dem 17. Jh. Einen Bogengang weiter fällt **Haus Nr. 6** auf, 1905 im neorussischen Stil erbaut für die Mission des Sawwin-Storoschewskij-Klosters.

Rathaus 11
Twerskaja ul. 13
Auf der linken Seite geht es weiter bis zum Rathaus, von hier regiert heute Moskaus Bürgermeister Sergej Sobjanin die Stadt. Errichtet hat das Gebäude Matwej Kasakow im Jahr 1782 für den Grafen Tschernyschew, der damals Generalgouverneur von Moskau war. Während der Revolution tagte hier das revolutionäre Militärkomitee. Von hier wurden die Befehle an die Aufständischen übermittelt und es wurde Lenins erster Wohnsitz in Moskau, bevor er in das Hotel National und dann in den Kreml zog.

Das rote, klassizistische Palais wurde nach dem Zweiten Weltkrieg zum 800. Geburtstag der Stadt Moskau (1947) um zwei Stockwerke erhöht. Zu der Zeit wurde auch der Grundstein für das **Denkmal des Fürsten Jurij Dolgorukij** auf dem gegenüberliegenden Twerskaja ploschadj gelegt, das aber erst sieben Jahre später enthüllt wurde. Die enge Nachbarschaft der beiden Jurijs bietet den Moskauern immer wieder Anlass zu Anekdoten.

Ehemaliges Hotel Lux 12
In der Twerskaja Nr. 8, wo der Schriftsteller Ilja Ehrenburg (1891–1967) bis zu seinem Tod lebte, befindet sich die gut sortierte Buchhandlung **Moskwa Kniga** 1 (s. S. 40). Daneben stand Ende des 19. Jh. ein kleines zweistöckiges Haus, die Bäckerei Filippow. Ihr Brot, insbesondere das gewürzte Schwarzbrot, wurde in ganz Russland geschätzt und auch an den Zarenhof in Petersburg geliefert. Der Sohn des alten Filippow, Iwan, ließ 1911 das heutige Gebäude, ohne die beiden oberen Stockwerke, erbauen mit einem Hotel und einem Café, in dem zu frühstücken vor der Revolution en vogue war. Doch der Spaß dauerte nicht lange, denn nach 1917 wurde die Familie Filippow enteignet.

1919 lebte in dem Hotel noch kurze Zeit der Dichter Sergej Jessenin, dann wurde das Haus zum Gästehaus für die Kommunistische Internationale, zum Hotel Lux. Von den 20er-Jahren bis nach dem Zweiten Weltkrieg war es das Domizil der Komintern, das Absteigequartier der Weltrevolutionäre. Männer und Frauen aus der ganzen Welt, unbekannte und prominente, wohnten hier auf engstem Raum zusammen – teilweise bis zu 600 Menschen. Einige waren freiwillig als Delegierte ihrer Landesparteien während der Weltkongresse der Komintern angereist, andere gezwungenermaßen als Emigranten aus dem vom Faschismus beherrschten Europa gekommen, wie Walter Ulbricht, Wilhelm Pieck, Margarete Buber-Neumann und Richard Sorge, der Meisterspion der Sowjets. Auch der österreichische Politiker Ernst Fischer überlebte hier die Emigration. Der spätere Staatschef Jugoslawiens Tito lebte zeitweilig hier, ebenso wie andere spätere Staatsmänner: Ho Tschi Minh, Tschou En-lai und Imre Nagy. Herbert Wehner lebte mehrere Jahre als Kurt Funk im Lux.

1935, zum VII. Weltkongress der Komintern, ging es noch einmal hoch her im Lux. Ein letztes Aufbäumen vor der ›Tschistka‹, der ›Großen Säuberung‹ (s. S. 87), die auch viele Bewohner des Lux betraf. Den größten Anteil von Ausländern im Lux hatten zu dieser Zeit die Deutschen. Von ihnen wurden so viele verhaftet, dass in Moskau der makabre Satz die Runde machte: »Was die Gestapo von der KPD übrig gelassen hat, das hat die NKWD aufgelesen!« Nach dem Zweiten Weltkrieg reisten die, die überlebt hatten, ab. Die ›Gruppe Ulbricht‹ machte sich nach Berlin auf – die Folgen sind bekannt. Anfang der 50er-Jahre wurde das Haus in ein Hotel umgewandelt, das viele Jahre vor sich hindümpelte. Nun wird es luxusrenoviert.

Jelissejew ! 13
Twerskaja ul. 14
Man sollte auf keinen Fall versäumen, einen Blick in die im üppigen Jugendstil gestalteten und wunderbar renovierten Räume des Delikatessengeschäftes Jelissejew zu werfen: Kristalllüster, Spiegel, Goldstuck, Säulen und Edelhölzer schaffen eine adäquate Umgebung für den Kaviar.

Erbaut wurde das klassizistische Palais im Jahr 1790 von Matwej Kasakow für die Fürstin Sinaida Wolkonskaja. In ihrem Salon traf sich das literarische Moskau jener Zeit, auch Alexander Puschkin war mehrmals dort zu Gast, las dort aus seinem »Boris Godunow« und verabschiedete die Fürstin im Dezember 1826, als sie ihrem Mann, der am Dekabristenaufstand beteiligt gewesen war, in die Verbannung nach Sibirien folgte.

Das Gebäude wurde mehrmals umgebaut, zuletzt um die Jahrhundertwende, als die Brüder Jelissejew hier ihren berühmten Delikatessenladen eröffneten. In der Sowjetzeit hieß er Gastronom No.1, d. h. er war in der Regel besser ausgestattet als die anderen Lebensmittelgeschäfte.

Puschkinplatz

Wo sich Twerskaja uliza und Boulevardring kreuzen, liegt der Puschkinplatz (Puschkinskaja ploschadj, Пушкинская площадь). Am besten ist er zu überblicken, wenn man vor dem Puschkin-Denkmal steht, oder von einer der Bänke in der Parkanlage.

Der Puschkinplatz mit seinen Verlagshäusern – auffallend das »Iswestija«-Verlagsgebäude im Stil des Konstruktivismus – und dem riesigen Kino Rossija ist ein beliebter Treffpunkt der Moskauer und entwickelte sich in der Perestroika-Zeit zum ›Hyde-Park‹ Moskaus, wo alle Unzufriedenen ihre Meinung laut herausbrüllen konnten.

Die Situation in diesem Teil Moskaus während des Putsches im August 1991

Twerskaja uliza und Umgebung

Einkaufen wird hier zur Nebensache: Delikatessengeschäft Jelissejew

schildert Jewgenij Jewtuschenko in seinem Roman »Stirb nicht vor deiner Zeit«: Menschenschlangen standen vor McDonald's, während sich gleichzeitig die Panzer vom Majakowski-Platz die Twersakaja herunterbewegten.

Das Eckhaus **Twerskaja Nr. 16** beherbergte jahrelang den Theaterverband und den Klub für Moskaus Theaterleute, die hier auch zu Sowjetzeiten in einem wunderbaren Restaurant verwöhnt wurden. Nach einem Brand in den 1990ern wurde das Haus entkernt und saniert. Inzwischen ist hier eine Einkaufspassage mit Luxus-Boutiquen entstanden.

Puschkin-Denkmal 14

Das Puschkin-Denkmal, das an Russlands bedeutendsten Dichter des 19. Jh. erinnert, wurde 1880 errichtet. Als Alexander Solschenizyn 1961 aus seinem Verbannungsort Rjasan nach Moskau fuhr, um mit dem Chefredakteur der Literaturzeitschrift »Nowyj Mir« über eine Veröffentlichung seiner Erzählung »Ein Tag des Iwan Dennisowitsch« zu verhandeln, verneigte er sich kurz vor Puschkin: »...teils um ihn um Beistand zu bitten, teils, um zu geloben, dass ich meinen Weg kennen und mich nicht verirren würde. Es war so etwas wie ein Gebet.«

Puschkinplatz

nennt, kommentiert dies auf wunderbare Weise: »Das ist doch das Schriftstellerhaus! Weißt du, Behemoth, von diesem Haus hab ich schon viel Gutes und Lobendes gehört. Schau es dir an, mein Freund. Welch angenehmer Gedanke, daß unter diesem Dach verborgen eine ganze Masse von Talenten heranreift.‹ ›Wie Ananas im Gewächshaus‹, sagte Behemoth und stieg auf den Betonsockel des Eisengitters, um das cremefarbene Haus mit den Säulen besser betrachten zu können.«

Kafe Puschkin und Restaurant Turandot
Twerskoj bl. 26 a und 26/5
Gegenüber vom McDonald's liegt das legendäre **Kafe Puschkin** 1. Es wirkt so, als sei es immer da gewesen, und doch wurde das kleine Palais Ende der 1990er-Jahre im Stil des 19. Jh. rekonstruiert. Hier kann man rund um die Uhr Tee trinken oder russische Gerichte kosten (s. S. 36). Das Café lief so gut, dass der Besitzer, Andrej Delosse, ein paar Häuser weiter für mehrere Millionen Dollar einen alten Palast zu einem pompösen Palazzo stilisierte, dem **Turandot** 2 (s. S. 33), in dem man wahrhaft fürstlich speisen kann.

Gorki-Literaturinstitut 15
Twerskoj bl. 25
Ein Stück den Twerskoj Bulwar hinunter liegt hinter einer schmiedeeisernen Umzäunung ein großes dreistöckiges Herrenhaus aus vornapoleonischer Zeit. Dort wurde der Philosoph und Schriftsteller Alexander Herzen 1812 geboren. Nach der Revolution waren in dem Gebäude verschiedene Schriftstellerorganisationen untergebracht. 1933 richtete Stalin hier das Gorki-Literaturinstitut (Literaturnyj Institut) ein – es wurde die russische Dichterschmiede. Bulgakow, der es in seinem Roman »Der Meister und Margarita« Gribojedow-Haus

Museum für die neue Geschichte Russlands 16
Twerskaja ul. 21, www.sovr.ru,
Di, Mi, Fr 10–18, Do, Sa 11–19, So 10–17 Uhr, letzter Fr im Monat geschl.
Im schönsten Palast der Straße residiert das Museum für die neue Geschichte Russlands (Musej sowremennoj istorii Rossii, Музей современной истории России). 1780 wurde das klassizistische Palais für Graf Kyrill Rasumowskij erbaut. Wahrscheinlich nahm Tolstoj den Grafen und sein Haus zum Vorbild, als er Pierre Besuchow in »Krieg und Frieden« seinen Vater besuchen lässt. Nach dem großen Brand 1812 wurde das

Twerskaja uliza und Umgebung

Pompös: Mit großem Aufwand wurde das Turandot als Rokokorestaurant gestaltet

Haus im Empirestil umgebaut. Danach eröffnete hier der Englische Club – kein Klub für Engländer, sondern ein exklusiver Adelsklub nach englischem Vorbild. Puschkin tanzte hier und beschrieb das Haus in seinem »Eugen Onegin«. Nach der Revolution wurde im Palais das Revolutionsmuseum eröffnet. Seine Ausstellung wurde nach der Wende durch kritische Kommentare ergänzt. Das Museum zeigt Wechselausstellungen und besitzt eine der besten Sammlungen zum politischen Plakat.

Triumphplatz

Am Triumphplatz (Triumfalnaja ploschadj, Триумфальная площадь) kreuzt die Twerskaja den Gartenring. Dominiert wird der Platz vom **Majakowskij-Denkmal** 17. An seiner Stelle stand seit 1722 ein Triumphbogen, der jedoch zweimal niederbrannte, bis man ihn dann – diesmal anlässlich des Sieges über Napoleon – am Kutusowskij prospekt aufstellte. Dem Denkmal für Wladimir Majakowskij, der immer zu Unrecht als ›Dichter der Revolution‹ bezeichnet wird, wissen auch zeitgenössische Schriftsteller etwas abzugewinnen, wie Viktor Pelewin in seinem Roman »Generation P« beschreibt: »Das Bronzejackett, das die Sowjetmacht dem Dichter für die Ewigkeit verpaßt hatte, war inzwischen wieder in Mode – Tatarski erinnerte sich kürzlich in einer Kenzo-Reklame einen ähnlichen Schnitt gesehen zu haben.« Außerdem fällt am Platz das Hotel Peking auf, ein kleines Hochhaus im Stalin-Zuckerbäckerstil.

Direkt an der Ecke liegt der berühmte **Tschaikowskij-Konzertsaal** [18] (Konzertnyj sal im. Tschajkowskowo), der ein überaus interessantes Programm bietet (s. a. S. 50). Karten sind nur schwer zu bekommen, da sie bei den Moskauern sehr begehrt sind.

Satire-Theater [19]
Triumfalnaja pl. 2, www.satire.ru
Das Satire-Theater (Teatr Satiry) hat immer wieder Stücke im Repertoire, die auch für Zuschauer ohne Russischkenntnisse geeignet sind, z. B. die »Dreigroschenoper« und »Sekretärinnen«. An der Stelle des heutigen hässlichen grauen Kastens stand früher das 1911 errichtete Varietétheater, ein Jugendstilbau mit Rundkuppel, in dem 1926–36 die Moskauer Music Hall untergebracht war. Der Schriftsteller Michail Bulgakow ließ hier seinen Teufel Woland Dollarscheine in die Taschen und Pariser Modesalons auf die Bühne zaubern.

Westlich der Twerskaja

Bulgakow-Museum [20]
Nur ein paar Schritte vom Satire-Theater entfernt, die Bolschaja Sadowaja uliza hinunter, liegt in Haus Nr. 10 die Wohnung Nr. 50, in der Michail Bulgakow 1921–24 lebte. Heute befindet sich hier das Bulgakow-Museum (s. Entdeckungstour S. 164).

Patriarchenteiche [21]
Die ehemals drei Teiche, die im 16. Jh. als Forellenteiche angelegt wurden, sind heute nur noch ein großer rechteckiger Teich, umgeben von Trauerweiden, Linden, Rasenflächen, schattigen Alleen und Bänken. Auch heute noch sind die Patriarchenteiche (Patriarschije prudy) ein idyllischer Ort inmitten der Großstadt. Hier findet der Besucher teure Läden, neben Cafés und fünfstöckigen Häusern aus der Zeit der Jahrhundertwende. Hoch in den Himmel ragt lediglich das neue Wohnhaus »Patriarch« von 2002 im Stil der Retro-Architektur mit dem Tatlin-Turm auf dem Dach. Die Gebäude strahlen großstädtische Kultiviertheit aus, und seit sie nach und nach restauriert wurden, wollen immer mehr Moskauer hier wohnen. Schon lange ist dies ein Hotspot für die Moskauer Prominenz, hier leben u. a. der Filmregisseur Nikita Michalkow und Moskaus Starkoch Anatoly Komm.

Museum für Moderne Kunst [22]
Jermolajewskij per. 17,
www.mmoma.ru, tgl. 12–20 Uhr,
letzter Mo im Monat geschl.
Seit der Enkel von Surab Zereteli, Wassilij Zereteli, die Leitung des Museums für Moderne Kunst (Moskowskij Musej Sowremennowo iskusstwa, Моско́вский музей современ- ▷ S. 166

Ein Stück Paris in Moskau
In dem kleinen Eckcafé **Wolkonskij** [3] öffnet sich die Tür zum Paradies, zumindest, wenn man ofenfrische Croissants und Café au lait nimmt. Köstliches Schwarzbrot mit Kardamom, krosses Baguette, Croissants sowie Creme- und Fruchttörtchen. In der Caféstube lädt ein großer Marmortisch mit Barhockern ein, die Köstlichkeiten zu probieren. Dazu im Verkauf Gläser und Geschirr, Tees und Olivenöl. Ein Ableger der Pariser Boulangerie Kayser (ul. Bol. Sadowaja 2/46, Tel. 699 36 20, www.wolkonsky.ru, tgl. 8–22 Uhr).

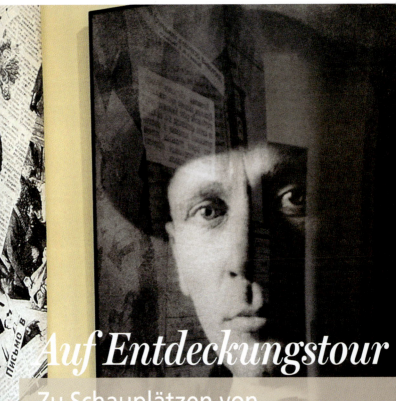

Auf Entdeckungstour

Zu Schauplätzen von Michail Bulgakows Kultroman

In den 1930er-Jahren schrieb Michail Bulgakow bis zu seinem Tod 1940 unter größter Geheimhaltung sein Hauptwerk, den Roman »Der Meister und Margarita«. Erst Mitte der 1960er-Jahre durfte dieser – von der Zensur verstümmelt – veröffentlicht werden. Schnell avancierte er in der Sowjetunion zum Kultroman und im Westen zum Bestseller.

Zeit: 2–3 Std.

Start: Metrostation Majakowskaja

Info: Staatliches Bulgakow-Museum, Bolschaja Sadowaja 10, Wg. 50, Mi–So 13–19 Uhr, www.dombulgakova.ru.

Tipps: Am Taganka-Theater (s. S. 51) läuft seit Jahren die legendäre Inszenierung von Jurij Ljubimow, der den Roman dramatisiert hat. Seit Kurzem ist auch eine Inszenierung am Stanislawskij-Theater (s. S. 49) zu sehen.

»Mit meinen Auffassungen werde ich wohl kaum veröffentlicht«, schrieb Michail Bulgakow 1923 in sein Tagebuch. Damals lebte der 32-jährige studierte Mediziner schon drei Jahre in Moskau, wo er sein Glück als Journalist versuchte. Mit seiner Einschätzung behielt er weitgehend Recht. Zwar veröffentlichte er satirische Erzählungen und Theaterstücke, die auch am Moskauer Künstlertheater gespielt wurden, doch litt er sehr unter der stalinistischen Zensur. Seine Bitte um Ausreise wurde 1930 abgelehnt und so fristete er eine kümmerliche Existenz: erst als Regieassistent am Moskauer Künstlertheater, dann als Opernlibrettist und Übersetzer am Bolschoi-Theater. In dieser Zeit begann er die Arbeit an seinem Hauptwerk.

Die ›Wohnung des Bösen‹

In der Bolschaja Sadowaja Nr. 10 bewohnte Bulgakow 1921–24 in Wohnung Nr. 50 mit seiner ersten Frau ein Zimmer. Sie lebten nicht gern in der Kommunalwohnung. Vielleicht machte Bulgakow, der damals satirische Texte über Alkoholiker und schlagende Ehemänner schrieb, die Wohnung deshalb in seinem Roman »Der Meister und Margarita« zum Hauptquartier des Teufels Woland. 2007 wurde in der Wohnung das kleine **Bulgakow-Museum** [20] eingerichtet. Das sechsstöckige Miethaus war 1903 für einen Tabakfabrikanten im späten Moskauer Jugendstil erbaut worden. Auch Wohnung Nr. 38 schrieb Literaturgeschichte: Hier lernte der Dichter Jessenin die amerikanische Tänzerin Isadora Duncan kennen, die er später heiratete.

Der Teufel am Teich

Nach dem Besuch der Wohnung geht es die Bolschaja Sadowaja hinunter, bis links die Malaja Bronnaja uliza abzweigt, die auf die **Patriarchenteiche** [21] zuführt. Noch heute ist dies ein idyllischer Ort, vor allem im Sommer, wenn man im Schatten der Bäume Zuflucht findet, wie die Figuren aus Bulgakows Roman: Auf einer Bank nahe der Kreuzung Malaja Bronnaja/Jermolajewskij pereulok sitzen Berlioz, der Vorsitzende der größten Moskauer Literaturassoziation, und Besdomny, ein junger Lyriker, und unterhalten sich über ein Gedicht, das Besdomny über Christus schreiben möchte – so beginnt der Roman. Das Unheil nimmt seinen Lauf, als sich der Teufel – in Gestalt des Ausländers Woland – in das Gespräch einmischt.

Der Meister und Margarita

Der Roman, zu dessen wichtigsten Prätexten auch Goethes »Faust« zählt, ist eine hoffmanneske Montage zweier Texte: Die Rahmenhandlung spielt im Moskau der Stalinzeit. Woland, der Teufel, kommt nach Moskau. In der Psychiatrie befindet sich der ›Meister‹, der einen Roman über Pontius Pilatus geschrieben hat, eine verfremdete Passionsgeschichte, ein Roman im Roman. Diesen hat er verbrannt und hat auch keine Lust, etwas Neues zu schreiben. Seine Geliebte Margarita schließt einen Pakt mit dem Teufel. Auf dem Hexenbesen reitet sie rächend durch Moskau und befreit den Meister. Woland führt den Meister und Margarita zu »ihrem Haus auf immer und ewig«, damit sie dort die Stille genießen können. Für immer nehmen sie Abschied von der Stadt auf den Sperlingsbergen und schwingen sich mit dem Teufel und seinen Gesellen in die Lüfte.

Die Verquickung von Fabel, Fantasie, Religion und Groteske in beiden Werkteilen begründet bis heute die Attraktivität dieses vielschichtigen Werkes, das weit mehr ist als eine Satire auf den sowjetischen Kunstbetrieb der 20er- und 30er-Jahre.

Twerskaja uliza und Umgebung

ного искусства) übernommen hat, laufen vor allem in der Zweigstelle am Jermolajewskij pereulok interessante Wechselausstellungen moderner Kunst: Installationen, Fotokunst und Videos. Das Museum stellt nicht nur russische, sondern auch internationale Kunst aus.

Bolschaja-Nikitskaja-Straße

Vom Nikitskich-Worot-Platz mit dem großen Gebäude der TASS-Agentur führt die Bolschaja Nikitskaja uliza leicht bergab Richtung Kreml. Sie ist eine belebte Straße mit vielen Cafés, Restaurants und Shops, aber vor allem gehört sie der Muse. Denn neben dem Konservatorium haben hier die Helikon-Opera und das Majakowskij-Theaters ihren Sitz. Einmal im Jahr, wenn das Konservatorium seinen Wettbewerb für Nachwuchstalente veranstaltet, verwandelt sich die Straße in eine Musik-Meile: Dann kann man hier viele Konzerte hören – von Jazz bis Klassik.

Matrjoschka-Museum [23]
Leontjewskij per. 7,
Mo–Fr 10–18, Sa 10–17 Uhr
Wer kennt sie nicht? Auf allen Moskauer Märkten und in Souvenirshops wird sie verkauft: Matrjoschka, die Puppe in der Puppe. Das kleine Matrjoschka-Museum (Музей Матрешки) befindet sich in einer alten Werkstatt, in der die ersten Matrjoschkas hergestellt wurden, und zeigt diverse Modelle und Muster. Die Sammlung umfasst mehr als 10 000 Exponate.

Helikon-Opera [1]
Bolschaja Nikitskaja ul. 19.
www.helikon.ru
Das Gebäude des Theaters wurde bereits Mitte des 18. Jh. erbaut, aber erst hundert Jahre später als Theater genutzt. Hier sang schon Fjodor Schaljapin. Der Gründer der Helikon-Oper, Dmitrij Bertman, wagt Neues und Ungewöhnliches, so brachte er 2008 die Boris-Godunow-Fassung von Schostakowitsch auf die Bühne. Besonders interessant ist auch seine Inszenierung von Prokofjews »Liebe zu den drei Orangen«.

Museum der aktuellen Kunst – ART4.ru [24]
Chlynowskij tupik 4, www.art4.ru,
nur Fr/Sa 11–22 Uhr
Das Privatmuseum zeigt moderne – meist russische – Kunst (s. Entdeckungstour S. 262).

Moskauer Tschaikowskij-Konservatorium [2]
Bolschaja Nikitskaja ul. 13,
www.mosconsv.ru
Vor dem großen Gebäude des Konservatoriums (Moskowskaja Gosudarstwennaja konserwatorija im. Tschajkowskowo) thront der große Komponist selbst, der hier 20 Jahre unterrichtet hat. Gelassen sitzt er da, denn er weiß, dass das Konservatorium den besten Saal für Konzerte besitzt. Das Gebäude wurde in den 90er-Jahren des 18. Jh. für die Fürstin Daschkowa erbaut. Gegründet wurde die ›Russische Musikgesellschaft‹ 1861 von Nikolaj Rubinstein, dem Bruder des Komponisten Anton Rubinstein, aber erst gegen Ende des Jahrhunderts wurde das Gebäude umgebaut und erhielt den Kleinen und den Großen Konzertsaal.

Gegenüber vom Konservatorium steht die **Kleine Himmelfahrtskirche** [25] (Zerkow Malowo Wosnessenija), Ende des 16. Jh. erbaut, wurde sie in der Sowjetzeit zweckentfremdet. Nun finden hier wieder Gottesdienste statt.

Retroarchitektur: Wohnhaus »Patriarch« (2002) an den Patriarchenteichen

Twerskaja uliza und Umgebung

Essen & Trinken

Russische Küche vom Feinsten – **Kafe Puschkin** 1: s. S. 36, 161.
Pompöser Palast – **Turandot** 2: s. S. 33, 161.
Ein Stück Paris in Moskau – **Wolkonskij** 3: s. Tipp S. 163.
Einfach nett – **Kofemanija** 4: Bolschaja Nikitskaja 13/6, Tel. 775 51 88, www.coffeemania.ru, Metro: Ochotnyj Rjad oder Arbatskaja, 24 Std. geöffnet, Hauptgericht ab 15 €. Szeniges Kaffeehaus und Restaurant mit einer schönen Außenterrasse im Gebäude des Konservatoriums. Nicht nur Studenten und Künstler sitzen hier gern bei Kaffee oder Tee. Große Frühstückskarte, aber auch Lachs, Steak, Risotto, Pasta und russische Klassiker.
Bewährte Mischung – **Aist** 5: Malaja Bronnaja 8/1, Tel. 499-940 70 40, Metro: Puschkinskaja, tgl. 9–24, Sa/So ab 10 Uhr, Hauptgericht ab 10 €. Wie in allen Restaurants von Arkadij Nowikow gibt es hier die bewährte Mischung von russischer, asiatischer und Mittelmeerküche in bester Qualität. Wunderbare Dachterrasse.
Biergartenatmosphäre – **Bavarius** 6: s. S. 37.
Kreative Kombinationen – **Jeroboam** 7: s. S. 32.
Imbiss auf mongolische Art – **Jolki-Palki po mongolski** 8: s. S. 37.
Märchenparadies für Schlemmer – **Konditerskaja Kafe Puschkin** 9: s. S. 38.
Kommunalkagefühl – **Mari Vanna** 10: s. S. 37.
Boheme – **Majak** 11: Bolschaja Nikitskaja 19, Tel. 691 74 49, www.clubmayak.ru, Metro: Arbatskaja, tgl. 12–6 Uhr, Hauptgericht ab 8 €. Oberhalb des Majakowskij-Theaters trifft sich gern die Moskauer Boheme- und Journalistenszene. Mittags gibt es einen Business Lunch für 8 €, abends wird viel geraucht, diskutiert und man konsumiert die günstigen Rotweine. Die Küche ist international mit dem Akzent auf Mittelmeerküche.
Szene pur – **Maki Kafe** 12: s. S. 38.
Verschroben – **Café Margarita** 13: Malaja Bronnaja 28, Tel. 743 36 25, Metro: Majakowskaja, tgl.13–24 Uhr, Hauptgericht ab 5 €. Die bunt bemalte Tür erinnert an andere Zeiten: Margarita war eines der ersten Cafés im Moskau der Wendezeit und ist noch heute das Szenecafé. Versunken in Plüschsofas glaubt man, hier sei die Zeit stehen geblieben, denn es entspricht so gar nicht dem Moskauer Schick: Es ist winzig, aber witzig. Zum Tee wird leckeres Gebäck gereicht, auf der Karte russische Standards. Stammkunden sind die Künstler des Viertels.
Postmodernes Design – **Pavillon** 14: Bolschoj Patriarschij per. 7, Tel. 697 51 10, www.restsindikat.com, 24 Std. geöffnet, Hauptgericht ab 15 €. Der neoklassizistische Pavillon aus den 30er-Jahren im postmodernen Design bietet Blick auf die Patriarchenteiche. Klassiker der russischen Küche, Sushi und 15 Salatvariationen. Zum Nachtisch kann man Wasserpfeife rauchen.
Minimalistisches Ambiente – **Ragout** 15: s. S. 35.
In-Location – **Twerbul** 16: s. S. 33.
Einfach und gut – **Russkoje Bistro** 17: Twerskaja 19 (und an anderen Plätzen der Stadt), Metro: Puschkinskaja, 9–23 Uhr, Sa/So ab 10 Uhr, Hauptgericht ab 4 €. Die russische Antwort auf McDonald's. Typisch russische Gerichte wie Piroggen, Salate, Borschtsch, Schtschi, Kwas und Wodka. Sehr preiswert!
Amerikanisch – **T.G.I. Friday's** 18: s. S. 37.
Supertrendy – **Upside Down Cake Co.** 19: s. S. 38.
Top of the top – **Warwary** 20: s. Lieblingsort S. 170.
Georgisch – **Hatschapuri** 21: Bolschoj Gnesdikowskij Pereulok 10, Tel. 629 66

56, www.hacha.ru, Metro: Puschkinskaja/Twerskaja, tgl. 9–23 Uhr, Hauptgericht ab 8 €. Gerichte aus verschiedenen Regionen Georgiens: Nüsse, Käse, Früchte, Kräuter, Honig, Gemüse und Lammfleisch sind die Hauptzutaten.

Einkaufen

Zentral – **Moskwa Kniga** 1 : s. S. 40.
Alternative Literatur – **Falanster** 2 : Malyj Gnesdnikowskij per. 12–27, www.falanster.su, Metro: Puschkinskaja. Ein Vorposten der nichtoffiziellen Kultur Moskaus: Der alternative Buchladen bietet eine große Auswahl an Büchern, die in anderen Buchhandlungen nicht erhältlich sind – leider nur auf russisch. Regelmäßig literarische Abende.
Designerware – **Fashion Point** 3 : Twerskaja 28, www.fashionpoint.ru, Metro: Majakowskaja. Junges, exklusives Design: u. a. Ann Demeulemeester, Costume National, Dennis Simachev, Victor & Rolf, Mascha Tsigal.
Einkaufspassage – **Galerija Aktjor** 4 : Twerskaja 16, Metro: Puschkinskaja. Im Gebäude des ehemaligen Theaterklubs ist eine moderne Einkaufspassage mit Marmor, Glas und Messing entstanden. Zu finden sind Shops u. a. von NafNaf, Levi's, Chevignon.
Riesig – **Galerija Ochotnyj Rjad** 5 : s. S. 42.
Russische Mode – **Tom Klaim** 6 : Twerskaja 27, Metro: Majakowskaja, und in der Galeriepassage unter dem Manegeplatz, Metro: Ochotnyj Rjad. Hinter dem englisch klingenden Namen versteckt sich der russische Designer Anatolij Klementjew. Junge, erschwingliche Mode.
Rap & Rock – **Transilwanija** 7 : Twerskaja 6/1, www.transilvania.ru, Metro: Ochotnyj Rjad. Der beste CD-Shop der Stadt: Man kann jede CD hören, bevor man sie kauft, und die Auswahl ist riesig, von Klassik bis modern. Auch ganz abwegige CDs gibt es, die man nie in Moskau vermuten würde, wie deutsche Schlager und DDR-Songs.
Nicht nur Seide – **Wremja** 8 : Malaja Bronnaja 10, Metro: Majakowskaja/Twerskaja. Im Salon von Darja Rasumichina kann man ihre mit russischer Folklore durchsetzte Mode (vor allem aus Taft, Atlasseide und Crêpe-de-Chine) bewundern und kaufen.

Abends & Nachts

Intimes Opernhaus – **Helikon-Oper** 1 : s. S. 48 und 166.
Legendäre Adresse – **Moskauer Konservatorium** 2 : s. S. 50, 166.
Fabrikhallen-Ambiente – **B2Club** 3 : s. S. 45.
Gut sortiert – **Grand Cru Vinoteka** 4 : Malaja Bronnaja 22, Tel. 510 65 65, www.grandcru.ru, Metro: Majakowskaja, tgl. 10–23 Uhr, Hauptgericht ab 18 €. Eine große Auswahl an Weinen zum Mitnehmen und zum Vor-Ort-Genießen. Umgeben von modernen deckenhohen Weinregalen gilt die Konzentration allein den Getränken und den Speisen: Sushi-Rolls, Tatar mit Salat, Spaghetti mit Pilzsugo u. v. m.
Das zweite Haus am Platze – **Musiktheater Stanislawskij- und Nemirowitsch-Dantschenko** 5 : s. S. 49.
Neu und ungewöhnlich – **Kolobow Nowaja Opera** 6 : s. S. 49.
Glamourös – **O2 Lounge** 7 : im Ritz-Carlton Hotel, s. S. 46 und 152.
Operette und Musical – **Operettentheater** 8 : s. S. 50.
Das größte Kino der Stadt – **Puschkinskij Kinoteatr** 9 : s. S. 48.
Nicht nur Satire – **Teatr Satiry** 10 : s. S. 51 und 163.
Keinesfalls nur für junge Zuschauer – **Theater des Jungen Zuschauers (TJUS)** 11 : s. S. 51.

Lieblingsort

Moskau vom Logenplatz aus – Terrasse des Warwary

Auf der Terrasse des Restaurants **Warwary** [20], nur ein paar Schritte vom Puschkinplatz entfernt, weht im Sommer meist ein angenehm kühler Wind. Schnell ist man mit dem Fahrstuhl hier oben im siebten Stock, wo eine grandiose Aussicht auf die Altstadt lockt. Überraschend sind nicht nur die Blicke auf Moskau, sondern auch die kulinarischen Kreationen von Küchenchef Anatoly Komm – innovative Kochkunst auf höchstem Niveau (s. a. S. 33).

Das Beste auf einen Blick

Zwischen Theaterplatz und Boulevardring

Highlights !

Bolschoi-Theater: Das Bolschoi, das ›große Theater‹, gilt als eines der schönsten Theater der Welt. Es zählt zu den zentralen Symbolen der russischen Kultur und Geschichte. **1** S. 174

Kunstzentrum Winsawod: Ein lebendiges Begegnungszentrum für moderne Kunst. In der alten Weinfabrik befinden sich nicht nur Riesenausstellungsräume und ein Café, auch die arriviertesten Moskauer Galerien sind hierher gezogen. **23** S.187

Auf Entdeckungstour

Highlights des Konstruktivismus – ein Architekturspaziergang: Die russische Avantgarde war der Urknall der Moderne. In der Architektur nahm sie die Ästhetik der 50er- und 60er-Jahre vorweg. Allein in Moskau gibt es noch rund 70 Gebäude des Konstruktivismus: Fabriken, Arbeiterklubs, Büro- und Kommunenhäuser. **18** S. 184

Kultur & Sehenswertes

Wysoko-Petrowskij-Kloster: Schon im Jahr 1380 wurde das Kloster von Dmitrij Donskoj gegründet zum Gedenken an den Sieg über die tatarischen Heere auf dem Schnepfenfeld. Ende des 17. Jh. erhielt das Kloster seine heutige Gestalt im Stil des sogenannten Naryschkin-Barock. 6 S. 178

Majakowskij-Museum: Der Dichter Wladimir Majakowskij lebte hier von 1919–1930. Seine Poeme verursachten eine Revolution in der russischen Dichtung. In der Ausstellung erfährt man einiges über den avantgardistischen Aufbruch in der Kunst vor der Revolution. 15 S. 182

Aktiv & Kreativ

Sandunowskije Banji: Banjavergnügen pur in historischer Atmosphäre und pompöser Architektur – da macht das Schwitzen gleich doppelt so viel Spaß. 1 S. 191

Genießen & Atmosphäre

Baraschka: Beste aserbaidschanische Küche ohne Folklorekitsch im modern gestylten Restaurant. Auf der Karte u. a. Baku Pilaf, aserbaidschanische Pelmeni und Rindfleisch in Minzsauce. 5 S. 188

L'altro Bosco: Das Café in der Petrowskij Passasch ist ein wahre Oase. Man kann sich im Bosco durch die kleinen Törtchen verführen lassen oder eines der Light-meals bestellen. 13 S. 190

Projekt O.G.I.: Schriftsteller und Intellektuelle treffen sich hier zu Konzerten. Jeden Tag Livemusik, netter Buchladen zum Stöbern und zu essen gibt es auch etwas. 10 S. 191

Abends & Nachts

Masterskaja: Im Künstlerklub finden Chansonabende, Partys, Konzerte und Lesungen statt. Im kleineren Raum kann man in Ruhe sitzen und essen. Wunderbare Atmosphäre. 6 S. 191

Die alten Flaniermeilen

Seit Anfang der 1990er-Jahre ist der Teil Moskaus zwischen dem Theaterplatz, der Lubjanka und dem Boulevardring das beliebteste Quartier für neue Banken und Firmen, die zum Teil in alten, aufwendig renovierten Stadtpalais residieren. Schon im 19. Jh. lebten die Straßen Petrowka, Neglinnaja und Kusnezkij most von einem besonderen Flair, das viele Händler anzog. Heute liegt hier das schönste Shoppingviertel Moskaus. Über die Mjasnizkaja, ebenfalls eine belebte Geschäftsstraße mit vielen Restaurants, führt der Weg zum östlichen Boulevardring, zu den Tschistyje prudy, einem idyllischen Teich inmitten der Metropole.

Der 9 km lange Boulevardring zieht sich wie ein Gürtel durch die Innenstadt, mit einem Grünstreifen in der Mitte, hohen Bäumen, Bänken und Spielplätzen. Er führt von Moskwa-Ufer zu Moskwa-Ufer und ist eigentlich nur ein ›Halb-Ring‹. Die Schriftstellerin Gabriele Wohmann beschrieb ihn einmal als »eine russische Assoziation von Paris«. Schon Boris Pasternak hatte den Boulevard in den Erinnerungen an seine Kindheit in Moskau verewigt: »In den Wintern durchschnitt die Kette der Boulevards ein Moskau hinter dem Doppelvorhang der schwarz gewordenen Bäume. In den Häusern brannten die Lichter wie die sternigen Kreise quer durchgeschnittener Zitronen. Der Schneehimmel hing tief auf die Bäume herab, und alles Weiße ringsum war blau.«

Wo der Boulevardring verläuft, stand bis zum großen Brand 1812 eine Stadtmauer, die den Stadtteil ›Weiße Stadt‹ umschloss. Dort lebten Adel und Bürgertum. Unterbrochen wird der Boulevardring von Plätzen, an denen einst Stadttore standen.

Theaterplatz

Den Theaterplatz (Teatralnaja ploschadj, Театральная пл.) prägen drei Theater, die ein geschlossenes Ensemble bilden: Bolschoi-Theater, Malyj-Theater und Akademisches Jugendtheater. Sie wurden von Ossip Beauvais im klassizistischen Stil der 1820er-Jahre erbaut.

Bolschoi-Theater ! 1
Tel. 292 00 50, www.bolshoi.ru
Dominiert wird der Theaterplatz vom Bolschoi-Theater (Großes Theater, Большой театр), in dem Opern- und Ballettaufführungen stattfinden. Es zählt zu den zentralen Symbolen der russischen Kultur. Seit 2003 besitzt das Theater eine zweite Spielstätte, die Kleine Bühne. Das alte Gebäude, das zu den schönsten Theatern der Welt zählt, wird wegen Renovierung mo-

---

Infobox

Reisekarte: ▶ Karte 2, J–M 6–7

Übersicht
Der Rundgang beginnt am Theaterplatz, führt die Petrowka bis zum Boulevardring hinauf und wieder ein Stück hinunter; via Kusnezkij most, Lubjanka-Platz und Mjasnizkaja geht es zum östlichen Boulevardring. Die Tour endet an der Metrostation Tschistyje Prudy.

Zeitrahmen
Man sollte sich für diese Tour mindestens einen halben Tag Zeit nehmen. Wenn man auch die Museen besichtigen will, braucht man länger.

Petrowka-Straße und Umgebung

Die Moskowiter lieben ihre Plätze – und nutzen sie: Brunnen auf dem Theaterplatz

mentan nicht bespielt (s. »Tanz, Tradition und Tragödie«, S. 100).

Weitere Sehenswürdigkeiten

Das **Malyj-Theater** 1 (Kleines Theater, Малый театр) rechts neben dem Bolschoi ist dem Sprechtheater vorbehalten. Davor wird mit dem **Alexander-Ostrowskij-Denkmal** 2 ein ehemaliger Dramaturg (1823–1886) des Malyj geehrt. Er schrieb auch selbst Stücke, die dort zur Uraufführung kamen. Gegenüber dem Malyj-Theater erstreckt sich das legendäre **Hotel Metropol** 3 (s. S. 102). Ebenfalls am Platz liegt das Akademische Jugendtheater.

Kaufhaus ZUM 1

Hinter dem Malyj-Theater ragt das Kaufhaus ZUM (ЦУМ) auf, das von 1906 bis 1908 von Roman Klein in einem Stilmix aus englischer Neogotik und Jugendstil erbaut und damals von der schottischen Handelsfirma Muir & Merilise betrieben wurde. Heute werden hier die teuersten Designerlabel verkauft.

Petrowka-Straße und Umgebung

Zwischen dem ZUM und dem Bolschoi verläuft die uliza Petrowka (ул. Петровка) nach Norden. Die Petrowka und die sie kreuzende Kusnezkij most (s. S. 179) wurden Ende des 19. Jh. im aufstrebenden Moskau zu Luxusmeilen: Hier wurde Pariser Mode und andere exklusive Ware verkauft. Seit der Wende hat sich die Straße wieder in diese Richtung entwickelt: Luxuriöses bietet die Petrowskij-Passage oder der abzweigende Stoleschnikow pereulok mit seinen Edelboutiquen. Direkt an der Ecke zur Stoleschnikow-Gasse steht

eines der drei Moskauer Marriott-Hotels, ein amerikanischer Traum.

Das hellgrüne **Haus Nr. 15** wurde um die Jahrhundertwende für eine Versicherungsgesellschaft erbaut. Kurz darauf erhielt es die Weihen der Kunst, denn Sergej Diaghilew, der spätere Maestro der Ballets Russes, veranstaltete hier mit seiner »Mir iskusstwa« (Welt der Kunst) eine der ersten avantgardistischen Ausstellungen. In **Haus Nr. 19** verbrachte Anton Tschechow 1903/04 die letzten Jahre vor seinem frühen Tod. Er liebte die Nähe zum Künstlertheater, das alle seine Stücke in Erstaufführung herausbrachte. Auch seinen Helden Gurow aus der »Dame mit dem Hündchen« lässt Tschechow über die Petrowka spazieren.

In dem 1929 im konstruktivistischen Stil errichteten Gebäude Nr. 22 tagt die Moskauer **Stadtduma** 4 (Gorodskaja duma). Wo die Petrowka auf den Boulevardring trifft, gibt es eine extreme Anhäufung von guten Restaurants.

Museum für Moderne Kunst 5

ul. Petrowka 25, www.mmoma.ru, Mo–Mi, Do 13–21, Sa/So 12–20 Uhr, letzter Mo im Monat geschl.

Das eindrucksvolle Gebäude im klassizistischen Stil erbaute Matwej Kasakow 1790. Hundert Jahre später befand sich hier ein Gymnasium, das auch der Dich-

Theaterplatz/ Boulevardring

4 Avocado
5 Baraschka
6 Beloje Solnze Pustyni
7 Café des Artistes
8 Coffee Bean
9 Galereja
10 Godunow
11 Restaurant Bolschoj
12 Juggernaut Express
13 L'altro Bosco
14 La Marée
15 Metropol
16 Pelmeschka
17 Petrowitsch
18 Roberto
19 Schit i Metsch
20 Spago
21 Usbekistan
22 Zurzum Café

Einkaufen
1 Kaufhaus ZUM
2 Denis Simachev
3 Podium Concept Store
4 Inostrannaja kniga
5 Petrowskij Passasch
6 Detskij Mir
7 Dom Perlowa
8 Biblio-Globus
9 Nina Donis
10 Projekt O.G.I.
11 Sedjmoj Kontinent
12 L'Atelier du Chocolat

Aktiv & Kreativ
1 Sandunowskije Banji

Abends & Nachts
1 Malyj-Theater
2 Sowremennik-Theater
3 Kino Rolan
4 Bar 30/7
5 Conservatory
6 Masterskaja

Sehenswert
1 Bolschoi-Theater
2 Alexander-Ostrowskij-Denkmal
3 Hotel Metropol
4 Stadtduma
5 Museum für Moderne Kunst
6 Wysoko-Petrowskij-Kloster
7 Künstlertheater (MCHAT)
8 Haus des Künstlers
9 Iwan-Fjodorow-Denkmal
10 Militärkommissariat
11 KGB-Gebäude
12 Denkmal für die Opfer stalinistischer Repression
13 KGB-Museum
14 Wohnhaus Dynamo
15 Majakowskij-Museum
16 Hauptpostamt
17 Kunstakademie
18 Zentrosojus-Gebäude
19 Gostorg-Bürohaus
20 Villa Baryschnikow
21 ›Haus der drei Komponisten‹
22 Menschikow-Turm
23 Kunstzentrum Winsawod

Essen & Trinken
1 Café Vogue
2 Nostalgie
3 Akademija

Zwischen Theaterplatz und Boulevardring

ter Valerij Brjussow besuchte. 1999 kaufte der Bildhauer Surab Zereteli das einstige Adelspalais und eröffnete darin das Moskauer Museum für Moderne Kunst (Moskowskij musej sowremennowo iskusstwa, Московский музей современного искусства). Inzwischen ist das Haus nur einer von vier Standorten des Museums in Moskau (s. S. 58). Grundstock waren Zeretelis eigene Werke, doch inzwischen besitzt das Haus eine Sammlung von mehr als 15 000 Exponaten. Seit Zeretelis Enkel Wassilij mit im Boot ist, zeigt das Museum interessante Wechselausstellungen internationaler und russischer Kunst. Neben dem Museum steht ein von Le Corbusier beeinflusstes Gebäude (1934) im konstruktivistischen Stil, in dem die Regierungsklinik untergebracht ist.

Wysoko-Petrowskij-Kloster und Literaturmuseum 6
ul. Petrowka 28, tgl. 9.30–18 Uhr; Literaturmuseum, www.museum-glm.ru, Mi, Fr 14–18, Sa 11–17 Uhr
Benannt ist die uliza Petrowka nach dem Wysoko-Petrowskij-Kloster (Wysoko-Petrowskij monastyr, Палаты Высокопетровского монастыря), dessen rot-weißer, achteckiger Glockenturm schon von weitem auf einer kleinen Anhöhe zu sehen ist. Bereits 1380 wurde das Kloster von Dmitrij Donskoj gegründet zum Gedenken an den Sieg über die tatarischen Heere auf dem Schnepfenfeld. Ende des 17. Jh. erhielt das Kloster seine heutige Gestalt im Stil des Moskauer Barock, Naryschkin-Barock genannt. Es war der Rückzugsort der Familie Peters des Großen, der Naryschkins. Zu Sowjetzeiten beherbergten die Bauten eine Fabrik. 1991 wurde die Anlage der Kirche zurückgegeben, die hier die Verwaltung des Patriarchenseminars unterbrachte. Im Innenhof kann man die **Kirche der Ikone der Jungfrau von Bogoljubowo** (Zerkow Bogoljubskoj ikony Boschiej Materi) und die kleinere **Kirche des Metropoliten Pjotr** (Zerkow Petra Mitropolita) besichtigen.

In einem Palais des Klosters ist heute das **Literaturmuseum** (Literaturnyj musej, Литературный музей) untergebracht. Für Literaturkenner, aber auch für Einsteiger ein interessanter Ort: Ausgestellt sind Erstausgaben, Handschriften, Fotos, Porträts und persönliche Gegenstände russischer Schriftsteller von Tolstoj und Dostojewskij bis zu Pasternak und Jewtuschenko.

Stoleschnikow pereulok und Kamergerskij pereulok
Der **Stoleschnikow pereulok** ist heute eine Fußgängerzone, die von teuren Boutiquen gesäumt wird. Hier sind sie alle Tür an Tür versammelt, die bekannten großen Designer. Wohltuende Ausnahme vom optischen Mainstream ist der russische Designer **Denis Simachev** 2, dessen Geschäft man leicht am bunten Außendesign erkennt. Neben seinem Shop betreibt er eine Café-Bar.

Stoleschnik bedeutet Tischtuch, und so erinnert der Straßenname daran, dass in dieser Gasse im 17./18. Jh. etliche Stickereien angesiedelt waren, die den Zarenhof mit Tischwäsche belieferten. Wenn man bis zum Ende der Gasse weitergeht, gelangt man – an einem kleinen Park mit einem Lenin-Denkmal vorbei – auf die Twerskaja und zum Rathaus (s. S. 158).

Auch der **Kamergerskij pereulok** wurde zur Fußgängerzone und ist heute eine Straße der Restaurants. Da alle Außenterrassen besitzen, wird die Gasse im Sommer zu einem einzigen großen Freiluftlokal.

Künstlertheater (MCHAT) 7
*Kamergerskij per. 3a–8,
Tel. 692 67 48, www.mxat.ru*

Petrowka-Straße und Umgebung

Zur Twerskaja hin liegt Moskaus berühmtes Sprechtheater, das Künstlertheater (Московский художественный академический театр, mxat). Zu seinem Symbol ist die Möwe geworden wegen Tschechows gleichnamigem Stück, das hier 1898, im Gründungsjahr des Theaters, mit großem Erfolg aufgeführt wurde.

Die beiden enthusiastischen Idealisten Konstantin Stanislawskij und Wladimir Nemirowitsch-Dantschenko hatten die Gründung des Theaters bei einem 18-stündigen Gespräch im Restaurant Slawjanskij Basar beschlossen. Unterstützt wurden sie von Sawwa Morosow, einem Spross der bekannten Mäzenatenfamilie. Er finanzierte den 1902 an der heutigen Stelle errichteten Bau. Architekt war Fjodor Schechtel, der Meister des Moskauer Jugendstils. Für Anton Tschechow begann durch seine Verbindung mit dem Künstlertheater nicht nur beruflich eine erfolgreiche Phase, er lernte bei den Proben zur »Möwe« auch Olga Knipper kennen. Sie spielte die Hauptrolle und wurde später seine Frau.

In den 1930er-Jahren arbeitete auch Michail Bulgakow (s. S. 164) als Regieassistent am MCHAT. Heute gehört das Haus zu den traditionellen Theatern, nach wie vor sind Tschechows Stücke im Repertoire.

Kusnezkij most

Die Verlängerung des Kamergerskij pereulok ist die Kusnezkij most (Schmiedebrücke). An den Ufern des Flüsschens Neglinnaja, dessen Mündung von einer breiten Brücke überspannt war, ließen sich bereits im 15. Jh. Schmiede nieder. Seit dem 19. Jh. fließt die Neglinnaja durch einen unterirdischen Kanal; an die Brücke erinnert heute nur noch der Straßenname. Noch in der Mitte des 18. Jh. war die Straße teilweise mit kleinen Gütern und Höfen bebaut, bis

Mein Tipp

Das besondere Souvenir
Jahrelang war Dmitrij Gourji damit beschäftigt ›Business zu machen‹, d. h. er erwarb Lizenzen westlicher Edelshops und eröffnete sie in Russland. Das war ihm irgendwann zu langweilig und so erfand er 2007 seine eigene Marke, ›Gourji‹. Er kreiert nun Manschettenknöpfe im Retro-Design und nimmt damit einen Trend auf, der seit Beginn des neuen Jahrtausends immer stärker geworden ist: die Sowjetnostalgie (s. a. S. 94). Sowjetabzeichen für besondere Auszeichnungen, Sowjetsymbole wie der Rote Stern oder die Kuppelmosaike von Alexander Deineka, die dieser z. B. für die Metrostation Majakowskaja schuf, bannt Gourji auf Manschettenknöpfe und edle Füllfederhalter. Auch Legenden der Sowjettechnik werden inszeniert. So ist eines der Motive eine silberne Kalaschnikow, aus deren Lauf ein roter Rubin kommt. Arbeiten lässt Dmitrij Gourji die aus Gold und/oder Silber bestehenden Objekte in Italien. Es sind ganz besondere – natürlich ein wenig kostspieligere – Souvenirs. Man bekommt sie u. a. in der Boutique Vendôme in der **Petrowskij-Passage** [5] (ul. Petrowka 10, Metro: Kusnezkij Most, tgl. 10–20 Uhr).

Zwischen Theaterplatz und Boulevardring

diese vor allem von Ausländern aufgekauft wurden, die hier Läden eröffneten, aber auch wunderschöne Jugendstilhäuser in der Straße bauten.

Bis zur Oktoberrevolution war die Straße fest in der Hand der Haute Couture und galt als Flaniermeile der Stadt. Auch der Juwelier des Zaren, Fabergé, bot hier seine Kunstwerke an. Während der Sowjetzeit gab es in der Kusnezkij most die meisten Antiquitäten- und Buchläden. Langsam entwickelt sich die Straße wieder in diese Richtung. So gibt es Dependancen von Cartier, Versace und Gianfranco Ferre sowie im ehemaligen ›Haus der Mode‹ den **Podium Concept Store** 3 über vier Etagen. Nicht weit entfernt liegen **Inostrannaja kniga** 4, ein Laden für fremdsprachige Bücher, und – vis-à-vis von diesem – das **Haus des Künstlers** 8 mit dem Ausstellungssaal des Russischen Künstlerverbandes.

Haus Nr. 20 beherbergte einst die Buchhandlung Gautier, hier ließ Tolstoj Anna Karenina literarische Neuerscheinungen kaufen. In **Haus Nr. 12** befand sich das Café Pittoresque, in dem Wladimir Tatlin (1885–1953) seine Reliefplastiken ausstellte und Majakowskij Gedichte las. Im Haus gab es auch eine Musikalienhandlung, in der Tolstoj 1909 die ersten Tonaufnahmen berühmter Pianisten hörte. In **Haus Nr. 9** gegenüber befand sich vor der Revolution das Restaurant des Kaufmanns Jar. Alexander Puschkin hat ihn in einem Gedicht verewigt und auch Leo Tolstoj gab ihm literarisch Gestalt. Das **Café Vogue** 1 an der Ecke zur Neglinnaja ist in den letzten Jahren zu einem absoluten In-Treffpunkt geworden.

Neglinnaja uliza
Nun geht es in die Neglinnaja uliza und bis zum Sandunowskij pereulok. An dieser Ecke entstand Anfang des 19. Jh. Moskaus Luxusbadehaus, die opulent ausgestatteten **Sandunowskije Banji** 1 (s. S. 114 und 191), die bis heute bei den Moskauern sehr beliebt sind.

Die **Petrowskij Passasch** 5 verbindet die Neglinnaja ul. mit der ul. Petrowka. Vor über hundert Jahren als eine der elegantesten Einkaufspassagen Moskaus erbaut, erstrahlt sie heute in neuem Glanz. Schräg gegenüber vom ZUM, das auch einen Eingang an der Neglinnaja besitzt, wurde 2002 das Park Hyatt Hotel eröffnet.

Teatralnyj projesd
Im Hinterhof von Teatralnyj projesd Nr. 3 hat der Künstlerklub **Masterskaja** 6 sein Domizil, in dem Abend

Hier lässt man sich das Shoppen gern mal etwas mehr kosten: Teatralnyj projesd

für Abend nette Events stattfinden. Daneben repräsentiert das Kaufhaus **Detskij Mir** 6 (›Kinderwelt‹) ein Stück Chruschtschow-Architektur im Zentrum. Gegenüber erinnert das **Iwan-Fjodorow-Denkmal** 9 an den ersten russischen Buchdrucker.

Ganz unscheinbar wirkt das Gebäude des **Militärkommissariats** 10 (Sdanije wojennowo komissariata). Doch in der Stalinzeit trat hier die Sonderkommission zusammen, eine Art Schnellgericht, und verurteilte Tausende Menschen zum Tode. Über unterirdische Gänge wurden die Gefangenen vom Lubjanka-Gefängnis zum Schnellgericht hinübergeführt.

Lubjanka-Platz und Umgebung

Eine ungeordnet erscheinende Ansammlung von Gebäuden prägt den Lubjanka-Platz (Lubjanskaja ploschadj, Лубянская площадь). In der Platzmitte stand in der Sowjetzeit ein Denkmal für Felix Dserschinskij, den ersten Henker des Sowjetreiches. Dserschinskij stieg nach der Revolution in den engen Führungskreis um Lenin auf und organisierte die Tscheka, die Geheimpolizei, die durch roten Terror die Macht der Sowjets stabilisierte. Sein Denkmal war das erste, das nach dem

Zwischen Theaterplatz und Boulevardring

gescheiterten Putsch 1991 von Tausenden jubelnder Menschen vom Sockel gestürzt wurde. Neben anderen verfemten Statuen befindet es sich nun im Skulpturenpark neben der Neuen Tretjakow-Galerie (s. S. 245).

KGB-Gebäude (Lubjanka) 11
Am Kopf des Platzes erhebt sich mächtig das Gebäude des KGB (Sdanije FSB), heute FSB, das auch unter dem Namen Lubjanka bekannt ist. Im Jahr 1899 für eine Versicherungsgesellschaft errichtet, wurde der Bau in den 1940er-Jahren für den KGB erweitert. Im Keller des Gebäudes, der zu einem großen Gefängniskomplex ausgebaut worden war, verhörte und folterte der Geheimdienst die vorgeblichen Feinde des Sowjetregimes, bevor sie umgebracht oder nach Sibirien transportiert wurden.

Denkmal für die Opfer stalinistischer Repression 12
Rechter Hand wird der Platz vom Polytechnischen Museum begrenzt. In dem kleinen Park davor liegt ein Stein, der von der Solowezkij-Insel im Weißen Meer hierher gebracht wurde. Die Insel, die schon seit Anfang des 18. Jh. eine Gefängnisinsel für Oppositionelle war, entwickelte sich während der Sowjetzeit zu einem der grausamsten Straflager des Gulag. Der Stein ruht auf einer von Blumen geschmückten Platte mit der Inschrift »Zum Gedenken der Millionen Opfer des totalitären Regimes«. Jedes Jahr am 30. Oktober – am Tag des Gedenkens an die Opfer der politischen Repression – kommen die Moskauer zu diesem Stein, um Blumen niederzulegen. Für manche ist dieser Platz ein Ersatz für das unbekannte Grab, in dem ihre Angehörigen liegen. In den letzten Jahren ist es gelungen, eine Liste mit Namen von jenen 16 000 Moskauern zu erstellen, die erschossen und in Massengräbern am Rande der Stadt begraben wurden (z. B. im Vorort Butowo oder im Zentrum von Moskau im Donskoj-Kloster). Inzwischen hat man an diesen Stellen Kreuze und Gedenktafeln aufgestellt.

KGB-Museum 13
Lubjanskaja pl. 2, nur nach Anmeldung zu besuchen: Tel. 914 85 38, Mo–Fr 10–18 Uhr
Im KGB-Museum (Историко-демонстрационный зал ФСБ РФ) werden Kuriositäten aus der Welt der Spione gezeigt, darunter Abhörgeräte, Feuerzeuge mit eingebauter Kamera oder Sprengsätze in Coladosen. Vom Terror, der durch den KGB verursacht wurde, erzählt das Museum nichts.

Bolschaja Lubjanka
In der Bolschaja Lubjanka werfen wir noch einen Blick auf das Verwaltungs- und **Wohnhaus Dynamo** 14 (Nr. 12). Der Architekt Iwan Fomin hat versucht, die Stilrichtungen Petersburger Klassik und Konstruktivismus miteinander zu verbinden. Das Resultat wird auch als Proletarischer Klassizismus bezeichnet. Im Erdgeschoss des Hauses befindet sich eine riesige Filiale der Supermarktkette Siebter Kontinent.

Gegenüber liegt der Eingang zur **Jekaterina Fondation** (Kusnezkij most 21/5, Eingang Bol. Lubjanka 5), www.ekaterina-fondation.ru/eng, Di–So 11–20 Uhr). Diese Stiftung eines Sammlerpaares veranstaltet sehr interessante Kunstevents.

Majakowskij-Museum 15
Lubjanskij pr. 3/6, www.mayakovsky.info, Fr–Mi 10–17, Do 13–20 Uhr, letzter Fr im Monat geschl.
An einem Haus an der Ecke zur Mjasnizkaja, das vor der Revolution einer Versicherung gehörte, hängt eine Gedenktafel für den Dichter Wladimir Majakowskij, der hier von 1919 bis

Mjasnizkaja-Straße

1930 lebte. Schon die Eingangshalle des heutigen Majakowskij-Museums (Musej W. W. Majakowskowo, Музей В. В. Маяковского) ist wie ein großes futuristisches Theater inszeniert. Der unglückliche ›Dichter der Revolution‹ beging 1930 in dieser Wohnung Selbstmord. 1893 in Georgien geboren, war Majakowskij 1906 nach Moskau gekommen, um Kunst zu studieren. Seine Gedichte lösten eine Revolution in der russischen Dichtung aus. Er war Glanzlicht einer neuen literarischen Bewegung, des russischen Futurismus. In der Ausstellung erfährt man einiges über den avantgardistischen Aufbruch in der Kunst vor der Revolution und kann Majakowskij im Film bewundern.

Mjasnizkaja-Straße

»… den ganzen Fußweg entlang – von der Mjasnizkaja bis zur Lubjanka … standen dicht an dicht – mit Schnauzen zum Platz und mit den Kutschen zu den Fußwegen – Gespanne der Droschkenkutscher«, schrieb Wladimir Giljarowskij über das vorrevolutionäre Moskau. Heute kann man sich das angesichts der viel befahrenen Mjasnizkaja nicht mehr vorstellen.

Die Mjasnizkaja uliza (Мясницкая ул) erstreckt sich zwischen Lubjanka-Platz und Gartenring. Erstmals erwähnt wurde sie bereits 1472, als Iwan III. hier eine Kirche bauen ließ. Kurz darauf siedelten sich Bojaren und Kaufleute aus Nowgorod an und ein Jahrhundert später zogen Fleischer und Schlachthöfe in die Straße, die ihr den Namen Mjasnizkaja (Fleischer) eintrugen. Im 17. und 18. Jh. war die Mjasnizkaja eine begehrte Adresse für Aristokratie und Geistlichkeit. Anfangs entstanden an der Straße Holzhäuser, erst nach dem großen Brand 1812 errichtete man Herrensitze und Paläste aus Stein. Da die Straße die Stadtmitte mit den drei großen Bahnhöfen am Komsomolskaja-Platz verband, wurde sie zu einer der wichtigsten Geschäftsstraßen und die Bebauung ging vor allem Ende des 19. Jh. zügig voran. Jugendstilhäuser wurden neben altrussische und neogotische Bauten gesetzt. Das **Hauptpostamt** [16] (Glawnyj potschtamt) entstand in seiner heutigen Form im russisch-byzantinischen Stil erst 1910/11.

Dom Perlowa [7]
Gegenüber macht ein in seiner Art einmaliges Haus auf sich aufmerksam: das Teehaus (Dom Perlowa). Der Teehändler Perlow, der Tee aus China importierte, ließ sich dieses dreistöckige Gebäude im chinesischen Stil von dem Architekten Roman Klein errichten. Anlass war der Besuch des chinesischen Regenten in Moskau zur Krönung des letzten Zaren Nikolaus II. im Jahr 1896. Auch heute kann man in dem ungewöhnlichen Haus wieder Tee kaufen (s. S. 191).

Kunstakademie [17]
Mjasnizkaja ul. 21,
www.glazunov-academy.ru
Die Kunstakademie (Akademija Chudoschestw) ist ein Meisterwerk des Moskauer Klassizismus. 1780 wurde das Gebäude von Wassilij Baschenow für den Moskauer Zivilgouverneur Iwan Juschkow erbaut. 1844 kaufte es die Gesellschaft der Kunst, um hier die erste Akademie für Malerei, Architektur und Bildhauerei zu eröffnen. »Als ich drei Jahre alt war, zogen wir um in eine Dienstwohnung der Lehranstalt für Malerei, Bildhauerei und Architektur auf der Mjasnizkaja gegenüber dem Postamt. Die Wohnung befand sich im Flügel, innen im Hof, außerhalb des Hauptgebäudes … Der Brand von 1812 hatte es verschont … ▷ S. 186

Auf Entdeckungstour
Highlights des Konstruktivismus – ein Architekturspaziergang

Die russische Avantgarde war der Urknall der Moderne. In der Architektur nahm sie die Ästhetik der 50er- und 60er-Jahre vorweg. Allein in Moskau gibt es noch rund 70 Gebäude im damals entwickelten Stil, dem Konstruktivismus, darunter Fabriken und Kommunenhäuser.

Zeit: ein halber bis 1 Tag

Planung: Möchte man alle Gebäude sehen, sollte man per Taxi unterwegs sein; mit der Metro ist es sehr zeitaufwendig, da die Bauten über die Stadt verteilt sind und nicht direkt an Metrostationen liegen.

Tipp: Der deutsche Architekt Peter Knoch bietet Architekturführungen durch Moskau an (s. S. 19).

Gleich nach der Revolution wurde Moskau wieder Hauptstadt und damit Zentrum der neuen Kunst und Architektur der Avantgarde. Wegweisend war für diese Wladimir Tatlins turmartiger Entwurf für ein Denkmal der III. Internationale. In kürzester Zeit entstanden in den 20er-Jahren und Anfang der 30er-Jahre experimentelle Klubhäuser, Wohnheime, Bürohäuser und Garagen. Die bevorzugten Materialien waren Metall, Glas und Stahlbeton. Leider sind die Gebäude bis auf wenige Ausnahmen heute völlig heruntergekommen. Vom neuen Interesse an Architektur, verbunden mit dem Bauboom der letzten Jahre, hat die Architektur der Avantgarde nicht profitiert – sie wird traditionell nicht geschätzt.

Ideal einer besseren Gesellschaft

Vom Verfall besonders bedroht ist das sechsstöckige **Narkomfin-Haus** (Wohnhaus des Volkskommissariats für Finanzen, Nowinskij bl. 25, links neben der Nowinskij-Passage, Metro: Barrikadnaja/Krasnaja Presnja; s. a. S. 259), mit dem Moissej Ginsburg und Ignatij Milinis Architekturgeschichte schrieben. Es war ein utopisches Projekt mit individuellen ›Wohnzellen‹ einerseits und Großküche, gemeinsamer Wäscherei und Kindergarten andererseits. Um die Ideale einer besseren Gesellschaft umzusetzen, sollten neue Lebensweisen praktiziert werden – die Sowjetunion nahm Kurs auf einen ›neuen Alltag‹. Oberste Priorität hatte das Wohnen. Statt Individualismus war Gemeinschaft angestrebt. Das hatte ideologische Gründe, aber auch ganz praktische, denn mit Kommunalwohnungen konnte man für mehr Menschen ein Dach über dem Kopf bereitstellen.

Iwan Nikolajew setzte das 1930 mit einem **Studentenwohnheim** (ul. Ordschonikidse 8–9, Metro: Leninskij Prospekt) konsequent um. Der achtstöckige, 200 m lange und extrem schmale Bau bot mit 1000 Zimmern Raum für 2000 Studenten. Alle anderen Aktivitäten, selbst das Ankleiden, fanden im Gemeinschaftsbereich statt. In einem separaten Bau waren Mensa, Sporthalle, Lesesaal, Arbeitsraum und ein Saal mit 1000 Plätzen untergebracht. Zurzeit wird das Gebäude saniert.

Stars des Konstruktivismus

Konstantin Melnikow schuf außer seinem eindrucksvollen Privathaus (s. S. 97) weitere außergewöhnliche Bauten in Moskau: u. a. fünf Klubhäuser, ein beliebter Gebäudetyp der 20er-Jahre, und die **Bachmetjewskij-Busgarage** (ul. Obraszowa 19 A, Metro: Nowoslobodskaja), heute ein Kunstzentrum (s. Abb., S. 111, 261). Die Dachkonstruktion dieses riesigen Baus kommt mit nur wenigen Trägern aus. Von den Klubhäusern, die mit neuen räumlichen Perspektiven experimentierten, ist besonders der **Rusakow-Arbeiterklub** (Stromynka ul. 6, Metro: Sokolniki) bemerkenswert, den Melnikow 1929 vollendete. Drei schräg herausragende Keilformen über dem Eingang bilden hier deutliche Akzente. Das Gebäude ist zumindest teilsaniert. Nicht weit entfernt liegt das **Klubhaus Sturmvogel** (3. Rybinskaja ul. 17, Metro: Sokolniki), ein eleganter Glasturm mit fünfblättrigem Grundriss.

Den größten Bürokomplex jener Zeit schuf der Schweizer Architekt Le Corbusier. Mit dem **Zentrosojus-Gebäude** [18] (s. S. 186) setzte er seine High-Tech-Visionen um. Das ehemalige **Kaufhaus Uniwermag** (1928) der Brüder Wesnin erinnert in seiner neuen Nutzung an die Ursprünge: Die Modefirma Benetton hat es originalgetreu restauriert und damit ein weiteres Juwel des Konstruktivismus gerettet.

Zwischen Theaterplatz und Boulevardring

Die seitliche Abrundung an der Ecke Mjasnizkaja Juschkow-Gasse schloss einen halbrunden Balkon mit Säulen ein‹, erinnert sich Boris Pasternak an seine Kindheit, in der sein Vater an der Kunstakademie eine Professur hatte. Rainer Maria Rilke war auf seinen Moskaureisen 1899 und 1900 bei ihnen zu Gast. An der Kunstakademie erhielten zahlreiche bekannte Maler ihre Ausbildung, unter ihnen Isaak Lewitan, Michail Nesterow und Valentin Serow. Nach der Revoluton kam von 1920 bis 1927 das Moskauer Bauhaus, WChUTEMAS, in dem Gebäude unter, an dem in den 20er-Jahren die russische Avantgarde der Architekten und Designer arbeitete.

Zentrosojus-Gebäude [18]
Mjasnizkaja ul. 39
Jenseits des Boulevardrings bildet das konstruktivistische Zentrosojus-Gebäude in diesem alten Moskauer Viertel die stilistische Ausnahme (s. a. Entdeckungstour S. 184). Der Schweizer Architekt Le Corbusier erbaute es zwischen 1929 und 1936. Der größte Bürokomplex Moskaus sollte Platz für 25 000 Beschäftigte bieten. Die Tuffsteinverblendung der Stahlbetonkonstruktion war ursprünglich rot, wirkt aber heute eher braun. Nach seiner dritten Moskaureise 1930 bekam Le Corbusier keine Einreisegenehmigung mehr. Der Bau wurde von dem Moskauer Architekten Nikolaj Kolli fertiggestellt. Heute ist hier das Staatliche Amt für Statistik untergebracht.

Gostorg-Bürohaus [19]
Mjasnizkaja ul. 47
Das Bürohaus für das Handelsministerium ist ein weiteres Beispiel des konstruktivistischen Bauens in der Mjasnizkaja uliza. Es wurde von 1925 bis 1927 von dem Architekten Boris Welikowskij errichtet.

Villa Baryschnikow [20]
Mjasnizkaja ul. 42
Gegenüber vom Gostorg-Bürohaus steht ein klassizistischer Bau, die Villa Baryschnikow. Erbaut wurde sie von Matwej Kasakow für den Gutsbesitzer Baryschnikow; 1802 war der Bau bezugsreif. 1823/24 weilte hier Alexander Gribojedow und schrieb seine Komödie »Verstand schafft Leiden«.

›Haus der drei Komponisten‹ [21]
Mjasnizkaja ul. 44
Neben der Villa Baryschnikow steht ein niedriges, zweistöckiges Palais, das die Mäzenin Nadeschda von Meck 1880 bezog. Sie unterstützte zahlreiche Musiker, aber vor allem verband sie eine tiefe Freundschaft mit Tschaikowskij, dem sie regelmäßig Geld zukommen ließ. Im Volksmund wird die Villa das ›Haus der drei Komponisten‹ genannt, weil Liszt, Tschaikowskij und Debussy hier regelmäßig zu Gast waren und Konzerte gaben.

Östlicher Boulevardring

Nun hat man den Tschistoprudnyj-Boulevard erreicht. Zusammen mit neun weiteren Boulevards bildet er den Boulevardring (s. S. 174), eine dicht mit Bäumen bestandene Straße, auf deren Bänken Rentner bei gutem Wetter ein Schwätzchen halten, neben Frauen mit Kinderwagen und chillenden Jugendlichen.

An der Kreuzung der Mjasnizkaja mit dem Boulevardring liegt der **Turgenjew-Platz** (Turgenjewskaja ploschadj, Тургеневская площадь). Auffälligstes Gebäude mitten auf dem Platz ist der Metro-Pavillon, daneben konkurriert McDonald's mit der russischen Fastfood-Kette Russkoje bystro. Dahinter ragt ein Denkmal des Schriftstellers Alexander Gribojedow auf.

Östlicher Boulevardring

Tschistyje prudy und Umgebung

Erst hinter dem Metro-Pavillon wird der Boulevardring schöner. Hier bei den Tschistyje prudy, den ›sauberen Teichen‹ (*tschistyj* = sauber, *prud* = Teich), trifft man auf eine Idylle mitten in der Stadt. Am Teich – es ist, anders als der Name vermuten lässt, nur einer – kann man im Sommer Ruderboote mieten, im Winter bietet er sich zum Schlittschuhlaufen an. Umgeben ist er von einem kleinen Park und prachtvollen Wohnhäusern aus der Zeit der Jahrhundertwende. Im 17. Jh. hieß der Teich noch Müllteich, weil hier jede Menge Müll abgeladen wurde. Erst auf Anordnung Fürst Menschikows, der ein Günstling Peters des Großen war und hier 1703 ein Palais bauen wollte, wurde der Teich gereinigt.

Östlich des Boulevards steht das **Sowremennik-Theater** 2. Erbaut wurde es 1914 von dem Architekten Roman Klein als Lichtspielhaus ›Kolosseum‹, 1970 schloss das Kino jedoch. Das heutige Theater, das viele zeitgenössische Stücke im Repertoire hat, wird seit einigen Jahren von Galina Woltschek geleitet, die auch selbst inszeniert.

In **Haus Nr. 23** daneben, an der Ecke zur uliza Makarenko, lebte von 1920 bis 1934 der Filmregisseur Sergej Eisenstein (»Panzerkreuzer Potemkin«, »Oktober«). Besonders auffällig ist das dem Sowremennik-Theater schräg gegenüberliegende blaue **Wohnhaus Nr. 14** mit außergewöhnlichen Reliefs, die exotische Tiere und Blumen zeigen. Daneben hat man in Sachen Abendvergnügen die Wahl zwischen dem **Kino Rolan** 3 (s. S. 191) und dem Restaurant **Nostalgie** 2 (s. S. 188).

Menschikow-Turm 22
Archangelskij per. 15

Links zwischen den Bäumen ist ein hoher, schlanker Turm zu sehen: Es ist der Turm der **Kirche des Erzengels Gabriel**, der Menschikow-Turm (Menschikowa baschnja, Меншикова башня) genannt wird. Menschikow ließ die Kirche auf seinem Herrensitz erbauen. Als die Kirche 1707 errichtet wurde, wünschte er, dass ihr Turm höher sein solle als der Glockenturm Iwan Welikij im Kreml. Und tatsächlich überragte er den ›Großen Iwan‹ um etwa 3 m. Doch 1723 schlug ein Blitz ein und zerstörte den Glockenturm teilweise. Nachdem er wiederhergestellt worden war, stand er nicht mehr in Konkurrenz zum Kreml-Glockenturm. Die Kirche ist eine der wenigen, die die Sowjetzeit als Gotteshaus überdauert haben, daher ist sie sehr gut erhalten.

Kunstzentrum Winsawod ! 23
4-Syromjatnistscheskij per. 1, www.winzavod.com, tgl. 11–21 Uhr, die meisten Galerien sind ab 12 bzw. 13–20 Uhr geöffnet

---

Mein Tipp

Sightseeing per Straßenbahn

1911 verkehrte erstmals die legendäre Straßenbahn ›A‹. ›Annuschka‹, wie die Bahn von den Moskauern genannt wurde, fuhr den gesamten Boulevardring entlang. Heute bedient sie leider nur noch die Strecke von der Metrostation Tschistyje Prudy in südlicher Richtung über die Moskwa, durch Samoskworetsche am Danilow-Kloster vorbei bis zum Danilow-Markt. Das ist eine schöne Sightseeing-Tour per Tram. Um die Tschistyje prudy fährt die bunt bemalte Restaurantbahn ›Annuschka‹ (Metro: Turgenjewskaja/ Tschistyje Prudy, http://tramvai-annushka.narod.ru).

Zwischen Theaterplatz und Boulevardring

Folgt man der Pokrowka uliza bis zum Gartenring, kommt man zum Kursker Bahnhof, hinter dem das Kunstzentrum Winsawod (Винзавод) liegt, ein lebendiges Begegnungszentrum für moderne Kunst. In der alten Weinfabrik sind nicht nur riesige Ausstellungsräume und ein Café untergebracht, auch die arriviertesten Moskauer Galerien haben hier ihre Räume (s. a. S. 111 und S. 260).

Essen & Trinken

In-Treffpunkt – **Café Vogue** 1: s. S. 180.
Festlich – **Nostalgie** 2: Tschistoprudnyj bl. 12 a, Tel. 916 90 90, www.nostalgie.ru, Metro: Turgenjewskaja/Tschistyje Prudy, tgl. 12–24 Uhr. Die runden Tische sind festlich gedeckt, Kerzen leuchten und dezente Musik spielt. Die Karte bietet eine große Auswahl: köstliche Gerichte mit gegrilltem Fisch, Austern oder Lobster. Zwischen 12 und 17 Uhr kann man zwischen drei Gerichten für 700 RUB wählen.
Nicht nur Pizza – **Akademija** 3: s. S. 33.
Vegetarisch – **Avocado** 4: Tschistoprudnyj bl. 12/2, Tel. 921 77 19, Metro: Turgenjewskaja/Tschistyje Prudy, tgl. 10–23 Uhr, Hauptgericht ab 6 €. Ob Bliny oder Salate, alles wird frisch zubereitet und ist vegetarisch. Das ist in Moskau immer noch eine Seltenheit. Die Einrichtung ist schlicht, aber dafür sind die Preise okay.
Aserbaidschanisch – **Baraschka** 5: Petrowka 20/1, Tel. 625 28 92, Metro: Teatralnaja/Kusnezkij Most, tgl. 11–24 Uhr, Hauptgericht ab 9 €. Tagsüber ein wenig dunkel, abends aber sehr gemütlich. Den Gast erwartet trotz aserbaidschanischer Küche kein Folklorekitsch, sondern ein modern gestyltes Restaurant – orientalische Symbolik auf minimalistische Art. Auf der Karte: Baku Pilaf, aserbaidschanische Pelmeni, Kebab und Rindfleisch in Minzsauce – um nur einige der Köstlichkeiten zu nennen.
Erlebnisrestaurant – **Beloje Solnze Pustyni** 6: Neglinnaja ul. 29/14, Tel. 625 33 93, www.bsp-rest.ru, Metro: Zwetnoj Bulwar, tgl. von 12 Uhr bis zum letzten Gast, Hauptgericht ab 10 €. Benannt wurde das Erlebnisrestaurant ›Weiße Wüstensonne‹ nach einem sowjetischen Kultfilm der 70er-Jahre. Das Interieur ist ein echtes Abenteuer, dazu gibt's passende Livemusik. Die Küche bietet Leckerbissen der usbekischen und arabischen Welt. An man-

Adressen

chen Abenden wird ein ganzes Lamm gegrillt, an anderen gibt es Bauchtanz – nur zum Gucken, nicht zum Mittanzen.
Stilvoll – **Café des Artistes** 7 : s. S. 33.
Nichtraucher-Café – **Coffee Bean** 8 : Pokrowka 18, Geb. 3, Tel. 623 97 93, Metro: Turgenjewskaja/Tschistyje Prudy, Mo–Fr 8–22, Sa 8–23, So ab 9–22 Uhr. Eines der wenigen Nichtraucher-Cafés in Moskau. Viele Kaffeevariationen im Angebot, dazu gibt es kleine süße Leckereien. Sehr beliebt und deswegen meistens gut besucht!
Supercool – **Galereja** 9 : s. S. 35.

Folklore – **Godunow** 10 : Teatralnaja pl. 5/1, Tel. 698 44 80, www.godunov.net, Metro: Teatralnaja, Ochotnyj Rjad, tgl. 12–24 Uhr, Hauptgericht ab 12 €. Vor oder nach dem Besuch des Bolschoi-Theaters kann man hier die russische Atmosphäre des 17. Jh. schnuppern: bemalte Deckengewölbe, Kachelöfen, Folklore-Shows und russische Küche.
Klassisch – **Restaurant Bolschoj** 11 : ul. Petrowka 3/6, Geb. 2, Tel. 789 86 52, www.novikovgroup.ru, Metro: Kusnezkij Most, tgl. 12 Uhr bis zum letzten Gast, Hauptgericht ab 30 €. Direkt hinter dem Bolschoi-Theater hat nun die-

Abends ein besonders schöner Anblick: die Tschistyje prudy

Zwischen Theaterplatz und Boulevardring

ses Restaurant mit französisch-russischer Karte eröffnet. Der französische Chef Kamel Benamar präsentiert auf seiner Karte neben Schaschlik auch Perlgraupenrisotto mit schwarzem Trüffelöl oder Rote-Bete-Salat mit Hüttenkäse. Zwischen 12 und 18 Uhr gibt es 20 % Rabatt.

Beste vegetarische Kost – **Juggernaut Express** [12]: s. S. 38.

Leichter Genuss – **L'altro Bosco** [13]: Petrowka 10 (in der Petrowskij Passasch), Tel. 621 31 17, www.bosco.ru, Metro: Teatralnaja, tgl. 10–22 Uhr, Hauptgericht ab 12 €. In der exklusiven Passage kann man sich durch die kleinen Törtchen verführen lassen oder eines der ›Light Meals‹ auf der Karte. Frische Zutaten, viel Salat und Fisch, sehr angenehme Atmosphäre.

Frischer Fisch – **La Marée** [14]: s. S. 32.

Eigentlich nur prachtvoll – **Metropol** [15]: s. S. 36.

Typisch russisch – **Pelmeschka** [16]: Kusnezkij most 4/3, Tel. 692 83 92, Metro: Ochotnyj Rjad, tgl. 11–24 Uhr, Hauptgericht ab 4 €. Kleines Selbstbedienungsrestaurant: alles lachsfarben, sehr sauber, beim Essen kann man Videoclips sehen. Nicht nur Pelmeni wie der Name verspricht, sondern auch andere typisch russische Gerichte.

Sowjetnostalgie – **Petrowitsch** [17]: s. S. 38.

Little Italy – **Roberto** [18]: Roschdestwenskij bl. 20, Tel. 628 19 44, Metro: Turgenjewskaja/Lubjanka, tgl. 12–23 Uhr, Hauptgericht ab 9 €. Little Italy in Moskau: rustikales Interieur, elegant eingedeckte Tische und eine riesige Pastaauswahl. Auch die Salatauswahl ist groß und die Panna Cotta duftet wirklich nach Vanille. Netter Service!

Für Sowjetnostalgiker – **Schit i Metsch** [19]: Bolschaja Lubjanka 13/16, Tel. 622 44 46, Metro: Lubjanka, tgl. 12–14 Uhr, Hauptgericht ab 9 €. Im ›Schild und Schwert‹ kommen wahre Sowjetnostalgiker auf ihre Kosten: Nicht nur hat der Küchenchef einst im Kreml gekocht, an den Wänden hängen auch Porträts der ehemaligen KGB-Chefs. Auf den Tisch kommen Speisen der russischen und kaukasischen Küche mit schrägen Namen wie ›Huhn Roter Terror‹.

Hausgemachte Pasta – **Spago** [20]: Bolschoj Slatoustinskij per. 1, Tel. 621 37 97, Metro: Lubjanka, tgl. 12–24 Uhr, Hauptgericht ab 7 €. Die hausgemachten Nudeln sind einfach super. Aber auch mit Fisch- und Fleischspezialitäten kann dieser Italiener aufwarten.

1001 Nacht – **Usbekistan** [21]: Neglinnaja ul. 29, Tel. 623 05 85, www.usbekrest.ru, Metro: Zwetnoj Bulwar, tgl. 12–24 Uhr, Hauptgericht ab 9 €. Im Ambiente wie in einem Märchen aus 1001 Nacht werden Gerichte der usbekischen, arabischen und chinesischen Küche serviert. Danach Entspannung bei exotischen Wasserpfeifen.

Für den kleinen Hunger – **Zurzum Café** [22]: 4-Syromjatnistscheskij per. 1, Tel. 771 13 36, www.zurzum.ru, Metro: Kurskaja, tgl. 11–21 Uhr, Hauptgericht ab 8 €. Nettes Café auf dem Winsawod-Gelände mit großer Außenterrasse zum Hof der ›Weinfabrik‹, gute Säfte und kleine Snacks.

Einkaufen

Edelkaufhaus – **ZUM** [1]: s. S. 43 und S. 175.

Stardesigner – **Denis Simachev** [2]: s. S. 43.

Top of the Top – **Podium Concept Store** [3]: s. S. 44.

Fremdsprachige Bücher – **Inostrannaja kniga** [4]: Kusnezkij most 18/7, Metro: Kusnezkij Most, tgl. 9–21 Uhr. Im ›Ausländischen Buch‹ gibt es eine große Auswahl vor allem an englischen, französischen und deutschen Büchern, u. a. Kunst- und Bildbände und Belletristik.

Adressen

Edelpassage – **Petrowskij Passasch 5**: s. S. 180.
Für Kinder – **Detskij Mir 6**: s. S. 42.
Tee – **Dom Perlowa 7**: Mjasnizkaja 19, Metro: Turgenjewskaja/Tschistyje Prudy. Tee in vielen Variationen kann man hier kaufen und dabei den wunderschön restaurierten Laden bestaunen.
Riesige Auswahl – **Biblio-Globus 8**: s. S. 40.
Designerpaar – **Nina Donis 9**: s. S. 43.
Auch nachts – **Projekt O.G.I. 10**: s. S. 40.
Exklusive Supermarktkette – **Sedjmoj Kontinent 11**: Bolschaja Lubjanka 12, www.7cont.ru, Metro: Lubjanka. Exklusive Supermarktkette, die 24 Std. geöffnet hat und alle Delikatessen des europäischen und amerikanischen Marktes anbietet.
Patisserie – **L'Atelier du Chocolat 12**: ul. Pokrovka 40, Tel. 917 07 64, www.atelierchocolat.ru, Metro: Kurskaja oder Kitaj-Gorod, tgl. 10–21 Uhr. Dieser kleine Laden ist ein Juwel: Trüffel, Macarons, Törtchen, gefüllte Schokoladentafel, Pelmeni aus Marzipan, kunstvolle Torten, aber auch Brot und Brötchen. Super Mitbringsel: Alles wird ebenso edel verpackt, wie es schmeckt. Kleines Café zum Direktverzehr!

Aktiv & Kreativ

Schwitzen mit Genuss – **Sandunowskije Banji 1**: Neglinnaja ul.14/Sandunowskij per.1, www.sanduny.ru, Metro: Kusnezkij Most, tgl. 8–22 Uhr. In dieser Banja entschlacken die Moskauer schon seit rund 200 Jahren, s. a. S. 180.

Abends & Nachts

Großes Theater – **Bolschoi-Theater 1**: s. S. 100 und 175.

Sprechtheater – **Malyj-Theater 1**: s. S. 175.
Zeitgenössische Stücke – **Sowremennik-Theater 2**: Tschistoprudnyj bl. 19 a, Tel. 621 64 73, www.sovremennik.ru, Metro: Tschistyje Prudy.
Kino, Kino – **Rolan 3**: Tschistoprudnyj bl. 12, Tel. 916 91 69, www.rolan.ru, Metro: Turgenjewskaja/Tschistyje Prudy. Hier werden Premieren gezeigt, aber auch Festivalfilme, die sonst in keinen anderen Kinos laufen. Zwei Säle mit 200 und 100 Plätzen.
Viele Cocktails – **Bar 30/7 4**: Petrowka 30/7, Tel. 209 5951, www.bar30-7.com, Metro: Puschkinskaja, tgl. 12–5 Uhr. Moskauer In-Place mit langem Bartresen und kitschigen Kerzenleuchtern, wo die Moskauer Jeunesse dorée ihrer Leidenschaft für Wodka frönt.
Edel – **Conservatory 5**: Neglinnaja ul. 4, Tel. 783 12 34, www.moscow.park.hyatt.com, Metro: Teatralnaja, tgl. 10–2 Uhr. Trendig-schicker Treffpunkt für den frühen Abend im 10. Stock des Ararat Park Hyatt Hotels. Die Lounge-Bar ist wie ein Laufsteg mit Blick auf Moskaus historisches Zentrum. Besonders schön ist es auf der Terrasse, wo kleine Gerichte der mediterran-asiatischen Küche serviert werden.
Modespot – **Denis Simachev Bar 2**: s. S. 46.
Anspruchsvoll – **Künstlertheater (MCHAT) im. Tschechowa 7**: s. S. 50, 178.
Künstlerklub – **Masterskaja 6**: Teatralnyj projesd 3, Geb. 3, Tel. 625 68 36, www.mstrsk.ru, Metro: Teatralnaja/Kusnezkij Most, tgl. 12–6 Uhr. Hauptgericht ab 7 €. Im größeren Saal finden Chansonabende, Tanzpartys, kleine Konzerte und Lesungen statt. Im kleineren Raum kann man in Ruhe sitzen und essen. Die Karte bietet Gerichte der internationalen und russischen Küche.
Live-Konzerte – **Projekt O.G.I. 10**: s. S. 46.

Das Beste auf einen Blick

Pretschistenka und Chamowniki

Highlights !

Staatliches Museum für Bildende Künste – Puschkin-Museum: Wirklich große Kunst kann man hier bewundern – das Troja-Gold und westliche Meisterwerke von Cézanne, Picasso, Matisse, van Gogh u. a. **2** S. 194

Neujungfrauenkloster: Gründlich renoviert, zeigt das größte und schönste der Moskauer Klöster seine Pracht samt idyllischem Friedhof. **14** S. 206

Auf Entdeckungstour

Zu Besuch in Tolstojs Welt: Hier hat Leo Tolstoj mit seiner Familie gelebt und viele seiner Werke verfasst. Man spürt den Atem der Geschichte und taucht ein in die authentische Wohnatmosphäre des großen russischen Schriftstellers. **12** S. 202

Kultur & Sehenswertes

Puschkin-Museum: Nicht nur das Gebäude ist ein Meisterwerk, auch wer dem bedeutendsten Dichter Russlands näher kommen möchte, kann sich hier an Handschriften und Bildern aus seiner Zeit erfreuen. 4 S. 200

Aktiv & Kreativ

Tschajka: Mitten im Winter draußen im Schwimmbad Bahnen ziehen – im Tschajka ›Möwe‹ wird der Traum wahr. 1 S. 211

Genießen & Atmosphäre

Café Accademia: Netter Treff direkt neben der Christi-Erlöser-Kathedrale. Ideal für einen Kaffee zwischendurch oder eine knackige Pizza. 2 S. 210

Skaska Wostoka: Auf dem Restaurantschiff taucht man in die Atmosphäre von 1001 Nacht. Köstliche kaukasische und usbekische Küche. 3 S. 211

Abends & Nachts

Wodka-Bar: Hier fließt es noch, das Nationalgetränk der Russen, ob als Cocktail oder pur – dazu Musik und gute Stimmung. 2 S. 211

Das Adels- und das Weberviertel

»Von allen Teilen Moskaus ist wohl keiner eigenartiger als das Labyrinth von sauberen, stillen, gewundenen Straßen und Gassen, das hinter dem Kreml zwischen zwei großen strahlenförmig verlaufenden Straßen – dem Arbat und der Pretschistenka – liegt und das Alte Marstallviertel, Staraja Konjuschennaja, heißt«, schrieb der Revolutionär Pjotr Kropotkin (1824–1921) über das Viertel, in dem er aufwuchs. In diesem Teil der Stadt wohnten einst die Stallknechte des Zaren, bis der Adel das Viertel im 18. und 19. Jh. für sich entdeckte. Hier standen die luxuriösesten Villen, Palais und Stadthäuser, umgeben von weitläufigen Parks. Einige der Häuser sind bis heute erhalten und man kann die frühere Pracht ahnen.

Von 1921 bis 1991 war die Pretschistenka, die in ihrer Verlängerung durch den Stadtteil Chamowniki, das einstige Weberviertel, direkt zum Neujungfrauenkloster führt, nach Kropotkin benannt. Die Metrostation heißt immer noch nach ihm. Auch heute ist die Gegend um die Pretschistenka eine beliebte Wohngegend.

Pretschistenka-Platz

Am Pretschistenka-Platz (Пл. Пречистенские Ворота) vor der Metrostation Kropotkinskaja treffen sich Pretschistenka, Wolchonka, Ostoschenka sowie der Gogol-Boulevard. Hier beginnt auch der Boulevardring (s. S. 174).

Gleich am Anfang des Gogol-Boulevards (Гоголевский бульвар) erhebt sich ein klassizistisches **Palais (Nr. 6)**, das sich Sergej Tretjakow (s. S. 241) bauen ließ. Nach seinem Tod kaufte der Bankier und Verleger Pawel Rjabuschinskij das Anwesen. Um 1900 galten die Rjabuschinskijs als eine der reichsten Familien Moskaus. Nach der Revolution eignete sich der Staat das Haus an. Pawel Rjabuschinskij starb 1924 in der Emigration. Heute ist in dem Gebäude der **Kulturfond** **1** (Fond kultury) untergebracht.

An der Stelle des Vestibüls der Metro befand sich bis 1933 die Kirche des Heiligen Geistes. Zwei Jahre zuvor war die Christi-Erlöser-Kathedrale gesprengt worden, auf die man nun wieder von hier blickt.

Wolchonka-Straße

Staatliches Museum für Bildende Künste – Puschkin-Museum ❗ **2**
ul. Wolchonka 12, www.museum.ru/gmii, Di–So 10–19 Uhr
»Die weiße Erscheinung der Treppe, alles und alle beherrschend. Am rechten

Infobox

Reisekarte: ▶ E–J 8–11

Übersicht
Der vorgeschlagene Rundgang durch das Adelsviertel beginnt an der Metrostation Kropotkinskaja und endet am Neujungfrauenkloster (Metrostation Sportiwnaja).

Zeitrahmen
Man sollte sich für den Rundgang mindestens einen halben Tag Zeit nehmen; wenn man die Museen besichtigen will, braucht man einen Tag. Für das Puschkin-Museum für Bildende Künste sollte man einen Extratag einplanen.

Wolchonka-Straße

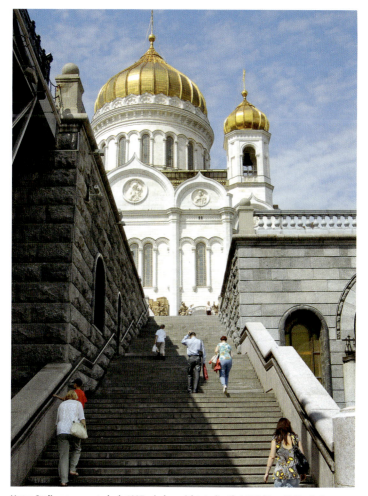

Unter Stalin gesprengt, doch 1997 wiedererrichtet: die Christi-Erlöser-Kathedrale

Flügel – wie ein Wächter – in unmenschlicher Größe der David Michelangelos. Die Gäste sind in Erwartung des Zaren in die Säle auseinander geschwärmt«, so beschreibt die Dichterin Marina Zwetajewa die Eröffnung des Puschkin-Museums (Государственный музей изобразительных искусств им. А. С. Пушкина) im Jahr 1912. Das Museum war das Lebenswerk ihres Vaters, Iwan Zwetajew, Professor für Kunstgeschichte an der Moskauer Universität. Er initiierte es als Sammlung von Kopien berühmter Skulpturen und

Pretschistenka/ Chamowniki

Sehenswert
1. Haus des Kulturfonds
2. Staatliches Museum für Bildende Künste – Puschkin-Museum
3. Christi-Erlöser-Kathedrale
4. Puschkin-Museum
5. Tolstoj-Museum
6. Bibikow-Palast
7. Morosow-Villa
8. Zereteli-Galerie
9. Moskauer Haus der Fotografie
10. St. Nikolaj-Kirche der Weber
11. Andrejewskij-Brücke
12. Tolstoj-Haus
13. Tolstoj-Denkmal
14. Neujungfrauenkloster

Essen & Trinken
1. Tiflis
2. Café Accademia
3. Skaska Wostoka
4. Vanil
5. Vertinsky

Aktiv & Kreativ
1. Tschajka

Abends & Nachts
1. Chivas Bar & Lounge
2. Wodka-Bar

anderer Kunstwerke. Jahrelang war er herumgereist, um originalgetreue Gipsabgüsse zu besorgen. 1912 war es dann so weit: Die Sammlung griechischer, römischer und mittelalterlicher Exponate war stattlich, ebenso wie das Gebäude des Architekten Roman Klein im neoklassizistischen Stil, das sich auch heute noch als funktioneller Museumsbau erweist. Thematisch hat das Museum nichts mit dem Nationaldichter Puschkin zu tun, es wurde lediglich aus Anlass von dessen 100. Todestag 1937 nach ihm benannt.

Die eigentliche Bedeutung als Museum für nichtrussische Kunst erhielt das Puschkin-Museum erst in der Sow-

jetzeit, als konfiszierte Privatsammlungen zum Bestand hinzukamen. Den bedeutendsten Zuwachs bekam es nach dem Zweiten Weltkrieg durch einige Beutekunstwerke sowie die Sammlung Morosow und Schtschukin. Die beiden Mäzene wurden nach der Revolution – nachdem sie emigriert waren – enteignet, doch ihre Sammlungen, zu denen u.a. Werke von Cézanne, Matisse, Monet, Gauguin, van Gogh und Picasso gehörten, wurden zunächst in einem separaten Museum ausgestellt. Im grünen Gebäude links neben dem Hauptgebäude sind diese Meisterwerke nun in der Impressionisten-Galerie ausgestellt. Die Galerie ist Teil des Programms zur 100-Jahr-

Lieblingsort

Oase der Ruhe – Vorplatz und Park am Puschkin-Museum
Der Platz vor dem **Museum für Bildende Künste** 2 (Puschkin-Museum) und der angrenzende Park sind eine Oase der Ruhe mitten in der tosenden Metropole. Im Sommer ist man umgeben von blühenden Rosen, im Frühjahr von duftenden Maiglöckchen, selbst im Winter kann man hier auf den langen Bänken sitzen und die ersten Sonnenstrahlen genießen. Beim Blick auf die Säulen des Museums kann man die Kunst nachwirken lassen und sich von den Meistern der italienischen Renaissance, der flämischen und holländischen Malerei erholen, bevor man zu den Impressionisten im Nebengebäude geht.

Pretschistenka und Chamowniki

Feier des Museums 2012. Bis dahin soll um das Hauptgebäude herum ein Museumsstädtchen entstehen, so wünscht es die umtriebige Direktorin Irina Antonowa (s. S. 112). Im Hauptgebäude finden regelmäßig interessante Sonderausstellungen statt.

Christi-Erlöser-Kathedrale 3
ul. Wolchonka 15, www.xxc.ru,
Mo 13–17, Di–So 10–17 Uhr
Mit viel Aufwand und Geld ließ Bürgermeister Luschkow die Christi-Erlöser-Kathedrale (Chram Christa Spasitelja, Храм Христа Спасителя) 1997 neu aufbauen – ein später Triumph über Diktator Stalin, denn dieser hatte den Vorläuferbau schleifen lassen.

Im Jahr 1839 wollte man hier nicht bloß eine Kirche bauen, sondern eine Kathedrale zu Ehren des Sieges der russischen Armee über das napoleonische Heer. Nach 44 Jahren wurde das Gotteshaus geweiht. Ganze 48 Jahre blieb die Kathedrale das Wahrzeichen Moskaus, bis Stalin sie 1931 sprengen ließ. Der gigantische Palast der Sowjets – ein utopisches Projekt mit einer Höhe von 415 m – sollte an der Stelle der Kathedrale errichtet werden. Aber das Projekt scheiterte: Das Fundament und die ersten zwei Stockwerke waren bereits fertig, als die Sowjetunion 1941 in den Zweiten Weltkrieg hineingezogen wurde. Nach dem Krieg gab man das Vorhaben auf.

Chruschtschow ließ anstelle des Palastes in den 60ern ein Schwimmbad bauen, wobei die bestehenden Fundamente die Form und die Dimensionen des Schwimmbeckens bestimmten – es war seinerzeit das größte der Welt und ganzjährig zu benutzen. Dank des früheren Bürgermeisters Luschkow und der materiellen Unterstützung einiger Moskauer Geschäftsleute dominieren nun wieder die goldenen Kuppeln Moskaus Stadtzentrum.

In der Kathedrale werden an Feiertagen wie Weihnachten und Ostern alle großen Gottesdienste gefeiert. Mehr als 10 000 Gläubige finden in dem Raum Platz. Über eine Fußgängerbrücke gelangt man auf die andere Seite des Flusses.

Pretschistenka-Straße

Der Name Pretschistenka bedeutet ›von höchster Reinheit‹. Benannt wurde die uliza Pretschistenka (ул. Пречистенка) nach der gleichnamigen Ikone des Neujungfrauenklosters. Angelegt wurde die Straße im 16. Jh. als Verbindung zwischen Kreml und Kloster. Zar Alexej zog sich auf diesem Wege oft zur Meditation in das Kloster zurück. Seit dem 18. Jh. entstanden entlang der Straße die prächtigsten Adelspalais, ab Mitte des 19. Jh. auch Kaufmannshäuser.

Puschkin-Museum 4
ul. Pretschistenka 12/2, www.pushkin museum.ru, Di–So 10–18 Uhr
Der Bau ist ein Meisterwerk der russischen Empire-Architektur. 1814 errichtete ihn der Architekt Afanassij Grigorjew für den Adligen Chruschtschow, nach dem auch die kleine Gasse zur Rechten benannt ist. Da das Gebäude ein Eckgrundstück einnimmt, hat das Palais zwei Paradefassaden. Nach der Revolution wurde in dem Gebäude ein Spielzeugmuseum eingerichtet, das auch Walter Benjamin bei seinem Moskauaufenthalt 1926/27 gern besuchte und beschrieb. Seit 1961 ist in dem Palais ein Puschkin-Museum (Musej Puschkina) untergebracht, obwohl der Dichter niemals hier lebte. Ausgestellt sind Möbel, Porzellan und Bilder aus der Zeit Puschkins, Briefe sowie Kopien der handschriftlichen Originale.

Weitere Sehenswürdigkeiten

Das Palais uliza Pretschistenka Nr. 11 wurde 1817 ebenfalls von dem Architekten Grigorjew für die Familie Lopuchin erbaut; es beherbergt heute das **Tolstoj-Museum** 5 (Musej Tolstowo, Музей Л. Н. Толстого, ul. Pretschistenka 11, Di–So 11–17 Uhr). Anhand zahlreicher Text- und Tondokumente kann man hier das Leben und Werk des Schriftstellers (s. Entdeckungstour S. 202) nachvollziehen. In dem Gebäude arbeitet auch die Tolstoj-Forschung.

Haus Nr. 20, das Anfang des 19. Jh. erbaut wurde, fällt durch seine Ornamente auf: Adler, Geier, Löwenköpfe und Eichenlaub schmücken das Palais, in dem die amerikanische Tänzerin Isadora Duncan 1921 lebte und ein Tanzstudio betrieb, nachdem sie den Dichter Sergej Jessenin geheiratet hatte.

Im **Bibikow-Palast** 6 (ul. Pretschistenka 17), der ein wenig von der Straße zurückversetzt liegt, tanzte Alexander Puschkin 1831 auf einem Ball.

Morosow-Villa 7
ul. Pretschistenka 21, www.rah.ru,
Di–Sa 12–20, So 12–19 Uhr

Die Morosow-Villa entstand ursprünglich im 18. Jh., später gehörte sie einem Neffen des Fürsten Potjomkin, auch hier wurde Puschkin mehrmals gesehen. Ende des 19. Jh. kaufte der Industrielle und Mäzen Iwan Morosow das Haus und ließ es umbauen, um seine Bildersammlung besser hängen zu können. Vor der Revolution erwarb er viele Meisterwerke, die heute im Puschkin-Museum für Bildende Künste ausgestellt sind: Gemälde von Bonnard, Cézanne, Monet, Picasso, Gauguin und van Gogh; 1917 besaß er um die 500 Gemälde. Er wurde enteignet und in seinem Haus eröffnete das erste Museum für westliche Kunst. 1919 emigrierte Morosow, doch bis dahin sah man ihn noch in der Villa: »Die Sammlung war offiziell noch nicht in ein Museum umgewandelt, es gab keinen Stellenplan für Mitarbeiter, und an den Sonntagvormittagen hatte Iwan Morosow, unterstützt von Verwandten und dem wenigen verbliebenen Personal, selbst durch die Sammlung geführt und manchmal Erklärungen dazu gegeben.« Heute residiert in dem Bau die Akademie der Künste.

Zereteli-Galerie 8
ul. Pretschistenka 19,
www.tsereteli.ru, Di–Sa 12–20,
So 12–19 Uhr

Surab Zereteli, der Präsident der Akademie der Künste und Moskaus ›Hofkünstler‹, hat sich nebenan im ehemaligen Palais der Dolgorukij ein Privatmuseum eingerichtet, in dem eine ständige Ausstellung seiner Werke zu sehen ist. Hier bietet er Meisterklassen an und stellt auch manchmal andere Künstler aus. Direkt gegenüber kann man eines der prächtigsten Jugendstilhäuser (Nr. 28) der Stadt bewundern.

Ostoschenka-Straße

In der Ostoschenka sieht man auch noch einige Adelpalais und Jugendstilhäuser, doch hier sind außerdem einige sehr exklusive Wohnhäuser neu entstanden. Endlich ist das neue Gebäude des **Moskauer Haus der Fotografie** 9 fertig (Ostoschenka 18, www.mdf.ru, Di–So 11–20 Uhr, s. a. S. 58 und 111). Gegenüber führt eine kleine Gasse zum Satschatjewskij-Frauenkloster, das umfassend restauriert wird. Dahinter sind mit dem Quartier Ostoschenka spektakuläre neue Wohnhäuser wie das Copper-House (Molotschnyj 1) und Korobejnikow entstanden – Granit trifft ▷ S. 205

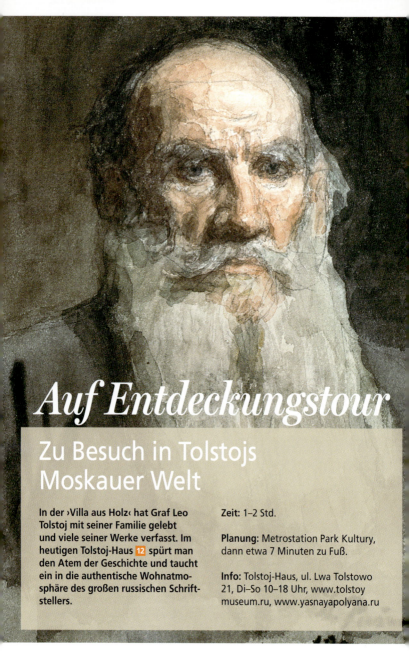

Auf Entdeckungstour

Zu Besuch in Tolstojs Moskauer Welt

In der ›Villa aus Holz‹ hat Graf Leo Tolstoj mit seiner Familie gelebt und viele seiner Werke verfasst. Im heutigen Tolstoj-Haus 12 spürt man den Atem der Geschichte und taucht ein in die authentische Wohnatmosphäre des großen russischen Schriftstellers.

Zeit: 1–2 Std.

Planung: Metrostation Park Kultury, dann etwa 7 Minuten zu Fuß.

Info: Tolstoj-Haus, ul. Lwa Tolstowo 21, Di–So 10–18 Uhr, www.tolstoy museum.ru, www.yasnayapolyana.ru

Geboren 1828 auf dem väterlichen Landgut Jasnaja Poljana, 200 km südlich von Moskau, fühlte sich Lew Tolstoj Zeit seines Lebens dort am wohlsten. Doch nach dem frühen Tod der Eltern lebte er seit 1837 teilweise bei Verwandten in Moskau und immer wieder kehrte er später für kurze Aufenthalte hierhin zurück. Auf Drängen seiner Frau entschloss er sich 1882, ein Haus in Moskau zu kaufen, damit die Kinder eine angemessene Ausbildung bekommen konnten.

Tolstoj als Innenarchitekt
Wer heute vor dem Tolstoj-Haus in Chamowniki steht, dem bietet sich ein anderer Anblick als dem Dichter seinerzeit, als er das Gebäude erwarb: Tolstoj ließ dem 1806 errichteten Holzhaus einen Paradestock aufsetzen mit großen Zimmern und Fenstern. Mit Begeisterung stürzte er sich in den Umbau und die Einrichtung des Hauses – eine Erfahrung, die er sogleich in der Erzählung »Der Tod des Iwan Iljitsch« verarbeitete: »Iwan Iljitsch übernahm selbst das Einrichten, suchte die Tapeten aus, kaufte die Möbel, wenn es ging, alte, stilvolle und den Überzug, und alles wuchs und wurde und näherte sich ganz dem Ideal, das er sich von einer Wohnung gebildet hatte. Als die Einrichtung zur Hälfte fertig war, übertraf sie schon seine Erwartung.«

Das falsche Leben
Im Sommer lebte Tolstoj mit seiner Familie weiterhin auf Jasnaja Poljana, die Winter verbrachten sie jedoch fortan bis 1901 in Moskau. Schon bald, nachdem die erste Begeisterung verflogen war, empfand Tolstoj diese Aufenthalte für sich als »falsches Leben« und sein Hang zum *oproschenije*, zum einfachen Leben, verstärkte sich: Er wurde Vegetarier, gab das Rauchen auf, holte selbst Wasser aus der Moskwa, trieb Gymnastik und lernte von einem Schuster dessen Handwerk. Immer stärker zog er sich zurück. »Zu Hause ist es sehr bedrückend. Mich deprimiert, dass ich nicht mit ihnen fühlen kann«, schreibt er am 4. April 1884 in sein Tagebuch.

Auch Rilke kam zum Tee
Heute ist sein Haus ein Museum, in dem man sehr gut der Lebensatmosphäre der Familie Tolstoj nachspüren kann. In dem Pavillon, der im großen rückwärtigen Garten steht, beendete Tolstoj 1899 seine zehnjährige Arbeit am Roman »Auferstehung«. Im Erdgeschoss des Hauses kann man das Esszimmer der Familie betrachten, in dem der Tisch immer für elf Personen gedeckt ist. Anrührend ist es, wenn die Museumsführerin die Sitzordnung erklärt und anhand der Suppenterrinen – die große mit Fleisch für Sofija und die Söhne, die kleine für Tolstoj und die Töchter – das Vegetariertum des Schriftstellers erläutert. Von hier gelangt man ins Elternschlafzimmer sowie die Kinder- und Gouvernantenzimmer.

Über die Paradetreppe kommt man in den großzügigeren ersten Stock. Auch der deutsche Dichter Rainer Maria Rilke schritt diese Stufen am 28. April 1899 hinauf, um zusammen mit seiner Gefährtin Lou Andreas-Salomé Tolstoj zu besuchen, denn Gäste wurden im ›Saal‹ empfangen. Einen Tag nach dem Besuch bei Tolstoj schrieb Rilke in einem Brief an seine Mutter: »... Gestern waren wir bei Graf Leo Tolstoj zum Tee und blieben zwei Stunden, tief erfreut von der Güte und Menschlichkeit des Grafen.« Auch Maxim Gorki, Anton Tschechow, Nikolaj Leskow, der Maler Ilja Repin und viele andere trafen sich hier zum 9-Uhr-Tee am Abend, lauschten Konzerten und Lesungen oder spielten mit dem Meister Schach.

Tolstojs Moskauer Haus ist von Bäumen umgeben und mutet ländlich an. Dennoch zog es den Schriftsteller immer wieder aufs Land nach Jasnaja Poljana

An den Saal schließt sich der Große Salon an, der vor allem von Tolstojs Frau Sofija Andrejewna genutzt wurde. Tolstoj hatte Sofija, die Tochter eines Moskauer Arztes, 1862 geheiratet. Fast ein halbes Jahrhundert lebten die beiden zusammen und hatten 13 Kinder. Hinter dem Großen Salon liegt das Elternschlafzimmer, später Atelier der Tochter Tatjana. Über den Flur, die sogenannten Katakomben, gelangt man in das Arbeitszimmer und Kabinett Tolstojs, vorbei am Zimmer seiner Lieblingstochter Marija. An seinen Schreibtisch zog Tolstoj sich von morgens 9 Uhr bis zum Nachmittag zurück. Hier schrieb er neben den schon genannten Werken u. a. »Die Kreutzersonate«, »Hadschi Murat« und »Macht der Finsternis«.

Der Suchende

Bis zu seinem Tode blieb Tolstoj ein Suchender. 1901 verließ er Moskau und lebte bis 1910 ausschließlich in Jasnaja Poljana. Kurz vor seinem Tod verließ er auch diesen Ort, um die letzten Tage in Einsamkeit und Ruhe zu verbringen. Er starb im November 1910 einsam auf der kleinen Bahnstation Astapowo an einer Lungenentzündung. Das Moskauer Haus hatte er schon 1892 seinem Sohn Lew überschrieben. Damals verzichtete er auf seinen gesamten Besitz und verteilte ihn auf die Familie. Im Jahr 1911 erwarb die Stadt Moskau das Gebäude. 1921 ließ Lenin es restaurieren und veranlasste, dass hier ein Museum eingerichtet wurde.

auf Glas, Marmor auf Stahl. Hier zeigt sich der neue Metropolitan Style Moskaus!

Gegenüber vom georgischen **Restaurant Tiflis** (s. Tipp) duckt sich ein kleines **Holzhaus (Nr. 37)** im klassizistischen Stil. Hier lebte 1839–1851 der Schriftsteller Iwan Turgenjew, eine Gedenktafel erinnert an ihn. Das Viertel um die Ostoschenka bildete den Hintergrund für seine Romane »Adelsnest« und »Am Vorabend«.

Das alte Weberviertel Chamowniki

St. Nikolaj-Kirche der Weber 10
Die orange-grüne St. Nikolaj-Kirche der Weber (Zerkow Swjatitelja Nikolaja w Chamownikach) wurde 1679 bis 1682 erbaut. An der Westseite erhebt sich der Glockenturm mit seinem barocken Zeltdach. Während der Sowjetzeit war die Nikolaj-Kirche eine der wenigen Kirchen in der Stadt, in denen noch Gottesdienste abgehalten wurden.

Abstecher zur Andrejewskij-Brücke 11
Die Andrejewskij-Brücke (Andrejewskij most, Андреевский мост) ist ein Teil des neuen Moskau, wie der frühere Bürgermeister Jurij Luschkow es liebte: eine wunderschöne Konstruktion aus Glas und Metall. Wie ein gleißender Regenbogen überspannt sie den Fluss und hält die Nachmittagssonne fest. Anfang des 20. Jh. wurde sie als Eisenbahnbrücke erbaut und war eine der vielen Lebensadern, die Moskau mit dem riesigen Reich verbanden. Erst vor Kurzem wurde sie versetzt und zu einer Fußgängerbrücke umfunktioniert. Das ist typisch für das neue Moskau: Man sucht die Zukunft in der Vergangenheit. Wer die Moskwa überqueren will, kann dies entweder unter freiem Himmel oder unter einer Überdachung tun. Das Schönste ist der Blick: Denn nicht nur die Christi-Erlöser-Kathedrale leuchtet mit ihrer goldenen Kuppel, auch die Kreml-Silhouette ist zu sehen.

Tolstoj-Haus 12
ul. Lwa Tolstowo 21, www.tolstoymuseum.ru, Di–So 10–18 Uhr
Das schlichte Holzhaus mit 18 Zimmern enthält noch die Originaleinrichtung von Graf Leo Tolstoj (1828–1910). Hier verbrachte er die Wintermonate der Jahre 1882 bis 1901. Neben dem Haupthaus befinden sich auf dem Hof das Pförtnerhäuschen, Stall, Schuppen, Küche und im großen rückwärtigen Garten ein kleiner Pavillon. Das Tolstoj-Museum (Musej-Usadba L. N. Tolstowo, Музей-Усадьба Л. Н. Толстого) wurde 1921 eröffnet. Lenin hatte per Dekret festgelegt, dass in dem Haus alles so zu erhalten sei, wie es zur Zeit des Dichters gewesen war. Ein Besuch

Mein Tipp

Kaukasisches Flair
Wer die kaukasische Küche noch nicht kennt, wird im Restaurant **Tiflis** 1 ganz sicher auf den Geschmack kommen. Die Vielfalt der Speisen und ihre authentische Zubereitung sorgen dafür, dass sich hier auch gern Kaukasier einfinden. Paradiesisch sind im Sommer die mit Wein berankten Veranden und Balkone, auf denen der georgische Wein gleich noch mal so gut schmeckt (Ostoschenka 32, Tel. 290 28 97, Metro: Park Kultury, tgl. 12–24 Uhr, Hauptgericht ab 9 €).

Pretschistenka und Chamowniki

Unbehelligt vom Autoverkehr kann man per Fußgängerbrücke die Moskwa überqueren

des Hauses ist nicht nur wegen seiner Geschichte als Dichterdomizil interessant, sondern auch weil man einen Eindruck von der Wohnkultur der wohlhabenderen Moskauer im 19. Jh. bekommt.

Bolschaja Pirogowskaja

An einem kleinen Park unweit des Tolstoj-Wohnhauses sitzt Tolstoj als **Denkmal** 13. Zur Zeit Tolstojs erstreckte sich hier noch ein weites Feld, das Dewitschje pole (Mädchenfeld), auf dem Volksfeste stattfanden. An der Straße, die zum Neujungfrauenkloster führt, liegen zahlreiche Kliniken und Forschungsinstitute.

Neujungfrauenkloster ! 14

Nowodewitschij pr. 1, Metro: Sportiwnaja, Mi–Mo 10–17 Uhr; das Gelände ist frei zugänglich; Friedhof: tgl. 10–16 Uhr, am Eingang kann man einen Plan kaufen mit einer Übersicht der Gräber

Neujungfrauenkloster

»Ganz außergewöhnlich weiße Türme mit roten, gezahnten Spitzen. Gegenüber – die Kirche ... Von der anderen Seite – ein Eisenbahnzug. Elektrische Laternen vor dem Hintergrund der Morgenröte ...«, so sah der Petersburger Dichter Alexander Blok das Neujungfrauenkloster (Nowodewitschij Monastyr, Новодевичий монастырь) und so ist es auch heute noch zu besichtigen. Es ist das größte und schönste der Moskauer Klöster, die wie ein Ring die Stadt umgeben. 1524 wurde es nach der Befreiung der Stadt Smolensk gegründet. Über die Jahrhunderte war es eng mit der Geschichte der Zaren verbunden: Boris Godunow wurde hier zum Zaren gekrönt, Sofija Alexejewna, die Schwester Peters des Großen, war 1689–1704 hierher verbannt worden und einige Jahre später wurde auch Peters erste Ehefrau in das Kloster verbannt.

Smolensker Kathedrale

Im Zentrum des Klosters erhebt sich die Smolensker Kathedrale, die der Mariä-Entschlafens-Kathedrale des Kreml nachempfunden wurde, ihre fünf goldenen Kuppeln krönen den schlichten weißen Bau. Sehenswert sind die Fresken und die Ikonostase, die im Auftrag von Boris Godunow angefertigt wurde. Blickfang ist der sechsgeschossige, 72 m hohe Glockenturm. Seine Blütezeit erlebte das Kloster im 17. und 18. Jh.: Es verfügte über großen Grundbesitz sowie über 15 000 Leibeigene und ihre Familien.

Neujungfrauenfriedhof

»In Moskau beim Friedhof hinter dem Jungfrau-Kloster ist Chruschtschows NeuGrab. Nach den Begräbnisberichten in den westlichen Zeitungen stelle ich es mir vor wie das Grab eines Selbstmörders in ungeweihter Erde, dicht an der Mauer, gerade noch geduldet, verlassen, namenlos ...«. So erwartete Luise Rinser das Grab von Chruschtschow kurz nach seiner Beerdigung im Jahr 1971 vorzufinden. Doch Chruschtschow bekam ein monumentales Grabmal aus schwarzem und weißem Marmor, das ausgerechnet von dem in New York lebenden Künstler Ernst Neiswestnyj entworfen wurde, dessen Kunst Chruschtschow Jahre zuvor lächerlich gemacht hatte.

Außer Chruschtschow fanden die Schriftsteller Ilja Ehrenburg, Nikolaj Gogol, Alexander Ostrowskij, Wladi-

Lieblingsort

Andächtige Stille – Friedhof des Neujungfrauenklosters

Kein Friedhof in Moskau ist schöner als der des **Neujungfrauenklosters** 14. Im 16. Jh. wurde der Friedhof für den Adel und die Geistlichkeit angelegt und im 19. Jh. öffnete man ihn für alle, die im Leben etwas waren: Kosmonauten, Wissenschaftler, Sänger, Schauspieler, Regisseure, Politiker und Schriftsteller. Hier am Grab des Dichters Wladimir Majakowskij, der seine letzte Ruhe zwischen Kunstsammler Pawel Tretjakow und einem General gefunden hat, kann man ein wenig verweilen, denn am Grab des Arktisforschers Otto Schmidt – Majakowskij gegenüber – steht eine kleine Bank.

Pretschistenka und Chamowniki

Moskau mal anders: Gegenüber vom Neujungfrauenkloster kann man in Ruhe angeln

mir Majakowskij, Anton Tschechow, die Komponisten Sergej Prokofjew, Alexander Skrjabin, Dmitrij Schostakowitsch, die Regisseure Konstantin Stanislawskij und Sergej Eisenstein und der Opernsänger Fjodor Schaljapin auf dem Friedhof ihre letzte Ruhe. Schaljapin wurde erst 50 Jahre nach seinem Tod (1988) hierher überführt.

In der Sowjetzeit durften nur Angehörige den Friedhof betreten, denn nach Chruschtschows Tod fürchtete man politische Demonstrationen an seinem Grab. Seit Gorbatschows Perestroika ist der Friedhof für alle geöffnet (s. Lieblingsort S. 208).

Essen & Trinken

Georgisch – **Tiflis 1**: s. Tipp S. 205.
Cool – **Café Accademia 2**: ul. Wol-

Adressen

chonka 15/17, Tel. 637 44 27, www.akademiya.ru, Metro: Kropotkinskaja, tgl. 10–24, Sa/So ab 12 Uhr, Hauptgericht ab 8 €. Die Kellner tragen Quietschgrün, die Möblierung ist überwiegend knallrot, der Blick aus den großen Fenstern fällt direkt auf die monumentale Christi-Erlöser-Kathedrale – was will man mehr? Pizza, Pasta, frische Salate und Hamburger.

Exotisch – **Skaska Wostoka 3**: Frunsenskaja nab. 22 D, Tel. 499 766 83 43, www.skazkavostoka1001night.ru, Metro: Park Kultury, tgl. 24 Std geöffnet, Hauptgericht ab 10 €. Das Restaurantschiff »Märchen des Ostens« auf der Moskwa wirkt wie aus 1001 Nacht: exotisches Ambiente, kaukasische und usbekische Spezialitäten auf der Karte. Allein 30 Arten von Schaschlik, serviert mit frischen Kräutern.

Elegant – **Vanil 4**: Ostoschenka 1, Tel. 637 10 32, www.novikovgroup.ru, Metro: Kropotkinskaja, tgl. Mo–Fr 8–24, Sa/So ab 10 Uhr, Hauptgericht ab 12 €. Vor dem Eckrestaurant mit großer Terrasse zur Christi-Erlöser-Kathedrale parken Limousinen, sodass man sich zuweilen den Weg zum Eingang erkämpfen muss. Ruhige Atmosphäre mit dezenter Lounge-Musik. Auf der Karte der übliche Mix der Nowikow-Restaurants: italienisch-asiatisch-russisch!

Chinese chic – **Vertinsky 5**: Ostoschenka 3/14, Tel. 695 29 98, www.eatout.ru, Metro: Kropotkinskaja, tgl. 12–24 Uhr, Hauptgericht ab 15 €. Das Restaurant ist eine Hommage an Alexander Vertinsky, eine Kultfigur der russischen Künstlerkreise vor der Revolution. Nach der Revolution 1917 verließ Vertinsky Russland und emigrierte nach Shanghai, von wo er 1943 zurückkehrte. Sein Neffe (Sohn von Filmregisseur von Nikita Michalkow) Stepan ist Betreiber des Vertinsky. Die Küche ist chinesisch mit europäischem Touch.

Aktiv & Kreativ

Schwimmen – **Tschajka 1**: Turtschanikow per. 3/1, Metro: Park Kultury, Mo–Sa 7–22.30, So 8.30–19.30 Uhr. Kleine Gesundheitsbescheinigung am Eingang und dann geht es los: Das größte offene Schwimmbad Moskaus ist ganzjährig geöffnet und besitzt zwei Becken von 25 und 50 m Länge; Sauna, Fitnessmöglichkeiten und ein Solarium.

Moskau im Laufschritt – **Jogging**: An der Uferstraße von Chamowniki spannt sich die Andrejewskij-Fußgängerbrücke über den Fluss. Über die Brücke geht es auf die andere Seite der Moskwa. Man läuft durch den Neskutschnyj sad, einen im 18. Jh. angelegten Park, bis zum Andrejewskij-Kloster und dann zurück. Alternativ setzt man den Weg am Fluss entlang bis zu den Sperlingsbergen fort.

Abends & Nachts

Whisky pur – **Chivas Bar & Lounge 1**: Plotnikow per. 15, Tel. 244 79 79, www.eatout.ru, Metro: Kropotkinskaja, tgl. 24 Std. Oberhalb des Restaurants Indus bietet diese Bar eine Riesenauswahl an Whiskys und etwa 30 ungewöhnliche Cocktails. In zwei Räumen kann man zwischen Kamin- und Küchenblick wählen. Je später der Abend, desto mehr wird getanzt.

Wodka pur – **Wodka-Bar 2**: ul. Lwa Tolstowo 18b, Tel. 246 96 69, www.vodkabar.ru, Metro: Park Kultury, Mo–Do 12–24, Fr bis 5, Sa 18–5 Uhr, Hauptgericht ab 5 €. Eine alte Fabrik wurde in eine Mischung aus Sowjetnostalgie und moderner Lounge verwandelt. 25 Sorten Wodka, auch Cocktails und kleine Speisen. Auf der Bühne wird wild abgetanzt und an den vier Bartresen ist immer was los.

Das Beste auf einen Blick

Arbat

Auf Entdeckungstour

Unterirdische Paläste – eine Metrorundfahrt: Zur Zeit des Kalten Krieges wurde Moskaus Metro im Westen als Monument sozialistischer Schizophrenie belächelt: unterirdische Paläste fürs Volk – Marmor, Porphyr und Stahl, geschmückt mit Mosaiken, Kronleuchtern und Statuen, ein Pionierwerk der Moderne. S. 224

Kultur & Sehenswertes

Architekturmuseum: Sehr interessante Wechselausstellungen, aber vor allem die Events im Ruinenflügel locken die Besucher an. 1 S. 217

Gorki-Museum: Zu besichtigen ist eines der schönsten Jugendstilhäuser der Stadt und zugleich eine Sammlung zum Leben des Dichters Maxim Gorki. 16 S. 222

Aktiv & Kreativ

Abtanzen: Retrofeeling mit Musik der Sowjetära wird im ›Schiguli‹ geboten. Wer sich beim Tanzen mal nach Herzenslust austoben will, ist hier goldrichtig. 3 S. 227

Genießen & Atmosphäre

Jean-Jacques: Ein französisches Bistro, in dem man nicht nur Wein genießen kann, die ganze Atmosphäre stimmt. Im Sommer mit Terrasse. 2 S. 223

Abends & Nachts

Kupol: Unter der großen gläsernen Kuppel ist der Himmel so nah, auch die Gerichte, die hier serviert werden, sind wahrhaft himmlisch! 3 S. 223

Auf den Spuren der Moskauer Literaten

Im 17. Jh. wurden in einem weiten Kreis um den Kreml, die Moskwa überquerend, ein Erdwall und ein Graben zur Stadtbefestigung angelegt. Es entwickelte sich die sogenannte Semljannoj Gorod (Erdstadt). Innerhalb dieses Radius entstand der Arbat (Арбат), eines der beliebtesten Moskauer Wohnviertel. Schon seit Ende des 15. Jh. ist der Arbat urkundlich belegt. Zu der Zeit galt das jenseits des Boulevardrings gelegene Gebiet als Vorort. Seine Hauptstraße, der heutige Arbat, war der Handelsweg, der von Smolensk auf den Kreml zuführte. Die ersten Siedler in dieser westlich vom Kreml gelegenen Vorstadt waren orientalische Kaufleute und Handwerker. Der Name Arbat kommt vom arabischen *rabad* (Vorstadt, Vorort).

Der Arbat, zu Beginn des Jahrhunderts das Viertel der Literaten und Künstler, lockt heute vor allem Touristen an. Die Fußgängerzone ist das Herz des Arbat, sie führt vom Smolensker Platz zum Arbat-Platz und verbindet so den Gartenring mit dem Boulevardring. Souvenirhändler bieten hier ihre Waren zum Verkauf an, Porträtmaler warten auf Kundschaft, Straßencafés und Antiquitätenläden wechseln einander ab.

Der Moskauer Liedermacher und Schriftsteller Bulat Okudschawa (1924–1997) sang in den 1960er-Jahren »Ach, Arbat, mein Arbat, du bist meine Seligkeit« über das Viertel zwischen dem Nowyj Arbat und der Pretschistenka und weckte damit nostalgische Gefühle bei den Moskauern. In den 60er- und 70er-Jahren kannten alle Moskauer seine Lieder auswendig. Heute steht Okudschawas Denkmal in der Fußgängerzone vor dem Haus Nr. 43, in dem er gelebt hat.

Stadtpalais und Stalinarchitektur

In der ersten Hälfte des 19. Jh. – nach der großen Feuersbrunst von 1812 – siedelte im Arbat der mittlere Adel, dem die wichtigsten Vertreter der russischen Kultur jener Zeit entstammten. Daher stößt man heute überall im Viertel auf Spuren von Dichtern, die hier zeitweise gelebt haben: Puschkin, Lermontow, Gogol, Turgenjew, später dann Belyj, Zwetajewa und Bulgakow. Erstere wohnten in Adelspalais oder in großzügigen Wohnhäusern. Im späten

**Typisch für den Arbat:
Kein Gebäude gleicht dem anderen**

Infobox

Reisekarte: ▶ G–J 7/8

Übersicht
Der erste Teil der Tour verläuft über Nowij Arbat, Nowinskij bulvar und Arbat zum Arbatskaja-Platz. Der zweite Teil führt zum Nikitskije-Worota-Platz.

Zeitrahmen
Für den Rundgang sollte man sich mindestens einen halben Tag Zeit nehmen; wenn man auch die Museen besichtigen will, braucht man einen Tag.

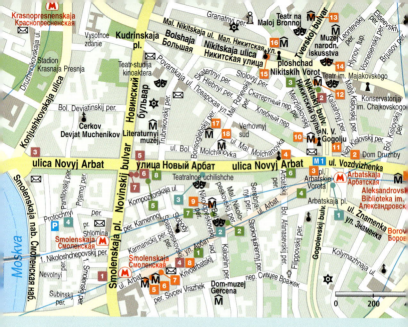

Arbat

Sehenswert
1. Architekturmuseum
2. Palais Morosow
3. Praga
4. Simeon-Stylites-Kirche
5. Belyj-Museum
6. Puschkin-Museum
7. Ehemaliges Wohnhaus von Anatolij Rybakow
8. Melnikow-Haus
9. Skrjabin-Museum
10. Gogol-Museum
11. Haus der Journalisten
12. Museum der Kunst der Völker des Ostens
13. Presseagentur TASS
14. Studiotheater U Nikitskich Worot
15. Kirche der Großen Auferstehung
16. Gorki-Museum
17. Zwetajewa-Museum
18. Lermontow-Museum

Essen & Trinken
1. Dim-Sum
2. Jean-Jacques
3. Kupol
4. Mu-Mu
5. Respublika Kofe
6. Wesna
7. Kalina Bar

Einkaufen
1. Art Point
2. Na'sh Fashion
3. Rosa Asora
4. Arbatskaja Nachodka
5. Globus Gourmet
6. Kupina
7. Unisat
8. Wesna

Abends & Nachts
1. Kino Chudoschestwennyj
2. Wachtangow-Theater
3. Schiguli
4. Tinkoff

19. Jh. verdrängten Kaufleute den Adel und demonstrierten ihren Reichtum mit großen Geschäftsbauten, Mietshäusern und prachtvollen Stadtpalais. Die großen Wohnungen in den Bürgerhäusern wurden nach der Revolution in Gemeinschaftswohnungen aufgeteilt. Jede Familie bewohnte ein Zimmer, Küche und Bad wurden geteilt. Jene Gebäude und die kleinen, meist zweistöckigen Häuser des Moskauer Empire werden heute vom Außenministerium überragt, einem der im stalinschen Zuckerbäckerstil erbauten Hochhäuser am Smolensker Platz.

Wosdwischenka-Straße

Vom Kreml führt die uliza Wosdwischenka (ул. Воздвиженка) stadtauswärts. Schon im alten Russland war dies der wichtigste Weg vom Kreml nach Nowgorod. Entlang der Straße bauten die großen Adelsfamilien ihre Häuser, darunter der Palast der Familie Talysin-Ustinow, in dem sich heute das Architekturmuseum befindet. Tolstoj beschrieb das Palais in seinem Roman »Krieg und Frieden« als Haus von Pierre Besuchow.

Architekturmuseum [1]
Wosdwischenka ul. 5, www.muar.ru, Di–So 11–19 Uhr
Das Architekturmuseum (Музей архитектуры им. А. В. Щусева) besitzt einen riesigen Fundus an Zeichnungen und Modellen, die aber größtenteils im Archiv lagern. Es werden jedoch Wechselausstellungen gezeigt, und im sogenannten Ruinenflügel (Eingang durch den Hof vom Starowagangowskij pereulok) finden Kunstevents, Installationen und Ausstellungen statt.

Jahrzehntelang war Viktor Baldin Direktor des Museums. Er hatte als junger Offizier auf dem Heimweg von Berlin 1945 im Keller eines brandenburgischen Schlosses 364 Kunstwerke aus der Bremer Kunsthalle gefunden, die er mit nach Moskau nahm. Zwei Jahre nach Kriegsende übergab er den Fund zur Lagerung dem Architekturmuseum – inoffiziell. Bald kamen die ersten Sammler, um Baldin die Kunstschätze unter der Hand abzukaufen. Man bot ihm eine Datscha oder/und ein Auto an, doch Viktor Baldin hielt die Sammlung zusammen. Erst später machte er die offizielle Politik auf seinen Fund aufmerksam, schrieb nacheinander an Breschnew, Gorbatschow und Jelzin. Keine Reaktion. Erst nachdem Baldin 1989 in Bremen von der Sammlung berichtete, begann man sich in Moskau zu ereifern. Eine Debatte über die Rückgabe der Bilder begann, doch nach wie vor lagern sie im Safe einer Bank.

Palais Morosow [2]
ul. Wosdwischenka 16
Errichtet wurde das Palais Morosow für Arsenij Morosow im Jahr 1890. Der junge Kaufmann ließ es im maurischen Stil erbauen, nachdem ihm auf einer Portugalreise der Palácio da Pena bei Sintra gefallen hatte. In der Sowjetzeit diente der Palast als Haus der Freundschaft, in dem ausländische Delegationen begrüßt wurden. Auch heute wird es von der Regierung für Empfänge genutzt.

Arbatskaja-Platz

Der Arbatskaja ploschadj (Arbat-Platz; пл. Арбатская) gehört zu den ältesten Plätzen in Moskau. Hier kreuzen sich der Staryj Arbat (Alter Arbat, heute Fußgängerzone) und der Nowyj Arbat mit dem Boulevardring (s. a. S. 174). Zwei Metrostationen gibt es hier, von denen eine ein auffälliger Pavillon in Form eines fünfzackigen Sterns ist.

Arbat

Am Alten Arbat wurde dem Liedermacher Bulat Okudschawa ein Denkmal gewidmet

Kino Chudoschestwennyj 1
Das 1912 von dem Architekten Fjodor Schechtel entworfene Kino Chudoschestwennyj (Кинотеатр Художественный) ist das älteste Kino der Stadt. In den 1930er-Jahren wurden hier die ersten Tonfilme gezeigt, heute findet man häufig französische Filme im Programm. Außerdem wird das Haus als Festivalkino genutzt.

Praga 3
Gegenüber vom Kino liegt das auffällige – und abends besonders illuminierte – Gebäude des legendären Restaurants Praga (momentan geschl.).

1902 wurde es im Jugendstil errichtet. Schnell gewann das Restaurant unter den Künstlern, Musikern und Schriftstellern der Stadt Stammgäste. Alexander Blok traf sich bei seinem Moskaubesuch mehrmals mit Andrej Belyj im ›Praga‹. In den verschiedenen Sälen mit insgesamt 1000 Plätzen – am schönsten ist der Spiegelsaal – war immer etwas los. Das fand auch der Schriftsteller Wolfgang Koeppen, der das ›Praga‹ in der Sowjetzeit besuchte: »Das ›Praga‹ war kein Festsaal, es war ein Festhaus, in drei Stockwerken saß man dicht zusammengepresst und feierte. Was feierte man? Geburtstage, Jubiläen, Amtsfreuden, Beförderungen, bestandene Examen, Betriebsglück. Fünf, sechs Orchester spielten.«

Nowyj Arbat

In den 1960er-Jahren zerstörte Chruschtschow den gewachsenen Stadtteil Arbat nachhaltig mit einem Plan, der noch aus dem Jahr 1935 stammte. Der Nowyj Arbat, auf dem man den Weg fortsetzt, wurde auf 70 m verbreitert und mit grauen Hochhäusern bebaut – auf der einen Seite 26-stöckig. Sie wirken wie aufgeschlagene Bücher und werden im Volksmund ›Eisernes Gebiss‹ genannt.

Auf der gegenüberliegenden Seite stehen fünf Wohntürme mit je 21 Etagen, in denen unten Läden und Restaurants untergebracht sind. Mit den Hochhäusern wurde ein weithin sichtbares Zeichen gesetzt und ein architektonisches Desaster in diesem alten gewachsenen Bezirk ausgelöst, denn es verschwanden viele malerische Winkel und architektonische Schmuckstücke. Das einzige Überbleibsel aus vergangenen Zeiten steht auf einem Grashügel vor den Hochhäusern: die weiße **Simeon-Stylites-Kirche** 4 mit ihren fünf Kuppeln aus dem Jahr 1676. In dieser Kirche verbrachte Gogol in seinen letzten Moskauer Jahren ganze Nächte beim Gebet. Von seiner Wohnung waren es nur ein paar Schritte bis zu dem Gotteshaus.

Fußgängerzone Arbat (Alter Arbat)

Nowinskij-Boulevard und Smolensker Platz verbinden den Neuen mit dem Alten Arbat, der ersten Fußgängerzone Russlands. Blickfang ist am Smolensker Platz das Außenministerium, eine der ›Sieben Schwestern‹.

Belyj-Museum 5
ul. Arbat 55, http://kvartira-belogo.guru.ru/museum/index.html, Mi–So 11–18 Uhr
In der Wohnung, die heute das Museum (Филиал государственного музея А. С. Пушкина »Мемориальная квартира Андрея Белого«) beherbergt,

Couture à la russe
Neben den westlichen Labels und den etablierten russischen Designern haben auf dem alten Arbat zwei Shops eröffnet, in denen man günstig junge russische Mode kaufen kann: Bei **Art Point** 1 (ul. Arbat 41) gibt es T-Shirts mit witzigen Aufdrucken und Hosen mit ungewöhnlichen Schnitten. Bei **Na'sh Fashion** 2 (ul. Arbat 24) kann man Sweatshirts mit dem olympischen Emblem von 1980 kaufen und anderes Nostalgisch-Sowjetisches, aber von heutigen Designern.

Arbat

wurde der Symbolist Andrej Belyj 1880 als Boris Bugajew geboren, hier verbrachte er seine Kindheit und Jugend. Auf dem Balkon der Wohnung schrieb er 1901 seine »Prosa-Symphonien«, die eine bis dahin unbekannte Literaturgattung darstellten und ihn im literarischen Moskau bekannt machten. Die Wohnung beschreibt er in dem Roman »Kotik Letajew« aus Kindersicht. 1904 besuchte der Petersburger Dichter Alexander Blok seinen Kollegen Belyj in dieser Wohnung – der Beginn einer Freundschaft. Belyjs berühmtester Roman »Petersburg« entstand 1916.

Puschkin-Museum 6
ul. Arbat 53, www.pushkin museum.ru, Mi–So 11–18 Uhr
Im ersten Stock des blau-weißen Palais Chitrowo aus dem 17. Jh. – eines der ältesten Gebäude auf dem Arbat – verbrachte Russlands größter Dichter Alexander Puschkin (1799–1837) nach seiner Hochzeit mit der Moskauer Schönheit Natalja Gontscharowa die ersten drei Monate seiner Ehe, bevor das Paar Richtung St. Petersburg aufbrach. Die Besichtigung des Puschkin-Museums (Мемориальная квартира А. С. Пушкина) lohnt sich nur, wenn man etwas über Puschkins Leben hören will. Zu sehen gibt es in den gut renovierten Räumen kaum etwas: ein paar Möbel und andere Einrichtungsgegenstände aus der Zeit Puschkins, ein paar Porträts und Lithografien. Jahre später lebte auch der Komponist Pjotr Tschaikowskij einige Zeit in diesem Haus.

Ehemaliges Wohnhaus von Anatolij Rybakow 7
»Der größte Häuserblock am Arbat liegt zwischen der Nikolski- und der Deneshni-Gasse, die jetzt Pliotnikow-Gasse und Wesnin-Straße heißen.« So beginnt der Roman »Die Kinder des Arbat« von Anatolij Rybakow – gemeint ist das Haus Arbat Nr. 51. Der Schriftsteller Rybakow (1911–1998) wuchs in diesem Haus auf und siedelte die Helden seines Romans hier an. Er beschreibt die erste Welle der sogenannten Säuberungen Anfang der 1930er-Jahre, eine schonungslose Abrechnung mit dem Stalinismus.

Melnikow-Haus 8
Ein Abstecher führt in den Kriwoarbatskij pereulok Nr. 10 zu einem Juwel der Moskauer Architektur. Etwas versteckt zwischen Wohnblöcken liegt hier das Melnikow-Haus (s. S. 97).

Wachtangow-Theater 2
ul. Arbat 26, www.vahtangov.ru
Über den Bolschoj Nikolopeskowskij pereulok, an deren Ecke das Wachtangow-Theater steht, ließ Michail Bulgakow seine Margarita in dem Roman »Der Meister und Margarita« (s. S. 164) fliegen: »Sie überquerte den Arbat und stieg höher, bis zum dritten Stock. Vorbei an den blendenden Leuchtröhren am Eckgebäude des Theaters flog sie in eine schmale Gasse mit hohen Häusern.« Das Gebäude, wie wir es heute sehen, wurde erst 1947 errichtet, doch schon 1921 gründete Jewgenij Wachtangow – Schüler von Konstantin Stanislawskij – hier ein Theater.

Das auffällige **Wohnhaus Nr. 35** gegenüber im neogotischen Stil mit Ritterfiguren in den Erkern ist eines der größten Häuser am Arbat und wurde erst kurz vor der Revolution erbaut.

Skrjabin-Museum 9
Bolschoj Nikolopeskowskij per. 11, www.museum.ru/scriabin, Mi, Fr 12–18, Do, Sa, So 10–16.30 Uhr
Der Komponist Alexander Skrjabin (1872–1915) wohnte in dieser Wohnung, in der er nach einem Riesenerfolg in New York mit »Prométhée« an einer Blutvergiftung starb. Im heutigen

Skrjabin-Museum (Мемориальный музей А. Н. Скрябина) hat man alles so belassen, wie es zu Skrjabins Lebzeiten war. Hier kann man regelmäßig Konzerten lauschen.

Nikitskij-Boulevard

Gogol-Museum 10
Nikitskij bl. 7/7a, www.dom gogolya.ru, Di 14–20, Sa 12–18 Uhr
In dem Haus aus der ersten Hälfte des 18. Jh. verbrachte Nikolaj Gogol (1809–1852) seine letzten – unglücklichen – Lebensjahre. In Gogols ehemaligen Zimmern, die er im Parterre bewohnte, ist das kleine Gedenkmuseum mit Bibliothek (Дом Н. В. Гоголя - мемориальный музей и научная библиотека) untergebracht. Nach längerem Aufenthalt im Ausland kehrte Gogol 1848 nach Russland zurück und schrieb den zweiten Teil seines Romans »Die toten Seelen«, dessen abgeschlossene Partien er zweimal verbrannte.

Im Hof des Hauses sitzt der bronzene Gogol, erschöpft und in sich gekehrt. Das Denkmal von 1909 hatte zuvor am Anfang des Gogol-Boulevards gestanden, war aber von Stalin als zu trübsinnig für einen so öffentlichen Platz empfunden worden und wurde durch ein neues ersetzt.

Haus der Journalisten 11
Gegenüber liegt etwas zurückgesetzt eine Villa (Nr. 8a), einst Teil eines Palais des Fürsten Golizyn. Hier las Alexander Puschkin erstmals sein Gedicht »Poltawa«. Anfang der 1920er-Jahre wurde der Palast zum Haus der Presse. Hier fanden literarische Abende statt und Wladimir Majakowskij trug seine flam-

An Cafés herrscht kein Mangel im Arbat-Viertel (am Nikitskij-Boulevard)

Arbat

menden Gedichte vor. Heute ist die Villa das ›Zentrale Haus der Journalisten‹.

Museum der Kunst der Völker des Ostens 12
Nikitskij bl. 12 a, www.orient museum.ru, Di–So 11–20 Uhr
Den Gebäudekomplex errichtete der italienische Architekt Domenico Gilardi Ende des 18. Jh. für die Familie Lunin (dem alten Adelsgeschlecht entstammte der Dekabrist Michail Lunin). Nach dem großen Brand wurde er umgebaut und beherbergt heute das Museum der Kunst der Völker des Ostens (Государственный музей Востока), das einzige Museum in Russland, das sich asiatischer und orientalischer Kunst widmet. In einem Flügel des Hauses liegt der wunderbare Laden **Rosa Asora** 3 (s. S. 223).

Nikitskije-Worota-Platz

Der Platz ist benannt nach dem Nikitskij-Tor der Weißen Stadtmauer, das sich hier einst befand. Dominiert wird er von dem Gebäude der **Presseagentur TASS** 13 (1977). Das gegenüberliegende kleine **Studiotheater U Nikitskich Worot** 14 von Mark Rosowskij hat nur 60 Plätze und bedient eine exklusive intellektuelle Klientel.

In der gelbweißen **Kirche der Großen Auferstehung** 15 (Zerkow bolschowo woskressenija) aus dem 19. Jh. ließen sich Puschkin und Natalja Gontscharowa 1831 trauen.

Gorki-Museum 16
*Malaja Nikitskaja 6/2,
Mi–So 11–17.30 Uhr*
Die prachtvolle Jugendstilvilla Rjabuschinskaja ließ der Moskauer Kaufmann Stepan Rjabuschinskij um 1900 von Fjodor Schechtel bauen. Schechtel war der bekannteste Architekt des Moskauer Jugendstils und die Villa sein Paradeobjekt. Er verstarb völlig verarmt 1926 in einer Gemeinschaftswohnung. Der Schriftsteller des sozialistischen Realismus, Maxim Gorki, bekam die Villa von Stalin zur Verfügung gestellt, nachdem er 1931 reumütig aus der Emigration in die Sowjetunion zurückgekehrt war. 1936 starb Gorki hier. Es gibt Vermutungen, Stalin habe ihn wegen seiner unangepassten Haltung vergiften lassen. Seit den 1960er-Jahren beherbergt das Haus das Gorki-Museum (Музей-квартира А. М. Горького). Das Interieur einschließlich Gorkis Bibliothek ist bestens erhalten.

Weitere Museen

Zwetajewa-Museum 17
Borisoglebskij per. 6, www.dom museum.ru, Di–So 12–17 Uhr
Das Haus in der Borisoglebskij-Gasse schenkte Iwan Zwetajew, Gründer des Puschkin-Museums für Bildende Künste (s. S. 194), seiner Tochter Marina Zwetajewa (1892–1941) zur Hochzeit. Erst in den 1990er-Jahren wurde darin ein Museum (Дом-музей Марины Цветаевой) für die Dichterin eingerichtet. Nach der Revolution blieben der Familie zwei Zimmer, in denen die Zwetajewa noch bis zur Emigration 1922 mit ihren Kindern lebte. Sie hatte es von hier nicht weit zum Wachtangow-Theater. Dort verliebte sie sich in die junge Schauspielerin Sonja, der sie die Erzählung »Sonetschka« widmete. Im Museum erfährt man viel Interessantes über das tragische Leben der Dichterin. Regelmäßig finden Lesungen und Konzerte statt.

Lermontow-Museum 18
*Malaja Moltschanowka 2,
www.museum-glm.ru, Mi, Fr 14–18,
Do, Sa, So 11–17 Uhr*

In dem kleinen Holzhaus an der Ecke in der Malaja Moltschanowka lebte der Dichter Michail Lermontow (1814–41) drei Jahre bei seiner Großmutter, als er an der Moskauer Universität studierte. Hier schrieb er seine ersten Gedichte, darunter »Der Dämon«. Im Museum (Дом-музей М. Ю. Лермонтов) ist das Leben des Dichters, der wie Puschkin im Duell starb, dokumentiert. In den vier Räumen spürt man sehr gut die Wohnatmosphäre einer Adelsfamilie zu Beginn des 19. Jh.

Essen & Trinken

Shanghai pur – **Dim-Sum** 1: Smolenskaja pl. 3 (in der Smolenskij-Passage, Eingang Smolenskij per.), Tel. 937 84 25, Metro: Smolenskaja, tgl. 12–24 Uhr, Hauptgericht ab 9 €. Der Küchenchef kommt aus Shanghai; grandiose Auswahl: Etwa 100 Wok-Gerichte stehen auf der Karte, dazu noch etliche Dim-Sums.
Sehr französisch – **Jean-Jacques** 2: Nikitskij bl. 12, Tel. 690 38 86, Metro: Arbatskaja, tgl. 24 Std., Hauptgericht ab 8 €. Französische Bistroatmosphäre mit entsprechender Musik, passendem Interieur, großer Weinkarte und diversen Croques, Quiches und Omelettes.
Spektakulär – **Kupol** 3: Nowyj Arbat 36/3, Metro: Smolenskaja, Tel. 290 73 73, www.anatolykomm.ru, tgl. 11–24 Uhr, Hauptgericht ab 14 €. Starkoch Anatoly Komm zeigt hier ein breites Spektrum seiner Kochkunst – von molekular bis italienisch. Die Atmosphäre unter der gläsernen Kuppel ist toll, der Blick auf die Moskwa, Moskwa-City und das Weiße Haus grandios.
Alles Kuh – **Mu-Mu** 4: Arbat 45/24, Tel. 241 13 64, Metro: Smolenskaja, tgl. 10–23 Uhr, Hauptgericht ab 5 €. Die Kuh vor der Tür muht nicht, sie ist genauso unecht wie das Interieur: Plastikfeu, Plastikknoblauchzöpfe und künstliche Backsteinwände. Die Küche bietet Köstliches zu günstigen Preisen: Borschtsch, Pelmeni, Schaschlik und Salate – serviert auf schwarz-weiß geflecktem Geschirr.
Kettencafé der netten Art – **Respublika Kofe** 5: s. S. 38.
Ganz leicht – **Wesna** 6: Nowyj Arbat 19, Geb. 1, Tel. 783 69 66, www.novi kovgroup.ru, Metro: Arbatskaja, tgl. 9–24 Uhr, Hauptgericht ab 10 €. Im Café ›Frühling‹ gibt es leichte Küche für alle, die in die Kleidung des gleichnamigen Designershops passen wollen: Thunfischtatar, Burrata mit Tomaten, Fruchtcocktails. Damit man auch schön sitzt, hat der Moskauer Designer Igor Tschapurin die Möbel entworfen.
Lieblingsort – **Kalina Bar** 7: s. S. 228.

Einkaufen

Witziges – **Art Point** 1: s. S. 220.
Sweatshirts – **Na'sh Fashion** 2: s. S. 220.
Trödel und mehr – **Rosa Asora** 3: Nikitskij bl. 12a, www.rozaazora.ru, Metro: Arbatskaja. Ziel dieser Galerie ist es, schöne Dinge aus der Sowjetzeit zu präsentieren, und so hängen und stehen hier Spiegel und Flakons, Büsten von Schriftstellern und Komponisten neben Plüschteddys, Kleider neben Puppen. Auch von heutigen Künstlern hergestelltes Spielzeug wird verkauft.
Fundgrube – **Arbatskaja Nachodka** 4: Arbat, Metro: Arbatskaja. Stundenlanges Stöbern bietet sich hier an: Von der Ikone bis zum antiquarischen Buch, von der Tischdecke bis zum Diamantring, von der Porzellanpuppe bis zur Teetasse ist alles schön anzusehen.
Lecker – **Globus Gourmet** 5: Nowyj Arbat 19, Geb. 1, Metro: Arbatskaja. Die Luxuslebensmittelkette von Arkadij Nowikow steht für hohe ▷ S. 227

Auf Entdeckungstour

Unterirdische Paläste – eine Metro-Rundfahrt

Zur Zeit des Kalten Krieges wurde Moskaus Metro im Westen als Monument sozialistischer Schizophrenie belächelt: unterirdische Paläste fürs Volk – Marmor, Porphyr und Stahl, geschmückt mit Mosaiken, Kronleuchtern und Statuen, ein Pionierwerk der Moderne. Aber Moskaus Metro ist nicht nur prachtvoll, sondern auch schnell und billig.

Metroplan: s. Reisekarte, Rückseite

Zeit: 1–2 Std. oder ein halber Tag

Start: Station Majakowskaja

Tipp: Interessant ist ein Besuch des Metro-Museums an der Station Sportiwnaja. Hier erfährt man u. a. mehr über den Ausbau der Metro (Di–Fr 10–16, Mo 11–18 Uhr, Eintritt frei).

In der Eingangshalle steckt man sein Metroticket in den Schlitz vor dem Drehkreuz, und dann sollte man zügig durchgehen. Vergisst man die Karte oder geht zu langsam, schlägt einem die erbarmungslose Eisenschranke an die Beine. Noch bevor man eintaucht in die Pracht aus Marmor und Granit, startet ein neues Abenteuer: die Rolltreppenfahrt. Manche Rolltreppen sind so lang, dass man von der Mitte aus Anfang und Ende nicht sehen kann. Die mit 80 m längste Rolltreppe führt zu den Gleisen der Station Komsomolskaja. In der *tschas pik*, der Hauptverkehrszeit, fahren die Rolltreppen zuweilen beängstigend schnell.

Von der Planung zum Bau
Schon 1902 existierten Pläne für eine Metro, damals regte sich aber Widerstand unter Archäologen und vonseiten der Kirche. Fast dreißig Jahre später stellte Letzteres kein Problem mehr dar: Die meisten Moskauer Kirchen waren verschwunden oder zur Bedeutungslosigkeit verkommen.

Am 7. November 1931, dem Jahrestag der Revolution, begannen die Ausschachtungsarbeiten für die Metro. Schon 1935 wurde die rote Metrostrecke zwischen Sokolniki und Park Kultury mit 13 Stationen eröffnet. Die Fertigstellung in nur vier Jahren bedeutete eine gewaltige Kraftanstrengung, die vermutlich ohne den damals herrschenden Enthusiasmus und den selbstlosen Einsatz Zehntausender Freiwilliger aus dem ganzen Land nicht denkbar gewesen wäre. Tag und Nacht schufteten junge Bauleute in den Schächten – ein patriotisches Unternehmen.

Zum Ruhme der Luftfahrt
Beginnen wir mit der Station **Majakowskaja** (Маяковская), benannt nach dem Dichter Wladimir Majakowskij. Während in allen anderen Stationen üppige Marmororgien gefeiert wurden, setzte der Architekt Alexej Duschkin hier eine schlichte Eleganz durch, die auf der New Yorker Weltausstellung 1938 auch gleich mit dem Grand Prix ausgezeichnet wurde. Nirosta-Stahl und dunkelgrauer Marmor sind hier vorherrschend, nur die ovalen Gewölbekuppeln sind dem sozialistischen Realismus verpflichtet: Die Mosaike des Künstlers Alexander Dejneka variieren ein einziges Thema, den Ruhm der sowjetischen Luftfahrt. Als im November 1942 die Deutschen vor Moskau standen, verlegte Stalin die Revolutionsfeierlichkeiten in die Metrostation Majakowskaja. Sie war nicht die einzige Station, die damals als Luftschutzbunker diente, und in der Station Tschistyje Prudy war das Hauptquartier des Generalstabs untergebracht.

Oden an die Freude
Von der Station Majakowskaja nehmen wir die grüne Linie Richtung Retschnoj woksal und steigen am nächsten Halt, **Belorusskaja** (Белорусская), um in die Ringlinie (Kolzewaja linija), die größtenteils in der Nachkriegszeit entstand. Das Bestreben in jener Zeit, soziale und politische Mythen zu schaffen, schlug sich in der Architektur der Linie nieder. Ihre Stationen wirken wie Oden an die Freude. In den Dekorationen überwiegen kulinarische und florale Ornamente. Sie sollen die paradiesische Blüte des Landes repräsentieren. Die Station Belorusskaja wurde opulent mit Marmor ausgestattet und mit Mosaiken, die das Leben der Weißrussen zeigen.

Auf der Ringlinie geht es weiter bis zur Station **Nowoslobodskaja** (Новослободская), deren beleuchtete Buntglasfenster den Eindruck erwecken, unterirdisch scheine Tageslicht durch. Drei Haltestellen weiter, an der Station

Komsomolskaja (Комсомольская), einer der imposantesten Metrostationen, verlassen wir die Bahn. In einem massiven Stuckgewölbe sind Gemälde im Barockstil mit historischen Szenen zu sehen, Bronzelüster beleuchten farbenfrohe Mosaike mit Triumphmotiven. 68 helle Marmorsäulen stützen das hohe Gewölbe ab. Die Komsomolskaja ist eine der letzten Stationen, die noch zu Stalins Lebzeiten entstand (1952). Entworfen hat sie Alexej Schussew, der Architekt des Lenin-Mausoleums. Dort baute er fast avantgardistisch, hier pseudobarock.

Mit der roten Linie geht es Richtung Jugo-Sapadnaja. Sechs Stationen sind es bis zur **Kropotkinskaja** (Кропоткинская). Sie wurde wie die Majakowskaja von Duschkin entworfen und zeichnet sich durch klare Linien und Formen aus: Der Fußboden besteht aus grau-rosafarbenem Granit, die Wände sind mit Marmor schlicht verkleidet und die Säulen auf hexagonalem Grundriss mit hellgrauem Marmor belegt.

Die Geschichte wird umgebaut

Von der Kropotkinskaja geht es ein Stück zu Fuß über den Boulevardring Richtung Arbat (Ausgang Gogoljewskij Bulwar) bis zur Station **Arbatskaja** (Арбатская) auf dem Arbatskaja ploschadj, die schon an dem bemerkenswerten Eingangspavillon zu erkennen ist. Das Gebäude hat die Form eines Sowjetsterns, das ist allerdings nur von oben zu sehen. Die Fassade ist rot verputzt und fällt durch das umlaufende, gebogene Vordach und den zylindrischen Gebäudeabschluss auf.

Steigt man in die Tiefe, so findet man zwei Stationen gleichen Namens vor. Die höher gelegene ist die schlichtere Variante und stammt aus der ersten Bauphase. Die tiefer gelegene Station ist opulenter: Doppelträger auf flachen Marmorsockeln werden durch Kordelformen an den Kanten betont. Blumenbouquets aus Keramik und bronzene Lüster runden das Bild ab.

Zwei Stationen sind es von hier zur **Kiewskaja** (Киевская) die wieder auf der Ringlinie liegt. Marmorverblendete Wände mit üppigen Stuckornamenten und goldenen Leuchtern verbreiten eine feierliche Atmosphäre. Auf Mosaikbildern wird die historische Freundschaft zwischen Russland und der Ukraine dokumentiert. Eine prachtvolle Verschleierung der Geschichte: Ein paar Jahre zuvor waren bei Stalins Kollektivierungsmaßnahmen Millionen Ukrainer umgekommen.

Tempel der neuen Zeit

Die Pracht der Metro erklärt sich aus ihrer Funktion: Sie sollte Verkehrssystem und zugleich Tempel der neuen Zeit gegen die Kirche sein. Deswegen wurden nur die besten Materialien verwendet und nicht mit Geld gespart. Die Menschen, die an ein kümmerliches Leben in Gemeinschaftswohnungen gewöhnt waren, sollten in der Metro das Modell für die Realisierung ihres Traums vom zukünftigen, besseren Leben sehen – der Metrobau diente also propagandistischen Zwecken.

Das Metronetz erstreckt sich heute auf über 260 km. Mehr als 150 Stationen sind in Betrieb und pro Tag werden über 8 Mio. Fahrgäste befördert – alle 90 bis 30 Sekunden kommt ein Zug. Entsprechend schnell bewegen sich die Menschen, werden durch Gänge gespült und in die Züge geschwemmt. Nur wer sich der hohen Geschwindigkeit anpasst, sich mit der Menge treiben lässt, hat Chancen mitzuhalten, ohne geschubst zu werden. Was die Riesenmetropole Moskau ausmacht, lässt sich in der Metro am besten spüren.

Adressen

Schmuckstück, Bild oder Vase – wer Antikes sucht, wird am Arbat oft fündig

Qualität und viele Bio-Lebensmittel: Milchprodukte russischer Herkunft, französische Frischkäse und Obst. Diverse Pasten und Soßen der Firma Rapunzel sowie Sojagetränke.
Erlesen – **Kupina** 6: s. S. 39.
Wie im Museum – **Unisat** 7: s. S. 39.
Speziell – **Wesna** 8: Nowyj Arbat 19, Geb. 1, Metro: Arbatskaja. Exklusive junge Mode von Designern wie Ann Demeulemeester, Dirk Bikkembergs, Temperley London, Frankie Morello u. a. hängt hier.

Abends & Nachts

Festivalkino – **Chudoschestwennyj** 1: s. S. 218.
Von Stanislawskij-Schüler gegründet – **Wachtangow-Theater** 2: s. S. 220.
Retrofeeling – **Schiguli** 3: Nowyj Arbat 11, Geb. 1, www.zhiguli.net, Metro: Arbatskaja, tgl. 10–2, Fr/Sa bis 4 Uhr. Hier kommt Nostalgie nach einer Zeit auf, die es niemals gab. Man steht hier mit dem Bier (Marke ›Schiguli‹) in der Hand und hört Musik, die das Lebensgefühl der idealisierten 70er-/80er-Jahre in Moskau vermittelt, als alle voller Hoffnung auf einen Neuanfang waren. Kleinigkeiten zu essen gibt es auch, aber vor allem darf getanzt werden.
Bier, Bier, Bier – **Tinkoff** 4: Prototschnyj per. 9/11, Tel. 777 33 00, Metro: Smolenskaja, tgl. 12–2 Uhr. Ein riesiges Brauerei-Restaurant im Industriedesign, in dem 550 Gäste in verschiedenen Sälen Platz finden. Bier boomt in Moskau – obwohl es gerade hier nicht ganz billig ist (0,5 Liter kostet etwa 3 €) – und daher auch dieses Restaurant mit Livemusik (Jazz, Funk und Lounge), vielen Fernsehern, die Sport- oder Musikevents übertragen, und europäisch-japanischer Küche (große Sushi-Bar).

Lieblingsort

Dem Himmel so nah – Moskau von der Kalina Bar aus gesehen
Von der **Kalina Bar** 7 im 21. Stock des Lotte Plaza, einem modernen Einkaufszentrum am Arbat, kann man Moskau im 360°-Blick genießen. Nirgendwo sonst hat man das alte Moskau und das neue Moskau so nah beieinander wie hier und nirgendwo spürt man die Größe und den Puls dieser Stadt so stark. Tagsüber und abends kann man leckere Salate, Pasta u. v. m. bekommen, spätabends gibt es Karaoke und Cocktails (Lotte Plaza, Nowinskij bl. 8, Tel. 229 55 19, www.kalinabar.ru, Metro: Arbatskaja/Smolenskaja, tgl. 12–6 Uhr).

Das Beste auf einen Blick

Samoskworetsche

Highlight !

Tretjakow-Galerie: In der von einem Moskauer Kaufmann gegründeten Galerie hängen die Glanzlichter der russischen Kunst – Ikonen ebenso wie die Werke der Marinemaler und der ›Wanderer‹. 10 S. 239

Auf Entdeckungstour

Schicksalshaus an der Moskwa – die Zeit des Großen Terrors: Das ›Haus an der Moskwa‹, für die sowjetische Elite gegenüber dem Kreml errichtet, erlangte während Stalins Säuberungen in den 1930er-Jahren traurige Berühmtheit. An die Schicksale der Bewohner und die von Schrecken geprägte Epoche der russischen Geschichte erinnert heute ein kleines Museum. 12 S. 242

Die Kunst der Avantgarde: Von der Ikonenmalerei bis heute reicht der Bestand an russischer Kunst der berühmten Tretjakow-Galerie. In der Neuen Tretjakow-Galerie werden ausschließlich Werke des 20. und 21. Jh. gezeigt, darunter die Schätze der russischen Avantgarde. 17 S. 246

Kultur & Sehenswertes

Ostrowskij-Museum: Das kleine Museum für Alexander Ostrowskij spiegelt die Lebensweise der einstigen Kaufmannschaft in diesem Teil Moskaus wider. Der Schriftsteller hat sie in seinem Werk verewigt. 8 S. 239

Skulpturenpark: Die enthronten Helden der Sowjetzeit liegen und stehen zwischen neuen Skulpturen neben der Neuen Tretjakow-Galerie. 16 S. 245

Aktiv & Kreativ

Health Club im Hotel Baltschug Kempinski: Schöner Pool, Sauna, Massagen und Fitnessraum im Hotel Baltschug – Relaxen und Schwimmen in angenehmer Atmosphäre. 1 S. 251

Genießen & Atmosphäre

CH.L.A.M.: Ein Gute-Laune-Treff im eleganten Loftambiente mit einer umfangreichen Speisekarte – vegetarisch, Mittelmeerküche und russische Gerichte. 5 S. 248

Abends & Nachts

GQ-Bar: In der Top-Location drängen sich die Schönen und Reichen bei heißer Musik und coolen Drinks. Man kommt hierher, um gesehen zu werden und jemanden kennenzulernen. 2 S. 251

Das Moskau der Kaufleute und Handwerker

Vom Roten Platz gelangt man über die Moskworetschkij-Brücke in den alten Stadtteil Samoskworetsche (Замоскворéчье), der in eine Schleife der Moskwa eingebettet liegt. Früher wurde er kurz Saretsche – jenseits des Flusses – genannt. Samoskworetsche ist ein Stadtteil, in dem man das alte Moskau teilweise wiederfindet: enge Gassen, idyllische Plätze, schöne Kirchen und mittendrin die Tretjakow-Galerie. Es ist eines der wenigen Viertel, die von der Umbauwut während der Sowjetzeit verschont blieben.

Nicht allen, die kamen, um in diesem Stadtteil zu leben, ging es wie dem Dichter Ossip Mandelstam. Er liebte das Westliche an St. Petersburg, Samoskworetsche war ihm zu asiatisch. Hier, so äußerte er einmal, fühle er »Russlands Kürbisleere«. Mit seiner Frau Nadeschda bewohnte Mandelstam 1923/24 in einem Einfamilienhaus an der Jakimanka ein Zimmer in einer Gemeinschaftswohnung. Nadeschda Mandelstam klagt in ihren Erinnerungen vor allem über die Entfernung zum Zentrum. Das erscheint einem heute angesichts der Größe Moskaus überholt, hat man doch in Samoskworetsche den Kreml fast vor Augen, wenn auch gleichsam von hinten – eben vom anderen Flussufer, wie der Name Samoskworetsche schon sagt.

Tataren und Handwerker

In Samoskworetsche mischen sich die Baustile und Lebensweisen von mehreren Jahrhunderten. Das macht das Viertel so malerisch und fremdartig. Schon seit dem 14. Jh. war es besiedelt. Zuerst von Tataren und Handwerkern, dann lebten hier im 17. Jh. auch die Strelitzen, die Musketiere des Zaren. Erst nachdem unter Peter dem Großen St. Petersburg Hauptstadt geworden war, bauten in Samoskworetsche vermehrt Kaufleute ihre Häuser, besonders um die Pjatnizkaja uliza und die Ordynka. Im 19. Jh. entstanden hier die ersten Fabriken – in demselben tiefen Ziegelrot erbaut wie einige Kirchen, wie die Kremlmauer, wie Klostermauern und Klöster der Stadt.

Ein Wall – heute der südliche Teil des Gartenrings – schützte vor Angreifern aus dem Süden wie den Tataren, die in friedlichen Zeiten ihre Gesandten am Krymwall unterbrachten. Krymskijwal, Krymskij most und Krymskij brod erinnern noch heute an die Geschichte. Die Tataren trieben in Friedenszeiten hier

Infobox

Reisekarte: ▶ H–L 8–10

Ausgangspunkt
Am besten nähert man sich Samoskworetsche vom Roten Platz aus über die Moskwa-Brücke. Die Tour endet an der Metrostation Oktjabrskai.

Zeitrahmen
Man sollte sich für diesen Rundgang mindestens einen halben Tag Zeit nehmen; wenn man die Museen besichtigen will, braucht man länger.

Handel und Handwerk, an sie erinnern die Tatarskaja uliza, die Bolschaja Ordynka (orda = Goldene Horde), der Tolmatschowski pereulok und die uliza Baltschug (Baltschug = Sumpf).

Von der Moskwa zur Pjatnizkaja-Straße

Unübersehbar erhebt sich am Moskwa-Ufer das **Hotel Baltschug Kempinski** 1 (Балчуг Кемпински Москва) mit seiner weißen Fassade (s. S. 32). Die Zimmer in dem Hotel bieten den schönsten Kremlblick, auch vom Restaurant im ersten Stock kann man ihn genießen. In der Baltschug-Straße befand sich die erste Kneipe Russlands. Iwan der Schreckliche ließ sie für seine Opritschniki, seine Leibgarde, einrichten. Rechter Hand beginnt die Sofijskaja nabereschnaja. Von dieser schönen Uferstraße bietet sich ebenfalls ein wunderbarer Blick auf den Kreml.

Über die Tschugunnyj-Brücke des Wasserableitungskanals führt der Weg auf die Pjatnizkaja uliza (Пятницкая ул.), eine der großen Handelsstraßen des Viertels. Sie ist gesäumt von kleinen, bescheidenen Häusern und – weiter stadtauswärts – von üppigen Kaufmannspalais (vor allem die Häuser Nr. 30–46). In seiner Erzählung »Drei Jahre« siedelt Anton Tschechow die Kaufmannsfamilie Laptew in so einem typischen Palais an. Nachdem seine Familie den Ort Taganrog im Süden Russlands verlassen und die Selbständigkeit aufgegeben hatte, arbeitete Tschechows Vater nicht weit von der Pjatnizkaja entfernt im Pyschewskij pereulok bei einem Kaufmann als Kontorist. Doch Tschechow konnte sich nur schwer mit dem Stadtteil Samoskworetsche anfreunden: »Meine Wohnung ist jenseits des Moskwa-Flusses, und hier herrscht schon echte Provinz: sau-

Mein Tipp

Wiener Kaffeehaus-Stil
Im **Café Kranzler** 3 des Hotels Baltschug Kempinski kann man sich schon zum Frühstück treffen. Mittags wird hier ein Business-Lunch serviert und am Nachmittag gibt es leckere Kuchen (besonders gut: der Kuchen des Monats!). Man spürt den Atem der Geschichte: Nicht nur Anton Tschechow saß an gleicher Stelle und diskutierte über die Umsetzung seiner Stücke. Auch so manche Künstler trafen sich hier in vorrevolutionärer Zeit. Bei Torten, Törtchen und kleinen Gerichten genießt man Grandhotelatmosphäre. Derzeit wird das Café umfassend renoviert (ul. Baltschug 1, Tel. 287 20 00, www.kempinski-moscow.com, Metro: Nowokusnezkaja, Tretjakowskaja, tgl. 7–24 Uhr).

ber, gemächlich, billig und – etwas beschränkt.«

Den Anfang der Pjatnizkaja säumen nur pastellfarbene, zwei- und dreistöckige Häuser, die im Erdgeschoss kleine Läden, Cafés und Restaurants beherbergen. In **Haus Nr. 12** lebte Leo Tolstoj als junger Offizier und schrieb hier im Jahr 1863 seinen Roman »Die Kosaken«.

Die meisten Besucher dieses Stadtteils wollen zur Tretjakow-Galerie (s. S. 239), kommen allerdings an den – hier oftmals gut erhaltenen – Kirchen nicht vorbei. Ähnlich erging es auch Walter Benjamin, der die Tretjakow-Galerie in den 1920er-Jahren zunächst lange vergebens suchte, in schneidender Kälte umherirrte und dem schließlich eine Kirche den Weg wies. Als er

Lieblingsort

Blicke in alle Himmelsrichtungen – Bolschoj Moskworetschkij most
▶ K 8

Die Bolschoj Moskworetschkij most verbindet den Stadtteil Samoskworetsche mit dem Zentrum. Da sie direkt vom Roten Platz über die Moskwa führt, ist sie eine der beliebtesten Brücken der Moskauer. Wenn Feste am Roten Platz stattfinden, wird die Brücke meist für Autos gesperrt, sodass man auf ihr über die Moskwa bummeln kann. Von der Brücke bieten sich schöne Blicke: Zwischen den Kremltürmen ragen die Türme der Moscow-City in den Himmel und auch der Stadtteil Samoskworetsche ist von hier aus gut zu überblicken – flache Bürgerhäuser, dazwischen immer wieder, goldene Kuppeln und spitze Glockentürme in Rot und Weiß, die Schichten dreier Jahrhunderte. Es ist ein erhabenes Gefühl, von dieser Stelle auf Moskau zu schauen.

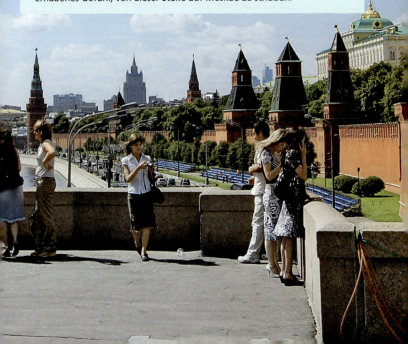

Samoskworetsche

Sehenswert
1. Hotel Baltschug Kempinski
2. Kirche des Hl. Clemens
3. Lateinamerika-Institut der Akademie der Wissenschaften
4. Kirche ›Aller Bedrängten Freude‹
5. Palais der Kaufmannsfamilie Kumanin
6. Nikolajkirche in Pyschi
7. Kloster der Hll. Maria und Martha
8. Ostrowskij-Museum
9. Palast der Demidows
10. Tretjakow-Galerie
11. Auferstehungskirche in Kadaschi
12. ›Haus an der Moskwa‹
13. Nikolaus-Kirche in Bersenewka
14. Ehemalige Schokoladenfabrik ›Roter Oktober‹
15. Denkmal Peters des Großen
16. Skulpturenpark
17. Neue Tretjakow-Galerie und Haus der Kunst
18. Gorki-Park

Essen & Trinken
1. Apschu
2. Art Academy
3. Café Kranzler
4. Bon
5. CH.L.A.M.
6. Dymow No.1
7. Kafe Sandaj
8. Le pain quotidien
9. Oblomow
10. Schokoladniza
11. Spezbuffet No. 7
12. Taras Bulba

Einkaufen
1. Karina Schanschijewas Galerie
2. Sedjmoj Kontinent
3. Wsesojusnyj
4. Russkaja Uliza

Aktiv & Kreativ
1. Health Club im Hotel Baltschug Kempinski
2. Lanna Kamilina

Abends & Nachts
1. Rolling Stone Bar
2. GQ
3. Wermel
4. Dome
5. Rai
6. Strelka Bar

Samoskworetsche

dann die Galerie wieder verließ, war er bester Laune: »Sehr froh gestimmt trat ich aus dem Museum. Im Grunde war ich in dieser Stimmung schon eingetreten und daran hatte am meisten die ziegelrot angestrichene Kirche schuld, die an der Haltestelle der Trambahn stand.«

Kirche des Hl. Clemens 2
Ecke Pjatnizkaja/Klimentowskij pereulok

Die von Walter Benjamin erwähnte dunkelrote Kirche des Hl. Clemens (Zerkow Klimenta, Церковь Климента) vom Ende des 18. Jh. ist ein besonderes Prunkstück. Sie zählt zu den Höhepunkten des Moskauer Barock. Mit ihren vier schwarzen Türmen und der zentralen goldenen Kuppel steht sie genau an der Ecke, wo man nach rechts zur Tretjakow-Galerie abbiegt.

Bolschaja-Ordynka-Straße und Umgebung

In der kleinen Fußgängergasse Klimentowskij pereulok reihen sich Verkaufs- und Imbissstände aneinander. Am Ende der Gasse, schon in der Bolschaja Ordynka (ул. Бол. Ордынка), befindet sich die Metrostation Tretjakowskaja. Gleich rechts in der Bolschaja Ordynka Nr. 21 erhebt sich hinter einem imposanten Gitter ein klassizistisches gelb-weißes Stadtpalais, Ende des 18. Jh. von Katharinas Hofbaumeister Wassilij Baschenow für den Kaufmann Dolgow errichtet. Heute hat hier das **Lateinamerika-Institut der Akademie der Wissenschaften** 3 seinen Sitz.

Auch die gelb-weiße **Kirche ›Aller Bedrängten Freude‹** 4 (Zerkow ikony Boschej Materi ›Wsech skorbjaschich radostj‹, Церковь Иконы Божией Матери Всех Скорбящих Радость) ist ein Werk Baschenows. Fertiggestellt wurde sie jedoch erst nach dem großen Brand 1812 von Ossip Beauvais, der auch die spätklassizistische Rotunde entwarf. Das Interieur und die Ikonostase sind noch erhalten.

In dem aus dem 18. Jh. stammenden **Palais der Kaufmannsfamilie Kumanin** 5 (Bolschaja Ordynka Nr. 17) weiter stadteinwärts ging der Schriftsteller Fjodor Dostojewskij als Kind ein und aus, denn seine Taufpatin hatte einen Kumanin geheiratet. Jahrzehnte später – der Palast war längst in mehrere Wohnungen aufgeteilt – wohnte hier zwischen 1938 und 1966 während ihrer Moskauaufenthalte regelmäßig die große Petersburger Dichterin Anna Achmatowa.

Bevor wir Richtung Tretjakow-Galerie weitergehen, noch ein kurzer Umweg stadtauswärts die Ordynka hinunter bis zur **Nikolajkirche in Pyschi** 6 (Храм святителя Николая в Пыжах) Das weiße Gebäude mit fünf dunklen Kuppeln und kunstvollen Steinmetzarbeiten wurde Mitte des 17. Jh. von dem Strelitzenregiment gestiftet, das zu der Zeit hier ansässig war.

Kloster der Hll. Maria und Martha 7
Bolschaja Ordynka 34,
http://mmom.ru

Klein und gedrungen mit dicken weißen Mauern und einer einzigen großen Kuppel erinnert die **Mariä-Schutz-Kirche** (Zerkow Pokrowa) eher an nordische Bauten. Sie gehört zu dem Komplex des Klosters der Hll. Maria und Martha (Марфо-Мариинская Обитель милосердия), ein Frauenkloster, das als eines der letzten Klöster in Moskau gegründet wurde. Die kleine Kirche, die an den Außenwänden Ikonenmalereien aufweist, wurde erst zwischen 1908 und 1912 von dem berühmten Moskauer Architekten

Tretjakow-Galerie

Alexej Schussew gebaut, der später das Lenin-Mausoleum auf dem Roten Platz entwarf.

Großfürstin Elisabeth Fjodorowna, die Schwester der letzten Zarin, gründete das Frauenkloster, nachdem ihr Mann, der Moskauer Generalgouverneur, 1905 einem Attentat zum Opfer gefallen war. Das Kloster beherbergte eine Kranken- und Sozialstation, wo sich die Schwestern um die Ärmsten des Viertels kümmerten. Während des Ersten Weltkrieges versorgten sie dort deutsche und russische Kriegsverletzte. 1915 mehrten sich die Angriffe auf die Großfürstin wegen ihrer deutschen Herkunft. Man beschuldigte sie, deutsche Spione im Kloster zu beherbergen. Nach der Revolution blieb Elisabeth zunächst im Kloster, wurde aber 1918 nach Jekaterinburg deportiert und zusammen mit der Zarenfamilie umgebracht. Die russisch-orthodoxe Kirche sprach sie 1992 als Märtyrerin heilig.

Ostrowskij-Museum 8
Malaja Ordynka 9,
www.russianmuseums.info/M308,
Di–So 11–19 Uhr
Wir wenden uns in eine kleine Gasse nach links, um sofort wieder links in die Malaja Ordynka einzubiegen. In dem kleinen Holzhaus Nr. 9 wuchs der Schriftsteller Alexander Ostrowskij (1823–1886) auf, heute ist ihm hier ein Museum (Дом-музей А. Н. Островского) gewidmet. In seinem Werk finden sich ausführliche Schilderungen der Kaufmannschaft von Samoskworetsche.

Palast der Demidows 9
Bolschoj Tolmatschewskij per. 3
Im Bolschoj Tolmatschewskij pereulok lebten zwischen dem 15. und 17. Jh. die russischen und tatarischen Dolmetscher, die im Staatsdienst arbeiteten. Erst Ende des 18. Jh. entstand in dieser Straße der Palast der Demidows. Die Demidows waren Unternehmer, die mehrere Bergwerke im Ural besaßen und sich ab 1777 in Moskau niederließen. Der gelb-weiße Palast im klassizistischen Stil versteckt sich hinter hohen Mauern und einer eindrucksvollen Einfahrt mit einem schmiedeeisernen Tor.

Lawruschenskij-Gasse
Den Lawruschenskij pereulok unterzog man Ende der 1990er-Jahre einer umfassenden Restaurierung und wandelte ihn in eine Fußgängerzone um. Auf Büchertischen werden hier vor der Tretjakow-Galerie oft interessante Bildbände angeboten.

Direkt gegenüber dem Eingang zur Galerie ragt ein großes, massives **Wohnhaus (Nr. 17)** auf. 1937 erbaut, ist es ein typisches Gebäude der Stalinära. Seine Bewohner waren keine gewöhnlichen Moskauer: Hier erhielt nur eine Wohnung, wer in der Gunst des Diktators stand, bevorzugt Schriftsteller. Der berühmteste unter ihnen war Boris Pasternak, der zwei kleine Wohnungen im sechsten und siebten Stock zugeteilt bekam. Zwar lebte er meist in Peredelkino (s. S. 269), doch manchmal nutzte er auch die Stadtwohnungen. Neben Pasternak wohnten hier u. a. Viktor Schklowskij und Konstantin Paustowskij.

Am Ende des Lawruschenskij pereulok führt seit 1995 die **Luschkow-Brücke** über den Kanal, eine Fußgängerbrücke, die nach dem früheren Moskauer Bürgermeister benannt ist.

Tretjakow-Galerie ! 10

Lawruschinskij per. 10,
www.tretyakovgallery.ru,
Di–So 10.30–19.30 Uhr

Samoskworetsche

Rund 3500 Werke trugen Pawel Tretjakow und sein Bruder Sergej zusammen

Im Jahr 1856 erwarb der Kaufmann Pawel Tretjakow (1832–1898) die ersten Bilder für die Sammlung, die zum Grundstock der Tretjakow-Galerie werden sollte. Mehr als 30 Jahre sammelte er mit großer Energie und Leidenschaft ausschließlich Werke russischer Künstler. Sein Ziel war es, ein Museum nationaler Kunst aufzubauen. Jedes Jahr kaufte er auf Ausstellungen und in den Ateliers der Künstler Hunderte von Werken.

Anfangs wurden die erworbenen Werke in Tretjakows Wohnhaus im Lawruschinskij pereulok aufgehängt, doch schon bald reichte der Platz nicht mehr. So ließ Tretjakow 1872 ein Gebäude für die Sammlung erbauen, das an sein Wohnhaus grenzte. Zunächst machte er die Bilder nur einem größeren Kreis von Bekannten zugänglich, doch 1881 auch der Öffentlichkeit.

In den 1880er- und 1890er-Jahren erwarb Tretjakow Bilder, die heftige Diskussionen auslösten. Er ignorierte auch die Zensur des Heiligen Synod. 1892 schenkte er seine inzwischen sehr umfassende Sammlung zusammen mit der Hinterlassenschaft seines Bruders Sergej der Stadt Moskau. An der Stelle

Böttcherviertel

Und diese Wände voll erzählender Bilder, Darstellungen von Szenen aus dem Leben der verschiedensten Stände, machen die Galerie zu einem großen Bilderbuch.«

Über 100 000 Exponate umfasst die Sammlung russischer Kunst mittlerweile – von den Ikonen Andrej Rubljows bis zur Malerei des beginnenden 20. Jh. Besondere Highlights sind neben den Ikonen: die Werke des Marinemalers Iwan Aiwasowskij, Valentin Serows und Isaak Lewitans, Wassilij Surikows »Die Bojarin Morosowa« und vor allem die Werke Ilja Repins, des bedeutendsten russischen Malers des 19. Jh. Eine Führung ist zu empfehlen, man kann aber auch einen Audioguide ausleihen.

des Wohnhauses der Brüder wurde zehn Jahre später nach Entwürfen des Märchenmalers Viktor Wasnezow (s. S. 61) die Tretjakow-Galerie erbaut. Vor dem Gebäude steht ein Denkmal Tretjakows. In den 1990er-Jahren wurde das Museum umfassend restauriert.

Die Sammlung

Schon Walter Benjamin schrieb in den 1920er-Jahren begeistert über die Tretjakow-Galerie: »Was ich sah, lässt mich annehmen, dass die Russen unter den europäischen Völkern die Genremalerei am intensivsten ausgebildet haben.

Böttcherviertel

Wir wenden uns nach rechts – nicht ohne noch einen Blick auf den Kreml zu werfen, der von hier besonders schön aussieht –, um dann gleich wieder rechts in den 1. Kadaschewskij pereulok abzubiegen und dann links in den 2. Kadaschewskij pereulok.

Rund um die beiden Gassen liegt das Böttcherviertel (Kadaschi). Schon im 15. Jh. haben sich hier Böttcher niedergelassen, die den Hof belieferten, später kamen noch Weber hinzu. Immer noch herrscht in dem Viertel Beschaulichkeit und Ruhe, was mitten in der 10-Millionen-Metropole Moskau überrascht.

Auferstehungskirche in Kadaschi 11

Über den geduckten Häuser aus dem 17. und 18. Jh. erhebt sich die Auferstehungskirche in Kadaschi (Chram Woskresenija w Kadaschach, Храм Воскресения Христова в Кадашах). Der rot-weiße Ziegelbau ▷ S. 244

Auf Entdeckungstour

Schicksalshaus an der Moskwa – die Zeit des ›Großen Terrors‹

Das ›Haus an der Moskwa‹ 12, für die sowjetische Elite gegenüber dem Kreml errichtet, erlangte während Stalins Säuberungen in den 1930er-Jahren traurige Berühmtheit. Hunderte von Hausbewohnern wurden verhaftet, die meisten von ihnen hingerichtet. An die Schicksale dieser Menschen und die von Schrecken geprägte Epoche der russischen Geschichte erinnert ein Museum.

Zeit: 1–2 Std.

Infos: Museum ›Haus am Ufer‹, ul. Serafimowitscha 2, 1. Aufgang, www.museumdom.narod.ru, Metro: Poljanka, Mi 17–20, Sa 14–18 Uhr.

Lektüre: Jurij Trifonow, »Das Haus an der Moskwa«, Reinbek 1985 (antiquarisch und in Bibliotheken zu bekommen).

Auf dem Dach des Hauses, das Stalin in den 1930er-Jahren für die sowjetische Elite bauen ließ, dreht sich ein riesiger Mercedes-Stern – wie zum Hohn: Kapitalismus siegt über Kommunismus. Das Haus an der Moskwa (s. a. S. 244) wurde für die sowjetische Partei-Elite errichtet – für Militärs, Minister, Wissenschaftler, Schriftsteller, Schauspieler. 1931 waren 500 Wohnungen in dem monumentalen grauen Bau von Boris Iofan bezugsfertig. Der Architekt selbst wohnte bis zu seinem Tod 1976 im elften Stock.

Eine Stadt in der Stadt hatte Iofan entworfen mit eigenem Theater, Kino, Kindergarten, Läden, Restaurants und Wäscherei – eine Luxusoase. Wer es hierher geschafft hatte, war angekommen in der High-Society der Stalinzeit. Doch der Traum vom Wohnen in der sozialistischen Utopie war für die meisten Bewohner schnell ausgeträumt: Eine Welle des Terrors überzog das Land in den 30er-Jahren. Ab 1937 wurden mindestens 400 Bewohner des Hauses an der Moskwa unter dem Vorwand des Hochverrats verhaftet, als Volksfeinde erschossen oder verschleppt.

Erinnerung an den Großen Terror

Der Schriftsteller Jurij Trifonow, einst Bewohner des Hauses und Autor des Romans »Das Haus an der Moskwa« (s. u.) hat es nicht mehr erlebt, doch stellvertretend für ihn leitet seine Frau Olga heute das kleine Museum im Haus an der Moskwa, das 1989 auf Initiative einer der ältesten Bewohnerinnen eingerichtet wurde. Es befindet sich im Erdgeschoss des ersten Aufgangs. Hier bekommt man einen Eindruck von der Lebenswelt in diesem Haus in den 1930ern. Das Museum ist ausgestattet mit vielen persönlichen Gegenständen, Fotos und den ursprünglichen Möbeln. Mit großer Akribie haben die Museumsmitarbeiter Unterlagen und Accessoires zusammengesucht. Eine historische Ausstellung erinnert an den Großen Terror und die Bewohner des Hauses, die ihm zum Opfer gefallen sind. Utopie und Schrecken der Stalinzeit sind in diesem Museum eingefangen.

»Meine Mama wurde am 1. September 1937 verhaftet. Wir drei Kinder blieben zurück. Das Zimmer wurde versiegelt. Aber unsere persönlichen Sachen sind noch dort … Ich bitte Sie, diese Sachen an mich zurückzugeben. Inna Geisters«, heißt es in einem Brief, den die damals 12-jährige Inna Geister an Stalin schrieb und der im Museum ausgestellt ist. Ihre Bitte wurde nicht erhört. Stalins Schergen löschten ganze Familien aus. Der Prototyp des neuen sozialistischen Lebens wurde zu einem Bunker, in dem die Todesangst umging. Eine Zeitlang lebten Opfer und Täter Tür an Tür. Ihre Kinder spielten im selben Innenhof und spürten, dass etwas Schreckliches vor sich ging. Ende 1938 stand jede fünfte Wohnung leer. Innerhalb von 14 Monaten wurden in der Sowjetunion 1 600 000 Menschen verhaftet und mehr als 600 000 erschossen.

Die Schrecken in Roman und Film

»Das Haus … war wie ein schwerfälliges, aberwitziges Schiff ohne Masten, Schornsteine und Steuerrad, ein riesiger Kasten, eine mit Menschen vollgestopfte Arche, bereit, davonzuschwimmen. Wohin?«, schreibt Jurij Trifonow (1925–1981) in seinem Roman »Das Haus an der Moskwa«. Er verlebte hier eine glückliche Kindheit, bis sein Vater abgeholt und 1938 erschossen wurde. Beklemmend schildert er, wie die Bewohner des Hauses in Angst und Schrecken lebten. Ähnlich ist die Atmosphäre in Nikita Michalkows Film »Die Sonne, die uns täuscht«, der während des Großen Terrors spielt. Einige Szenen wurden im ›Haus an der Moskwa‹ gedreht.

Samoskworetsche

Die einstige Schokoladenfabrik ist ein beliebter Hotspot für Galerien und Restaurants

mit den grünen Türmen wurde Ende des 17. Jh. von reichen Tuchhändlern gestiftet. Denn in dem Viertel befand sich seit 1661 auch der Tuchhof, eine der ersten Manufakturen Russlands. Die fünf grünen Zwiebeltürme und der erst 20 Jahre nach dem Bau der Kirche errichtete schlanke Glockenturm sind weit über das Viertel hinaus zu sehen. Die Kirche zählt zu den bedeutendsten Bauwerken des Moskauer Barock.

›Insel ohne Namen‹

›Haus an der Moskwa‹ 12
ul. Serafimowitscha 2
Vom Kanal aus hat man einen guten Blick auf das mächtige ›Haus an der Moskwa‹, auch ›Haus an der Uferstraße‹ genannt (Dom na Nabereschnoj, Дом на набережной, s. Entdeckungstour S. 242), das hinter der Großen Steinbrücke liegt, die zum Kreml führt. Es steht auf der Spitze einer Halbinsel ohne Namen zwischen Moskwa und Kanal. Von hier schaut man auf das Kino Udarnik, das wie ein Ufo wirkt und in der Sowjetzeit das Premierenkino der Stadt war.

Nikolaus-Kirche in Bersenewka 13
Hinter dem ›Haus an der Moskwa‹ an der Bersenewskaja nabereschnaja, der Uferstraße an der Moskwa, duckt sich klein die Nikolaus-Kirche in Bersenewka (Zerkow Nikoly w Bersenewke). Gleich daneben steht die rot-weiße Villa des Bojaren Awerkij Kirillow, der sich die Kirche Mitte des 17. Jh. erbauen ließ. Die Legende besagt, Kirillow habe sich einen unterirdischen Gang von seinem Haus direkt in den Kreml legen lassen. Das hat ihn nicht davor bewahren können, 1682 beim Strelitzenaufstand getötet zu werden.

Ehemalige Schokoladenfabrik ›Roter Oktober‹ 14
Bersenewskaja nab. 6
Theodor Ferdinand von Einem eröffnete 1851 in Moskau eine kleine Kon-

Am Ufer entlang zum Gorki-Park

Denkmal Peters des Großen 15
Westlich der ›Insel ohne Namen‹ thront in der Moskwa Peter der Große auf dem ›Bug eines Schiffes‹, verewigt in einem 94 m hohen Bronzedenkmal von Surab Zereteli.

Skulpturenpark 16
Krymskij wal 10, www.muzeon.ru, tgl. 9–21 Uhr
Direkt gegenüber vom Peter-Denkmal befindet sich seit der Wende der Skulpturenpark (Park iskusstw ›Museon‹, Парк Искусств ›Музеон‹). Zuerst wurden hier im Freien die entthronten Helden der Sowjetzeit abgelegt wie Dserschinskij, der Begründer des KGB, dessen Denkmal auf dem Lubjanka-Platz unter dem Jubel der Moskauer 1991 gestürzt wurde. Es folgten Lenin, Stalin, Breschnew u. a. Zu den alten Denkmälern kamen neue von Gegenwartskünstlern hinzu.

ditorei, in der er er auch feinste Schokolade herstellte. Schon 16 Jahre später baute er am Moskwaufer eine Schokoladenfabrik. Nach der Revolution wurde sie zur Schokoladenfabrik ›Roter Oktober‹ (Красный Октябрь Торговый Дом). Jahrelang wurde hier die nostalgische Moskauer Schokolade hergestellt, bis die Fabrik umziehen musste und der rotziegelige Komplex zum Spekulationsobjekt wurde. Der Krise von 2008 sei Dank, dass die Abrissbirne nicht mehr überall ungehindert zuschlägt. Der geplante Umbau auf der »Goldenen Insel«, wie Ex-Bürgermeister Luschkow das Gelände nannte, wurde aufgeschoben, wenn nicht gar aufgehoben. So entstand ein angesagtes Quartier, eine Art russisches Soho. In dem lebendigen In- Viertel reihen sich schicke Restaurants neben Cafés, Klubs, Boutiquen, einer Fernsehstation, Fotostudios und Galerien. Auch fand 2010 in den Hallen der alten Fabrik erstmals eine exklusive Kunstmesse statt (www.cosmoscow.com).

Kunst statt Schokolade
In einem Teil der ehemaligen **Schokoladenfabrik ›Roter Oktober‹** 14 auf der sogenannten »Goldenen Insel« schräg gegenüber dem Kreml zog 2010 das Zentrum der Fotografie Brüder Lumiere ein, das sich ganz der russischen und sowjetischen Fotografie mit Ausstellungen, Bibliothek und Buchshop widmet (Bolotnaja nab. 3, Geb. 1, Tel. 228 98 78, www.lumiere.ru, Metro: Kropotkinskaja, Di–Fr 12–21, Sa/So ab 11 Uhr).

Auf Entdeckungstour

Die Kunst der Avantgarde – in der Neuen Tretjakow-Galerie

Von der Ikonemalerei bis heute reicht der Bestand an russischer Kunst der berühmten Tretjakow-Galerie in Moskau. In der Neuen Tretjakow-Galerie 17 werden ausschließlich Werke des 20. und 21. Jh. gezeigt, darunter die Schätze der russischen Avantgarde.

Zeit: 2–4 Std.

Planung: Metrostation Oktjabrskaja

Info: Krymskij wal 10, www.tretyakovgallery.ru, Di–So 10–19.30 Uhr

Im ersten Stock der Galerie angekommen, erblickt man sofort eine Ikone der ersten Revolutionsjahre: das Modell von Wladimir Tatlins Turm »Mit voller Kraft«. Es ist das Opus magnum des Malers und Bildhauers, entworfen für die III. Internationale 1919/20. Der Turm hebt sich spiralförmig optimistisch in die Höhe. Drei Innenelemente mit Büros sollten sich im Turm drehen, der höher als der Eiffelturm werden sollte. Zum Bau kam es aus Kostengründen nicht, doch bis heute gilt der Entwurf als Meilenstein der Architektur.

Die Highlights

Im obersten Stock begegnet man den Werken von zwei Künstlern, die als Geburtshelfer der russischen Avantgardebewegung gelten: Michail Larionow und Natalja Gontscharowa. Sie beeinflussten viele Künstler, obwohl sie bereits 1914 nach Frankreich emigrierten.

Weitere Highlights sind Tatlins »Fischverkäufer« (1911), Lentulows Moskau-Bild, der »Hit der Saison« (1913/14), Kandinskys »Komposition VII« (1913), Chagalls »Fliegendes Paar über der Stadt« und Petrow-Wodkins »Baden des Roten Pferdes«. Im Zentrum der Ausstellung steht Kasimir Malewitschs ›Schwarzes Quadrat‹ (1915) – Urelement der Malerei, von der gegenständlichen Anschaulichkeit gereinigte Kunst. Wahrscheinlich 1914/15 gemalt, stellt es einen radikalen Bruch mit allen Traditionen dar.

Aufbruchstimmung

Noch zu Beginn des 20. Jh. waren Genreszenen und Historienbilder die Hauptthemen der russischen Maler. Ziehväter der Avantgarde wurden die Moskauer Sammler Iwan Morosow und Sergej Schtschukin. Sie reisten früh nach Paris, sammelten und zeigten die Werke in Moskau. Morosow sammelte nicht nur westliche Kunst, sondern auch die junge russische Generation: Chagall, Gontscharowa und Larionow.

Nach dem Scheitern der Revolution von 1905 war klar, dass die Zarenherrschaft wankte. Die russischen Künstler suchten in dieser Zeit nach neuen Parametern, etliche von ihnen reisten nach Westeuropa: Tatlin sah bei Picasso in Paris die ersten kubistischen Reliefs. Kandinsky, der schon vor der Jahrhundertwende nach München gezogen war, lud seine Moskauer Kollegen zur Ausstellung »Der blaue Reiter« ein. Im ersten Jahrzehnt des 20. Jh. gelangte die Avantgarde zum Durchbruch. Leitfigur war Kasimir Malewitsch, der in einer Zeit, als Russland durch den Ersten Weltkrieg von Europa abgeschnitten war, in seinen ersten suprematistischen Arbeiten zur geometrischen Abstraktion kam.

Die russische Avantgarde stand in Verbindung zum Aufbruch der Moderne in Paris. Mit dem Sieg des Sozialistischen Realismus in den 30er-Jahren endete vorerst der bis dahin einmalige Versuch in Russland, eine eigene kulturelle Identität zu finden. In der Sowjetzeit lagerten die Werke in den Depots. Erst mit Glasnost und der Öffnung zum Westen fanden sie wieder den verdienten Platz in der Tretjakow-Galerie.

Die zweite Avantgarde

Eine Belebung erfuhr die Moskauer Kunstszene in den 70er-Jahren. Es gab illegale Ausstellungen in Privatwohnungen, Kunsthandel mit westlichen Diplomaten und es kam zu Zusammenstößen mit der Staatsmacht. Im Untergrund entstand die ›Zweite russische Avantgarde‹, die durch Gorbatschows Perestroika aus der Quarantäne entlassen wurde. Auch diese Bilder sind teilweise in der Tretjakow-Galerie zu sehen.

Samoskworetsche

Neue Tretjakow-Galerie und Haus der Kunst [17]
Krymskij wal 10, www.tretyakov gallery.ru, Di–So 10–19.30 Uhr
Die russische Kunst vom zweiten Jahrzehnt des 20. Jh. bis heute ist in der **Neuen Tretjakow-Galerie** (Третьяковская галерея на Крымском Валу) zu sehen, gut gehängt und präsentiert (s. Entdeckungstour S. 246). Auch interessante Wechselausstellungen werden gezeigt. Im gleichen Gebäude aus den 70er-Jahren, nur mit dem Eingang zum Krymskij wal, befindet sich das **Haus der Kunst** (ZDCH), das in seinen riesigen Ausstellungsräumen Platz für Wechselausstellungen und die Kunstmesse bietet.

Gorki-Park [18]
Krymskij wal 9, tgl. 10–22 Uhr
Gegenüber vom Haus der Kunst steht pompös das Eingangstor zum Gorki-Park. Durch den gleichnamigen Film (1983) von Michael Apted, einen Thriller, der in den Zeiten des Kalten Krieges spielt, wurde der Park auch im Westen berühmt. Für viele ist er ein Synonym für Wintervergnügen: In der kalten Jahreszeit kann man hier nicht nur auf dem kleinen See Schlittschuhlaufen, sondern auch die Wege werden vereist, sodass der Park zu einer Eisbahn mit verschlungenen Pfaden wird.

Gegründet wurde der Vergnügungspark im Jahr 1927, zu einer Zeit, als die Welt in der sozialistischen Sowjetunion noch scheinbar in Ordnung war. Als große grüne Lunge erstreckt er sich am Moskwa-Ufer mitten in der Stadt auf dem Gelände der einstigen Landwirtschafts- und Handwerksausstellung.

Im Park befindet sich das **Grüne Theater**, das größte Freilufttheater Moskaus mit Platz für bis zu 10 000 Zuschauer. Auf dem Gelände gibt es außerdem ein Schwimmbad, Teiche, Restaurants, Bars, Imbisse, Biergärten und diverse Attraktionen wie Karussells, Schießbuden, Autoscooter und das Raumschiff »Buran«.

Essen & Trinken

Bohemian – **Apschu** [1]: Klimentowskij per. 10, Tel. 953 99 44, Metro: Tretjakowskaja, tgl. 24 Std. geöffnet, Hauptgericht ab 7 €. Zwischen fünf verschiedenen Räumen hat man hier die Wahl: zum Musikhören, In-Büchern-Schmökern oder um auf einem Hochbett zu entspannen. Die Küche ist europäisch-russisch und bietet von Bliny bis Suppe, von Salat bis Grillfisch eine kleine, aber gute Auswahl. Zum Stammpublikum gehören Studenten und Künstler.

New York Style – **Art Academy** [2]: s. S. 33.

Wiener Kaffeehaus-Stil – **Café Kranzler** [3]: s. S. 233.

Luxuriös – **Bon** [4]: s. S. 32.

Exquisiter Künstlertreff – **CH.L.A.M.** [5]: 1. Golutwinskij per. 3, Tel. 238 16 78, www.hlam-cafe.ru, Metro: Poljanka, Hauptgericht ab 11 €. ›Chlam‹ war ein legendäres Künstlercafé in Kiew zur Zeit der Revolution. ›Chlam‹ steht für *chudoschnik* (Künstler), *literat* (Schriftsteller), *artist* (Schauspieler) und *musykant* (Musiker). Denkt man dabei jedoch an eine Künstlerkaschemme, liegt man falsch. Das CH.L.A.M wirkt eher wie ein Lokal im Meat-District in New York: elegantes Loftambiente und eine umfangreiche Speisekarte (vegetarisch, Mittelmeerküche und russische Gerichte). Ein Gute-Laune-Treff!

Nicht nur Würste – **Dymow No.1** [6]: Sofijskaja nab. 34, Tel. 951 75 71, www.dymov1.ru, Metro: Tretjakowskaja/Nowokusnezkaja, tgl. 12 Uhr bis zum letzten Gast, Hauptgericht ab 6 €.

Adressen

Farbtupfer im winterlichen Gorki-Park: die Kabinen des Riesenrads

Der Wurstkönig von Moskau, Wadim Dymow, hat zusammen mit dem größten Restaurantunternehmer Moskaus, Arkadij Nowikow, eine Kette von Restaurants ins Leben gerufen, in denen gutes Bier gezapft wird. Die Küche ist einfach: Buchweizengrütze mit Zwiebeln, Lammschaschlik oder Grillwürste. Der Blick aus den großen Fenstern richtet sich direkt auf den Kreml.

Japanisch – **Kafe Sandaj** 7 : Pjatnizkaja ul. 2/38, Metro: Nowokusnezkaja, Tretjakowskaja. Tel. 953 95 59, tgl. 12–24 Uhr, Hauptgericht ab 8 €. Kleines japanisches Restaurant: Die Sushis kommen frisch auf den Tisch; die Suppen sind hervorragend.

Superbrot – **Le pain quotidien** 8 : Pjatnizkaja ul. 6/1, Tel. 951 91 30, www.lpq.ru, Metro: Nowokusnezkaja, Tretjakowskaja, tgl. 7–23.30, Sa/So ab 8 Uhr. Die belgische Kette hat ihr Konzept nach Moskau gebracht: tolle Backwaren, kreative Snacks und der große Tisch, an dem man nicht allein sitzt – der ideale Ort fürs Frühstück, aber auch für ein Sandwich zwischendurch.

Stilvoll – **Oblomow** 9 : s. S. 37.
Nicht nur Schokolade – **Schokoladniza** 10 : s. S. 38.
Sowjetnostalgie – **Spezbuffet No. 7** 11 : ul. Serafimowitscha 2 (Eingang vom Ufer durch den Hof), Tel. 959 31 35, Metro: Kropotkinskaja, tgl. 12–24 Uhr, Hauptgericht ab 6 €. Im ehemaligen Speisesaal des ›Hauses am Ufer‹ ist Sowjetnostalgie angesagt – nicht nur an den Wänden, wo Sowjetplakate hängen. Auf den Tisch kommen Speisen wie: Steak ›Proletariertraum‹ und Schweinekotelett ›Schlagt die Bourgeoisie‹. Die Preise sind auch fast sowjetisch günstig.
Folkloristisch – **Taras Bulba** 12 : Pjatnizkaja ul. 14, Tel. 953 71 53, Metro: Nowokusnezkaja, tgl. 24 Std. geöffnet, Hauptgericht ab 8 €. Die literarische

Samoskworetsche

Figur von Nikolaj Gogol ist Namensgeber der ukrainischen Kette. Alles ist hier sehr folkloristisch: Dorfatmosphäre mit kalorienhaltigen Speisen – doch alles sehr günstig.

Einkaufen

Im Kunsthaus – **Karina Schanschijewas Galerie** 1 : s. S. 43.
Alles, was das Herz begehrt – **Sedjmoj Kontinent** 2 : s. S. 40.
Musik – **Wsesojusnyj** 3 : Pjatnizkaja ul. 29, Metro: Tretjakowskaja/Nowokusnezkaja. Riesiger CD-Shop, in dem man wirklich (fast) alles findet, auch DVDs. Wer eine Pause machen möchte, kann sich ins Café begeben.
Russisches Design – **Russkaja Uliza** 4 : Bersenewskij per. 8, Geb.1, www.russian-street.ru, Metro: Kropotkinskaja. Nur Modelle junger russischer Designer werden hier verkauft. Auch ungewöhnliche Accessoires.

Nach dem früheren Bürgermeister benannt: die Luschkow-Brücke

Adressen

Aktiv & Kreativ

Fitness im Grandhotel – **Health Club im Hotel Baltschug Kempinski** 1: ul. Baltschug 1, Tel. 287 17 11, www.kempinski-moscow.com, Metro: Nowokusnezkaja, Tretjakowskaja, tgl. 7–23 Uhr, zahlreiche Fitnessmöglichkeiten.

Idyll für Schlittschuhläufer – **Gorki-Park** 18: Krymskij wal 9, tgl. 10–22 Uhr, Metro: Oktjabrskaja/Park Kultury. Schlittschuhlaufen im Moskauer Gorki-Park ist ein besonderes Vergnügen. Schuhe können vor Ort ausgeliehen werden.

Wellness pur – **Lanna Kamilina** 2: Bolschoi Tolmatschewskij per. 4/1, Tel. 953 63 05, Metro: Tretjakowskaja/Nowokusnezkaja, tgl. 10–22 Uhr. Die schönsten Frisuren werden bei Lanna Kamilina gemacht. Die Chefin legt natürlich nicht immer selbst Hand an, aber ihre 30 Angestellten sind ebenfalls sehr kreativ. Im obersten Stock werden Massagen und Kosmetik angeboten.

Abends & Nachts

Abfeiern – **Rolling Stone Bar** 1: s. S. 47.

Hotspot – **GQ** 2: ul. Baltschug 5, Tel. 956 77 75, Metro: Nowokusnezkaja, Tretjakowskaja, tgl. 24 Std. geöffnet. Die Bar des GQ-Clubs ist am Abend eine Top-Location. Das ahnt man schon, wenn man die in drei Reihen geparkten Limousinen vor der Tür sieht. Im hinteren Teil wird gegessen und vorn in der Bar drängen sich die Schönen und Reichen bei heißer Musik und coolen Drinks.

Eine gute Mischung – **Wermel** 3: s. S. 47.

Arty place – **Dome** 4: Bersenewskij per. 3/10, Geb. 7, Tel. 499 788 65 24, www.domebar.ru, Metro: Kropotkinskaja, tgl. 12–24 Uhr, Fr/Sa bis 5 Uhr. Tagsüber Art-Café, abends Bar, Kino und DJ-Location, auf den Screens laufen ungewöhnliche Kunstfilme, in den tiefen Sofas versinken Abend für Abend gut gekleidete junge Menschen.

Wie im Paradies – **Rai** 5: s. S. 47.

Tollste Terrasse – **Strelka Bar** 6: Bersenewskaja nab. 3/10, Geb. 7, Tel. 225 88 88, www.barstrelka.com, Metro: Kropotkinskaja, tgl. 12–2 Uhr, Fr/Sa bis 5 Uhr. Studenten, Hipster und viele Ausländer sitzen hier bei Brit-Pop und Lighthouse und genießen den Blick von der Terrasse.

Das Beste auf einen Blick

Krasnaja Presnja

Auf Entdeckungstour

Durch die Moskauer Kunstszene: Die moderne Kunst ist in Moskau innerhalb kürzester Zeit zum Hype geworden: Ob Privatmuseum, Staatliches Zentrum für Moderne Kunst oder das Galerienzentrum Winsawod, für jeden Geschmack ist etwas dabei. Wer sich für Kunst interessiert, dem wird in Moskau nie langweilig. S. 260

Kultur & Sehenswertes

Zentrum für Moderne Kunst: Russische Kunst von den 1960er-Jahren bis heute ist hier zu sehen. Besonders interessant ist die junge Kunst. 6 S. 257, 261

Tschechow-Haus: In diesem Haus erlebte Tschechow die ersten Erfolge als Schriftsteller. Man kann die original erhaltenen Räume besichtigen und bekommt vielfältige Informationen zu Tschechows Werken. 10 S. 258

Museum Krasnaja Presnja: Ob die Revolutionen von 1905 und 1917, die Ereignisse vom Sommer 1991 oder der Putsch von 1993 – Krasnaja Presnja war immer ein Stadtteil der Unruhe. Das Stadtteilmuseum dokumentiert dies anschaulich. 13 S. 259

Aktiv & Kreativ

Zoo: Bei einem Spaziergang im Moskauer Zoo bekommt man viele seltene Tiere zu sehen. 5 S. 256

Genießen & Atmosphäre

Gorodskoje Kafe 317: Im ›Stadtcafé‹ kann man in entspannter Atmosphäre ein spätes Frühstück genießen oder etwas anderes von der reichhaltigen Karte. 2 S. 264

Manon: Im schrillen Ambiente lässt es sich stilvoll tafeln. Chef Michel del Burgo bietet klassisch Französisches mit mediterranem Einschlag, wie Provenzalisches Kaninchen mit Ravioli und Aprikosensauce. 4 S. 264

Abends & Nachts

Milk Club: Nicht nur Milch gibt es hier auf der Karte, sondern coole Drinks und tolle Livekonzerte sowie DJ-Partys zum Abtanzen. 2 S. 265

Das ehemalige ›rote Bollwerk‹ der Stadt

Im 19. Jh. entstand nach dem Brand von 1812 an Stelle des Erdwalls (s. S. 214) der 16 km lange Gartenring (Садовое кольцо). 1912 klingelte hier die erste Straßenbahn Moskaus. Heute hat der Gartenring nichts mehr mit seinem Namen zu tun – der Verkehr läuft hier achtspurig. Adelspalais, Hochhäuser aus der Sowjetzeit und neue Büropaläste säumen den Ring. Seit den 1970er-Jahren siedelte innerhalb des Gartenrings bevorzugt die Parteielite.

Jenseits des Gartenrings – nordwestlich des Kremls – liegt der Stadtteil Krasnaja Presnja. Im 18. Jh. hieß dieser Teil Moskaus noch schlicht Presnja nach dem gleichnamigen Fluss, von dem heute aber nichts mehr zu sehen ist. Hier entstand 1799 die Trjochgornaja-Manufaktur, der älteste Betrieb Moskaus. Im 19. Jh. schossen in Krasnaja Presnja weitere Fabriken aus dem Boden: die Farbenfabrik Mamontows, die Danilowsche Zuckerraffinerie, die Prochorow-Manufaktur und einige andere. So entwickelte sich dieser Teil der Stadt – damals noch weit vom Zentrum entfernt – zu einem Industrieviertel. Anfang des 20. Jh. gab es hier bereits 70 Großbetriebe. Heute ist die Lage von Krasnaja Presnja angesichts von Moskaus Wachstum geradezu zentral.

Während der ersten russischen Revolution 1905 lehnten sich die Arbeiter der großen Fabriken zu Tausenden auf, sie leisteten am längsten Widerstand gegen die zaristischen Truppen. Das wird in dem kleinen Krasnaja-Presnja-Museum anschaulich dokumentiert (s. S. 259). So bekam der Distrikt nach der Oktoberrevolution den Zusatz *krasnaja* (rot). Malaja und Bolschaja Grusinskaja uliza (Kleine und Große Georgische Straße) erinnern an die georgische Kolonie im 18. Jh. im nördlichen Teil von Krasnaja Presnja.

Infobox

Reisekarte: ▶ D–H 5–8

Übersicht
Der Rundgang beginnt am Grusinskaja-Platz und endet an der Metrostation Meschdunarodnaja.

Zeitrahmen
Man sollte sich für die Tour mindestens einen halben Tag Zeit nehmen, wenn man auch die Museen besichtigen will, braucht man länger.

Grusinskaja-Platz und Umgebung

Vor allem rund um den kleinen Grusinskaja ploschadj (Грузинская площадь) lebten im 18. Jh. Georgier. An sie erinnert die **georgische Kirche** [1] (Nr. 13). Ursprünglich in den 20er-Jahren des 18. Jh. errichtet, wurde sie 1899 umgebaut. Nach der Revolution kam hier eine Berufsschule unter.

Dominierendes Gebäude am Platz ist das **Agalorow-Haus** [2] (Nr. 19), in dem Baulöwe Aras Agalarow selbst ein Penthouse bewohnt. Es war eines der ersten ›Elite-Wohnhäuser‹ mit Luxusappartements in Moskau nach der Wende. Da-

Grusinskaja-Platz und Umgebung

Fast von jedem Punkt der Stadt aus kann man ein Stalin-Hochhaus sehen

hinter duckt sich das Gebäude der **ehemaligen Deutschen Botschaft** 3. Mehrere Jahrzehnte – bis 1992 – hatte die Deutsche Botschaft in der 1880 für den Kaufmann Gorbunow erbauten Villa (Nr. 17) ihren Sitz. Mittlerweile besitzt sie der Georgier Surab Zereteli (s. S. 90), der sich hier ein Atelier eingerichtet hat. Am Eingang zur Villa hängt ein Schild mit Wappen und der Aufschrift »Le Prince de Tsereteli«. Viele fragten sich, warum sich Zereteli auch dieses

Krasnaja Presnja

Sehenswert
1. Georgische Kirche
2. Agalorow-Haus
3. Ehemalige Deutsche Botschaft
4. Schota-Rustaweli-Denkmal
5. Zoo
6. Staatliches Zentrum für Moderne Kunst (NCCA)
7. Wohnhaus am Kudrinskaja ploschadj
8. ›Witwenhaus‹
9. Planetarium
10. Tschechow-Haus
11. Schaljapin-Museum
12. Narkomfin-Haus
13. Museum Krasnaja Presnja
14. Weißes Haus – Haus der Regierung
15. Wagankowskoje-Friedhof
16. Federation Tower
17. Bagrationbrücke

Essen & Trinken
1. Botanika
2. Gorodskoje Kafe 317
3. KischMisch
4. Manon
5. Prostyje weschi
6. Restorannyj dom Zentralnyj
7. Tschajchona No. 1
8. ZDL
9. Café Zech

Einkaufen
1. Krasnyj Oktjabr
2. Wchutemas

Abends & Nachts
1. Kinozentr
2. Milk Club

Anwesen aneignen konnte. Zereteli äußerte sich hierzu einmal persönlich: Er habe im Tausch für die Moskauer Villa der Russischen Botschaft in Georgien seine Villa in Tiflis gegeben, lautete die Antwort. Allerdings ist die Botschaft in Tiflis seit der Kaukasus-Krise im Herbst 2008 geschlossen. Blickfang in der Platzmitte ist das **Schota-Rustaweli-Denkmal** 4. Der georgische Dichter (1172–1216) verfasste das Nationalepos »Der Mann im Tigerfell«, das den Beginn der georgischen Literatur markiert.

Zoo 5

Bolschaja Grusinskaja ul. 1, www.moscowzoo.ru, tgl. 10–20, im Winter bis 17 Uhr

Als der Moskauer Zoo (Московский Зоопарк) 1864 eröffnete, gab es nur 294 Tiere, heute sind es etwa 5000, darunter 80 seltene Tierarten, wie der ussurische Tiger. Das Erste, was der Besucher sieht, ist ein riesiger Teich, auf dem sich neben Enten auch sieben Arten von Schwänen tummeln. Der Moskauer Zoo ist nicht unbedingt der beste der Welt, aber die Moskauer lieben ihn. An Feiertagen ist die grüne Oase im Zentrum voller Menschen. Das Eingangstor wurde von Surab Zereteli im bewährten Kitschdekor gestaltet.

Staatliches Zentrum für Moderne Kunst (NCCA) 6
Zoologitscheskaja ul. 13,

Mein Tipp

Frisches im Kunstcafé
Im Zentrum für Moderne Kunst liegt das nette **Café Zech** 9 mit roten Bänken, Fotos an den Wänden und einer vorzüglichen Auswahl an Salaten, Sushi, Pasta und Pizza. Der Service ist schnell und freundlich, die Preise sind eher günstig (Zoologitscheskaja ul. 13, Geb. 2, Tel. 252 16 73, Metro: Krasnopresnenskaja/Barrikadnaja, tgl. 12–23 Uhr, Hauptgericht ab 6 €).

Gebäude 2, www.ncca.ru,
Di–So 12–19 Uhr
In der umgebauten Fabrik hinter dem Zoo befindet sich das interessante Zentrum für Moderne Kunst (Государственный центр современного искусства – ГЦСИ), das vom russischen Staat finanziert wird, in seiner Ausstellungspolitik aber unabhängig ist. In den letzten Jahren fanden hier außergewöhnliche Ausstellungen junger russischer Kunst statt sowie Symposien (s. Entdeckungstour S. 260).

Kudrinskaja-Platz

An der Stelle des Kudrinskaja ploschadj (Кудринская пл.) lag einst das Dorf Kudrino – kaum vorstellbar, gehört der Platz doch heute zu den Verkehrsknotenpunkten der Stadt. Beherrscht wird er von einer der ›Sieben Schwestern‹. Das 160 m hohe **Wohnhaus** 7 mit einem 22-geschossigen Mittelblock und 425 Wohnungen wurde im Jahr 1954 erbaut. Während der Sowjetzeit beherbergte das Erdgeschoss ein pompöses Lebensmittelgeschäft, eines der größten Moskaus, heute ist hier ein Restaurant.

Schräg gegenüber vom Platz steht das sogenannte **Witwenhaus** 8. Das Eckhaus im klassizistischen Stil wurde Ende des 18. Jh. erbaut und nach dem großen Brand 1812 restauriert. Es war vor der Revolution ein Asyl für Offizierswitwen und Waisen. Heute ist hier ein Institut zur Ausbildung von Ärzten untergebracht. Dahinter liegen ein Teil des Zoos und das **Planetarium** 9 (Sadowaja-Kudrinskaja ul. 5) mit seiner silbernen Kuppel. Der provokante Bau im Stil des Konstruktivismus entstand 1927/28 und war das erste Wissenschaftsgebäude der UdSSR.

Tschechow-Haus 10
Sadowaja-Kudrinskaja ul. 6,
Di, Do, Sa 11–17, Mi–Fr 14–19 Uhr
»Nach Moskau, nach Moskau!«, sehnen sich Tschechows »Drei Schwestern«, doch ihr Traum erfüllte sich nicht. Anton Tschechow kannte die Sehnsucht der Provinzler – er selbst konnte den Traum verwirklichen: »Ich habe mich schrecklich in Moskau verliebt«, schrieb er begeistert an einen Freund. Damals hatte er noch keinen Erfolg als Schriftsteller und in Moskau noch nicht die Schauspielerin Olga Knipper kennengelernt. Er war als 19-Jähriger 1879 nach Moskau gezogen und hatte ein Medizinstudium begonnen. Mit kleinen Geschichten, die er in Zeitungen veröffentlichte, unterstützte er seine Familie. Nach verschiedenen Wohnungen bezog er mit seinen Eltern und Geschwistern im August 1886 das Haus an der Sadowaja-Kudrinskaja, das er als ›alte Kommode‹ bezeichnete. Hier wohnte er vier Jahre, bis er zu einer Reise auf die Sträflingsinsel Sachalin aufbrach, und hier erlebte er auch die ersten schriftstellerischen Erfolge.

Außer den original erhaltenen Räumen findet man im heutigen Museum

(Дом-музей А. П. Чехова) auch Informationen zu Tschechows Werken. Hinterlassen hat der schon 1904 im Alter von 44 Jahren verstorbene Schriftsteller zahlreiche Kurzgeschichten und wunderbare Theaterstücke, die immer noch auf allen Bühnen der Welt gespielt werden, ob »Drei Schwestern«, »Der Kirschgarten«, »Die Möwe« oder »Onkel Wanja«.

Nowinskij-Boulevard

Vom Nowinskij-Boulevard (Новинский бул.), einem Teil des Gartenrings, zweigen die Powarskaja uliza und der Nikitskij bulvar ab. Zwischen den beiden Straßen, die sich durch das Arbat-Viertel ziehen und an denen besonders viele Dotschaften liegen, steht ein kleines gelbes Haus, in dem Pjotr Tschaikowskij 1872 wohnte. Auch der weltberühmte Bass Fjodor Schaljapin lebte am Nowinskij-Boulevard.

Schaljapin-Museum 11
Nowinskij bl. 25, Di, Sa 10–18, Mi, Do 11.30–19, So 10–16.30 Uhr
In diesem kleinen Haus wohnte Fjodor Schaljapin (1873–1938) von 1910 bis zu seiner Emigration nach Paris im Jahr 1922 immer, wenn er in Moskau weilte. Fotos, Schriftstücke, Kostümentwürfe, Porträts seiner Malerfreunde Serow und Korowin sind hier zu besichtigen – und man hört Schaljapin singen!

Narkomfin-Haus 12
Nowinskij bl. 25 (links neben der Nowinskij-Passage)
Das ideale Wohnen strebte Moissej Ginsburg an, als er 1930 ein sechsgeschossiges Wohnhaus für Beamte des Finanzministeriums baute: das Kommunehaus, ein utopisches Projekt mit Park und freiem Blick auf die Moskwa. Trotz Initiativen von Denkmalschützern ist das Haus immer noch nicht renoviert, denn einige Wohnungen sind noch bewohnt und – so paradox es klingt – die Stadtverwaltung stellt keine Mittel für die Entmietung zur Verfügung (s. a. Entdeckungstour S. 184).

Weitere Sehenswürdigkeiten

Museum Krasnaja Presnja 13
Bolschoj Predtetschenskij per. 5, www.sovr.ru, Di–Sa 10–17.30 Uhr, letzter Fr im Monat geschl.
Das kleine Museum (Istoriko-Memorialnyj musej ›Presnja‹, Историко-мемориальный музей »Пресня«) ist eine Zweigstelle des Museums für die neue Geschichte Russlands (s. S. 161). Es dokumentiert vor allem die Geschichte des Stadtteils Krasnaja Presnja und hier besonders die historischen Ereignisse, die mit den Revolutionen 1905 und 1917 verbunden sind. Die Revolution von 1905 wird in einem Diorama präsentiert, in dem Arbeiter, Dragoner, Frauen, Greise und Kinder kämpfen und fliehen. Fahnen flattern und Rauchschwaden sind zu sehen. Es peitschen Schüsse, dröhnen Kirchenglocken, Bauten stürzen krachend ein, begleitet von einer pathetischen Männerstimme, die über die Ereignisse berichtet (wahlweise in einer von fünf Sprachen). Die Ausstellung »Drei Tage im August« dokumentiert die Ereignisse vom Sommer 1991. Der Putsch von 1993 wird ebenfalls thematisiert.

**Weißes Haus –
Haus der Regierung** 14
Krasnopresnenskaja nab. 2
Seit dem Putschversuch einiger Generäle und Regierungsmitglieder 1991 ist das Weiße Haus (Белый Дом) weltbekannt. Auf einem Panzer vor dem Regierungsgebäude hielt Jel- ▷ S. 263

Auf Entdeckungstour
Durch die Moskauer Kunstszene

Die moderne Kunst ist in Moskau innerhalb kürzester Zeit zum Hype geworden: Vor Museen, die Zeitgenössisches zeigen, bilden sich die berüchtigten russischen Schlangen. Ob Privatmuseum, Staatliches Zentrum für Moderne Kunst oder das Galerienzentrum Winsawod, für jeden Geschmack ist etwas dabei. Wer sich für Kunst interessiert, dem wird in Moskau nie langweilig.

Zeit: 1–2 Tage

Start: Staatliches Zentrum für Moderne Kunst (NCCA), Metrostation Krasnopresnenskaja.

Öffnungszeiten s. Websites

Infos: www.ncca.ru, www.garageccc.com, www.winzavod.com, www.art4.ru

Nach der Wende heiß begehrt: russische Gegenwartskunst

Von der Metrostation Krasnopresnenskaja ist man in nur fünf Minuten an der alten Fabrik neben dem Zoo, die seit einigen Jahren modernisiert und aufgepeppt – das **Staatliche Zentrum für Moderne Kunst (NCCA)** 6 (s. S. 257) beherbergt. Seine Ursprünge liegen in den 1980er-Jahren: Bereits kurz vor Gorbatschows Perestrojka organisierte der Kunsthistoriker Leonid Baschanow Ausstellungen nonkonformistischer Kunst in Kellern, Wohnungen und in Kulturklubs am Stadtrand. Mit den ersten Freiheiten wurde die Kunst freier und wilder. Plötzlich begann sich auch der Westen für russische Gegenwartskunst zu interessieren. Die ersten westlichen Sammler kamen nach Moskau und hielten Ausschau nach den neuen Malerstars. Schon bald setzte in den Ateliers ein regelrechter Ausverkauf ein. Höhepunkt war 1988 in Moskau die Versteigerung russischer Werke durch Sotheby's.

Baschanow gründete früh das Zentrum für russische Kunst. Ihm ist zu verdanken, dass manches Werk im Land blieb. Ansonsten schienen die Menschen in Jelzins Russland nicht einmal eine Ahnung davon zu haben, dass in ihrem Land moderne Kunst existierte.

Heute präsentiert das Zentrum für Moderne Kunst in Wechselausstellungen Untergrundkunst von den 1960er-Jahren bis zur Wende, aber auch zeitgenössische Werke junger Künstler aus ganz Russland, manchmal auch junger Künstler aus dem Westen. Ein kleiner Buchladen und das Café Zech (s. S. 258) laden zum Bleiben ein.

Jede Menge Raum für Kunst

Mit der Ringmetrolinie geht es zwei Haltestellen weiter bis zur Station Nowoslobodskaja. Nach etwa zehn Minuten Fußweg erreicht man das **Kunstzentrum ›Garage‹** in einer konstruktivistischen Riesenhalle (s. S. 184) – Kunst auf 8500 m². Erdacht wurde das Konzept der ›Garage‹ von Dascha Schukowa, die das Zentrum auch betreibt. Es ist keine Galerie, die Werke verkauft, sondern eine private Kunsthalle, die hochrangige Kunst zeigt. Schukowa vergleicht ihr ehrgeiziges Projekt mit der Tate Modern in London.

Kunst in der ›Weinfabrik‹

Man fährt weiter auf der Ringlinie bis zur Station Kurskaja, wo das **Kunstzentrum Winsawod** (s. S. 187) liegt: In den Katakomben, den mächtigen unterirdischen Gewölben der alten Weinbrennerei, sucht die Moskauer Kunstszene ihre Zukunft. Seit 2007 wird hier auf einer Fläche von 20 000 m² Kunst präsentiert. Die Besitzerin des Zentrums, Sofia Trotzenko, konnte zudem die ältesten Galerien Moskaus, u. a. Aidan, Regina, XL und Guelman, dazu bewegen, die Standorte im Zentrum zu verlassen und mit in die »Weinfabrik« zu ziehen. **Marat Guelman** (www.guelman.ru, Mo–Fr 12–20 Uhr, s. S. 62), der als einer der renommiertesten Galeristen der Stadt gilt, vertritt u. a. ›Die blauen Nasen‹, eine sibirische Künstlergruppe, die sich mit großformatigen Bildern über die russische Gesellschaft und die Behörden lustig macht, was Letztere wiederum gar nicht lustig finden. So wurde vor Kurzem die Ausfuhr einiger ihrer Bilder zu einer Ausstellung nach Dresden von Amts wegen verboten.

Aidan Salachowa, Tochter des aserbaidschanischen Sowjetmalers Tair Salachow, wuchs in der sowjetischen Nomenklatura auf. Unmittelbar nach der Wende eröffnete sie ihre Galerie (www.aidan-gallery.ru, Di–So 13–10 Uhr) – damals noch an der Twerskaja. Sie ist selbst Malerin und stellt bevorzugt Künstler des Petersburger Neo-Akademismus aus, aber auch junge ukrainische Kunst.

Außer den genannten gibt es inzwischen eine Reihe weiterer Galerien sowie Konzeptstores auf dem Gelände des Winsawod. Ob Graffiti-Festival, ein Vortrag von Norman Foster oder Robert Wilson, die Moscow Biennale oder die »World Press Photo«, in der ›Weinfabrik‹ trifft sich bei Events alles, was in der Moskauer Kunstszene Rang und Namen hat.

Moskaus erstes Privatmuseum

Wer am nächsten Tag (nur Fr und Sa geöffnet!) noch weiter in die Moskauer Kunstszene eintauchen will, kann im Zentrum bleiben. Nur ein paar Schritte vom Konservatorium entfernt eröffnete 2007 der Geschäftsmann Igor Markin, einige Millionen schwer, das **Museum ART4.ru** (s. S. 166) und erklärte es stolz zum ›ersten Privatmuseum seit Tretjakow‹. Sieben Jahre hatte er gesammelt, 10 Mio. US-$ in den Umbau des Gebäudes investiert.

Der Raum wirkt mit seinen Betonfußböden und weißen Wänden unprätentiös. Aufstellung und Hängung der Werke hat Igor Markin selbst inszeniert: eine gelungene Mischung aus Pop, Kitsch und Konzeptkunst. Die Bilder haben keine Tafeln, man soll die Kunst unbeschwert auf sich wirken lassen. Im Katalog und im Internet werden die ausgestellten Bilder erläutert – samt biografischem Hintergrund der Künstler. Zu sehen ist nur ein Bruchteil der bisher 800 Exponate. Markin ist regelmäßig auf Auktionen zu sehen; bevorzugt kauft er bei dem angesagten Auktionshaus Phillips de Pury, das seit 2008 zu fünfzig Prozent Russen gehört.

Außengestaltung mit Signalwirkung: das Zentrum für Moderne Kunst (NCCA)

zin seine berühmte Ansprache. Zwei Jahre später schrieb das Gebäude wieder Geschichte: 1993 belagerten konservative Politiker das Haus. Jelzin ließ den erneuten Putsch niederschlagen. Das 20-geschossige Haus der Regierung wurde in den 1970er-Jahren von Dmitrij Tschetschulin erbaut, der u. a. auch das inzwischen abgerissene Hotel Rossija, mehrere Metrostationen, das Hotel Peking und eine der ›Sieben Schwestern‹, das Wohnhaus am Kotelnitscheskaja-Ufer, entworfen hat.

Wagankowskoje-Friedhof 15
ul. Sergeja Makejewa 15, tgl. 9–18 Uhr
Der schöne alte Wagankowskoje-Friedhof (Ваганьковское кладбище) wurde schon im 18. Jh. angelegt, als die Pest grassierte. Nah am Eingang bei der Auferstehungskirche liegt das Grab von Wladimir Wyssotzkij. Als er 1980 starb, fand die erste ›Massendemonstration‹ in Moskau statt: 20 000 Menschen pilgerten zum Friedhof. An dem Grab, das eine Skulptur des Schauspielers mit seiner Gitarre schmückt, treffen sich seine Anhänger alljährlich zu seinem Todestag und Geburtstag, legen Blumen nieder und singen seine Lieder. Balladen und Lieder machten den Schauspieler des Taganka-Theaters in den 1970er-Jahren zum beliebtesten Sänger der Sowjetunion. Auf dem Friedhof liegt auch das Grab des Dichters Sergej Jessenin, der seinem Leben 1925 selbst ein Ende setzte.

Moskwa-City

Glitzernde Glastürme, ein halbes Dutzend Wolkenkratzer, höher als alles, was in Moskau bisher zu sehen war – Moskau strebt in den Himmel, nirgendwo ist das deutlicher zu sehen als in Moskwa-City (Москва-Сити). 1992, kurz nach der Wende, gründete die Moskauer Stadtverwaltung die Aktiengesellschaft Moskwa-City. In Krasnaja Presnja, zentrumsnah und mit guter Verkehrsanbindung, sollte ein gleichnamiges ehrgeiziges Bauprojekt zwischen Messe, drittem Ring und der Moskwa auf 100 Hektar verwirklicht werden: eine Stadt in der Stadt für eine halbe Million Menschen. ›Manhattan an der Moskwa‹ wurde zu Anfang gespottet und keiner glaubte richtig an das Projekt. Die ersten Bauarbeiten starteten jedoch schon Mitte der 1990er-Jahre. Inzwischen ist Moskwa-City zu einem gut sichtbaren Orientierungspunkt in der Stadt geworden – und zur mit Abstand größten Baustelle Europas. Allerdings blieb die Krise vom Herbst 2008 nicht ohne Auswirkungen: Mancher Bau wird langsamer fertiggestellt oder die Arbeiten daran sind zum Erliegen gekommen, z. B. beim Russia-Tower, der 612 m hoch werden sollte.

Federation Tower 16
Krasnogwardejskij projesd 15
Den 448 m hohen Gebäudekomplex hat der Hamburger Architekt Peter Schweger in Zusammenarbeit mit Sergej Tchoban, einem in Berlin lebenden Russen, entworfen. Er besteht aus zwei futuristischen Türmen mit 93 bzw. 63 Stockwerken, die mit drei Brücken verbunden sind. Im Inneren sind u. a. Banken, Büros, Appartements, Einkaufszentren und Restaurants sowie ein Aquarium, Sportanlagen und das Grand Hyatt Hotel vorgesehen. Das 400-Mio.-Euro-Projekt soll 2013 fertig werden und steht – so das russische Bauunternehmen Corporation Mirax Group – für Macht, Einheit und Unabhängigkeit.

Bagrationbrücke 17
Oberhalb des Hotels Ukraina führt die Fußgängerbrücke zum Stadtteil Krasnaja Presnja und zum Viertel Moscow-

Krasnaja Presnja

City hinüber. Die Passage ist in eine Röhre eingebaut, die größtenteils verglast ist und freien Blick nach allen Seiten ermöglicht. Die Brücke verbindet den Tower 2000, ein 34-stöckiges Bürogebäude, am rechten Flussufer mit dem Moscow-City-Areal. In der Brückenpassage sind Boutiquen untergebracht.

Essen & Trinken

Nicht nur vegetarisch – **Botanika** 1: Bolschaja Grusinskaja ul. 61 a, Tel. 254 00 64, Metro: Belorusskaja, tgl. 12–24 Uhr, Hauptgericht ab 7 €. Grün sind Wände, die Bänke und das Spinatpüree auf dem Teller. In erster Linie geht es hier um Vegetarisches, doch auch Fisch und Fleisch sind auf der Karte. Alle Gerichte sind kalorienarm.
Entspannt – **Gorodskoje Kafe 317** 2: Glubokij per. 1/2, Tel. 605 19 97, www.317.ru, Metro: Krasnopresnenskaja/Barrikadnaja, tgl. 11–23 Uhr, Hauptgericht ab 6 €. Spätes Frühstück und gemütliches Essen in entspannter Atmosphäre. Helles Café mit freundlichen Kellnern und auf der Karte Salat mit Entenbrust oder Lachssteak.
Usbekisches Fastfood – **KischMisch** 3: ul. 1905 goda 4/1, Metro: Uliza 1905 Goda, tgl. 12–24 Uhr, Hauptgericht ab 5 €. Usbekisches Flair mit viel Holz, orientalischen Teppichen und usbekischer Küche. Am großen Buffet kann man sich für 5 € satt essen.
Schrill – **Manon** 4: s. S. 32.
Einfach – **Prostyje weschi** 5: Konjuschkowskaja ul. 32, Tel. 499-255 63 62, www.gastropub.ru, Metro: Krasnopresnenskaja/Barrikadnaja, Mo–Fr 9–23 Uhr, Sa/So ab 11 Uhr, Hauptgericht ab 8 €. Im Restaurant ›Einfache Sachen‹ wird nach dem Konzept einfach und lecker gekocht. Saisonale Produkte, frisch zubereitet.
Essen im Stalin-Empire – **Restorannyj dom Zentralnyj** 6: Kudrinskaja pl. 1, Tel. 499-255 47 44, Metro: Krasnopresnenskaja/Barrikadnaja, tgl. 11–23 Uhr, Hauptgericht ab 5 €. Das Interieur ist ähnlich pompös wie die Metrostationen: Stalin-Empire mit hohen Decken, Säulen und riesigen Lüstern. Die Möblierung ist kantinenartig und so geht es hier auch zu: am Buffet mit russischen Speisen bedient man sich selbst.
Tee und mehr – **Tschajchona No. 1** 7: Bolschaja Grusinskaja ul. 4/6, Geb. 1, www.chaihona.com, Metro: Krasnopresnenskaja/Barrikadnaja, tgl. 12–24 Uhr, Fr/Sa bis 1 Uhr, Hauptgericht ab 4 €. Man sitzt auf Kissen auf dem Boden und kann sich köstliche Tees servieren lassen.
Nicht nur für Poeten – **ZDL** 8: s. S. 36.
Kunst & Kaffee – **Café Zech** 9: s. S. 258.

Adressen

Einkaufen

Schokolade – **Krasnyj Oktjabr** 1: Powarskaja ul. 29/36, Metro:Krasnopresnenskaja/Barrikadnaja. Die nostalgischen Pralinen, Bonbons und Schokoladen aus der Schokoladenfabrik ›Roter Oktober‹ werden in diesem kleinen Laden verkauft. Einige haben noch die Verpackungen in der Ästhetik der 50er-Jahre.

Kunstkauf – **Wchutemas** 2: Zoologitscheskaja ul. 13, Metro: Krasnopresnenskaja/Barrikadnaja, tgl. 13–19 Uhr. Im Gebäude des Zentrums für Moderne Kunst befindet sich dieser kleine Kiosk, benannt nach der Kunstschule der 20er-Jahre. Bücher über Kunst, T-Shirts mit witzigen Aufdrucken und andere ungewöhnliche Souvenirs kann man hier erwerben.

Abends & Nachts

Kinozentrum mit mehreren Sälen – **Kinozentr** 1: Druschinnikowskaja ul. 15, www.kinocenter.ru, Tel. 605 73 06, Metro: Krasnopresnenskaja/Barrikadnaja. In zehn Sälen unterschiedlicher Größe kann man in diesem modernen Kinozentrum sowohl internationale als auch russische Filme sehen. Am schönsten auf der gigantischen Leinwand von Kinosaal 1.

Dancing – **Milk Club** 2: ul. Sergeja Makejewa 9, Tel. 726 09 98, www.milkclub.ru, Metro: Uliza 1905 goda, Mi–Sa 23–6 Uhr. Großer Klub mit zwei Tanzflächen, sechs Bars, DJ-Abenden und Livekonzerten, auch Shows und Performances finden hier statt. Das Know-how der Barkeeper und DJs kann sich sehen lassen!

Kurz nach der Öffnung noch ein ruhiger Ort: das beliebte Café Zech im NCCA

Das Beste auf einen Blick

Ausflüge in die Umgebung

Highlight !

Dreifaltigkeits-Sergios-Kloster: Hinter weißen Festungsmauern verbirgt sich in Sergijew Possad das Dreifaltigkeits-Sergios-Kloster, das Herz der russisch-orthodoxen Kirche. Der Wallfahrtsort ist ein idyllisches Ausflugsziel 70 km vor den Toren Moskaus. S. 274

Auf Entdeckungstour

Im Freilichtmuseum Kolomenskoje: Weit oberhalb der Moskwa – wie nicht von dieser Welt und doch mitten in der Stadt – liegt Kolomenskoje. Die einstige Sommerresidenz der Zaren im Südosten Moskaus ist heute ein Freilichtmuseum, das einen guten Überblick über die Architekturstile im alten Russland gibt. S. 272

Zu Boris Pasternaks Datscha in Peredelkino: Er führte ein Leben zwischen Poesie und Unterdrückung, Boris Pasternak. 1958, zwei Jahre vor seinem Tod, wurde ihm der Nobelpreis für Literatur verliehen, er wurde jedoch gezwungen, ihn abzulehnen. S. 276

Kultur & Sehenswertes

Okudschawa-Museum: Die Datscha des Liedermachers und Schriftstellers Bulat Okudschawa in Peredelkino ist heute ein Museum. Für die liberale Intelligenzija im Moskau der 60er- und 70er-Jahre waren seine Lieder Kult. S. 274

Aktiv & Kreativ

Im Park von Zarizyno: Im Sommer kann man hier bestens seinen Joggingrunden drehen, denn der Park ist riesig, die Luft am Rand der Stadt auch besser als im Zentrum. S. 270

Genießen & Atmosphäre

Deti solnza: Datschaatmosphäre auf einer wunderbaren Außenterrasse, von hohen Bäumen umgeben mitten im Schriftstellerdorf Peredelkino mit guter russischer Hausmannskost. S. 274

Russkij Dworik: Im Restaurant ›Russischer Hof‹, einem Holzhaus gegenüber dem Kloster in Sergijew Possad, geht es wie in einem Klischee-Gasthof aus vorrevolutionärer Zeit zu. S. 279

Abends & Nachts

Die Restaurants Deti solnza und Russkij Dworik sind auch für den Abend zu empfehlen.

Zarensitz und Dichterdorf, Kirchen und Klöster

Rund um Moskau und am Moskauer Stadtrand laden einige Ziele zu herrlichen Ausflügen ein. Gut erreichbar und daher bei den Moskauern besonders beliebt sind das Freilichtmuseum von Kolomenskoje (ca. 11 km südlich, s. Entdeckungstour S. 272) und der Park von Zarizyno (ca. 18 km südlich). Weiter entfernt, rund 40 km südwestlich von Moskau, erstreckt sich beiderseits eines kleinen Tals, das von einem Bach durchzogen wird, Peredelkino, die ehemalige Siedlung der Dichter, eine privilegierte Gegend, die jahrzehntelang Schriftstellern Ruhe und Muße bot, ihnen Fluchtburg und Oase war.

Nordöstlich von Moskau (ca. 78 km) liegt mit dem Dreifaltigkeits-Sergios-Kloster ein Ausflugsziel, von dem sich schon Walter Benjamin 1927 begeistert zeigte: »Vor uns lag etwas erhöht der große festungsartige Komplex des Klostergebäudes. Weit großartiger war dieser Anblick, als ich ihn vermutet hatte. In seiner städtischen wehrhaften Geschlossenheit konnte er an Assisi erinnern …«

Zarizyno

Zarizyno-Museum: ul. Dolskaja 1, www.tsaritsyno-museum.ru, Mi–Fr 11–18, Sa/So 10–19 Uhr; Park von Zarizyno: rund um die Uhr geöffnet
1712 wurde das Gebiet Tschornaja Grjas (Schwarzer Schlamm) von Peter dem Großen dem moldauischen Prinzen Dmitrij Kantemir geschenkt. Dessen Sohn verkaufte das Landgut 1775 an Katharina die Große, die den Ort Zarizyno (Zarinnendorf) taufte. Nach ihren Plänen sollte hier eine Zarenresidenz entstehen, doch jahrhunderte-

Infobox

Kolomenskoje
▶ Karte 3
s. Entdeckungstour S. 272

Zarizyno
▶ Karte 3
Zeit: Halbtages- oder Tagesausflug
Anreise: Vom Zentrum benötigt man ungefähr eine halbe Stunde mit der Metro.

Peredelkino
▶ Karte 3
Zeit: Tagesausflug

Anreise: Mit der Elektritschka fährt man eine halbe Stunde vom Kiewer Bahnhof nach Peredelkino; von der Bahnstation sind es etwa 15 Minuten zu Fuß in die Datschensiedlung.

Sergijew Possad
▶ Karte 5
Zeit: Tagesausflug
Planung: Mit der Elektritschka benötigt man etwa 80 Min. vom Jaroslawler Bahnhof bis Sergijew Possad oder man fährt mit dem Auto über den Prospekt Mira und die Jaroslawler Chaussee.

Späte Pracht: Das von Katharina der Großen erdachte Schloss wurde erst 2007 vollendet

lang existierte kaum mehr als ein Park, ein paar Ruinen und eine Orangerie.

Der erste Architekt, der sich hier versuchte, war Wassilij Baschenow, doch Katharina ließ sein Werk abreißen. Danach beauftragte sie Matwej Kasakow, der den Hauptpalast im neogotischen Stil erbaute (1786–96), jedoch nicht vollendete. Im Verlauf des 19. Jh. kamen einige kleinere Nebengebäude im neoklassizistischen Stil hinzu.

Der schöne weitläufige Park war immer zugänglich und zog viele Moskauer an. Nach der Jahrtausendwende erklärte der damalige Bürgermeister Luschkow Zarizyno zu einem wichtigen Projekt und es wurde grundlegend renoviert. Im Großen Palast, dessen Innenräume 2007 endlich fertiggestellt wurden, sind verschiedene Ausstellungen zu sehen: zur Geschichte von Zarizyno und zu Katharina der Großen.

Im Park picknicken die Moskauer im Sommer und an den Teichen kann man Boote ausleihen. Im Winter zieht es auch Skilangläufer nach Zarizyno.

Peredelkino

Die Dichteridylle entstand Anfang der 1930er-Jahre, als Stalin in der Nähe des kleinen Dorfes Peredelkino eine Siedlung mit Luxusdatschen für Admirale errichten ließ. Man baute so viele Häuser, dass sich nicht genügend Flottenführer fanden, diese zu bewohnen. Die verbliebenen Datschen bekamen renommierte Literaten zugewiesen. Weitere Häuser kamen hinzu und in der zweiten Hälfte der 30er-Jahre entwickelte sich Peredelkino zu einem Mekka der sowjetischen Schriftsteller. Die Zuweisung einer Datscha stand für Anerkennung durch das Regime und hohe Buchauflagen. Auch Boris Pasternak wurde in den Kreis der Privilegierten aufgenommen, wenngleich sein Roman »Dr. Schiwago« in der Sowjetunion nicht erscheinen durfte (s. Entdeckungstour S. 276).

In Peredelkino wurde die sowjetische Literatur gemacht: ▷ S. 274

Lieblingsort

Picknick im weitläufigen Park – Zarizyno
Malerisch liegt die Anlage von Zarizyno wie ein englisches Schloss in einem weitläufigen Park mit Teichen. Erdacht von Zarin Katharina der Großen, die ein Pendant zu Zarskoje Selo bei Petersburg schaffen wollte, erstrahlt das Schloss heute in eindrucksvollem Glanz. Doch das Schönste ist der Park – ideal für ein Picknick, das man noch nicht einmal selbst mitbringen muss, denn im Sommer wird hier Schaschlik gegrillt und verkauft (s. a. S. 268).

Auf Entdeckungstour

Im Freilichtmuseum Kolomenskoje

Weit oberhalb der Moskwa – wie nicht von dieser Welt und doch mitten in der Stadt – liegt Kolomenskoje. Die einstige Sommerresidenz der Zaren im Südosten Moskaus ist heute ein Freilichtmuseum, das einen guten Überblick über die Architekturstile im alten Russland gibt.

Zeit: ein halber Tag

Planung: Start ist an der Metrostation Kolomenskaja (Ausgang in Fahrtrichtung und in der Unterführung nach links, dann wenige Fußminuten). Die Tour ist auch bei Schnee sehr schön.

Info: pr. Andropowa 39, Park April–Okt. tgl. 7–22, Nov–März tgl. 9–21 Uhr, Museum: Di–So 10–17.30 Uhr, freier Eintritt in das Gelände.

Tipp: Zum orthodoxen Weihnachtsfest, zur Butterwoche und an Ostern wird im Freilichtmuseum nach alter Tradition gefeiert.

Geburtsort Peters des Großen

Von dem breiten Andropow-Prospekt biegt man in die kleine Kolomenskaja-Straße und dann beginnt auch schon der Park, in dem die ehemalige Sommerresidenz der Zaren liegt.

Gleich am Eingang erhebt sich hinter dem Erlösertor die weiße **Kirche der Muttergottes von Kasan** (Zerkow Kasanskoj Bogomateri) mit ihren blauen Kuppeln und goldenen Sternen. Zar Alexej, der Vater von Peter dem Großen, ließ sie 1660 erbauen. Peter wurde in Kolomenskoje geboren und verbrachte hier einen Teil seiner Kindheit.

Geschütztes Weltkulturerbe

Nachdem die Kirche der Muttergottes von Kasan erbaut worden war, gab Zar Alexej ein fantastisches Projekt in Auftrag: einen riesigen Holzpalast, der wegen seiner Pracht von Zeitgenossen als das ›achte Weltwunder‹ bezeichnet wurde. Leider ließ Katharina die Große ihn abreißen, um an seiner Stelle einen Steinpalast zu errichten, ein Vorhaben, das nie realisiert wurde.

Geblieben ist das Vordere Tor, das den Eingang zur Residenz von Zar Alexej bildete. Wenn man durch dieses zweite Tor tritt, wähnt man sich in einer anderen Welt. Nicht nur der weitläufige Park und der Blick vom Hochufer auf die Moskwa sind beeindruckend, auch die weiße **Christi-Himmelfahrts-Kirche** (Zerkow wosnessenija), die erste russische Zeltdachkirche aus Stein, hält den Besucher gefangen. So erging es schon vor fast 150 Jahren dem französischen Komponisten Hector Berlioz: »Nichts hat mich im Leben so fasziniert wie das altrussische Baudenkmal im Dorf Kolomenskoje ... Ich stand lange überwältigt vor ihm.« Damit der Bau nichts von seinem Zauber verliert, hat die UNESCO ihn zum Weltkulturerbe erklärt. Errichtet wurde die Kirche 1533 zu Ehren der Geburt von Iwan dem Schrecklichen.

Ebenfalls in schlichtem Weiß gehalten sind der runde zweigeschossige **Glockenturm des Hl. Georg** aus dem 16. Jh. und der **Wasserturm** aus dem 17. Jh. Er wird auch ›Falkenturm‹ genannt, weil die Zaren von hier der Beizjagd nachgingen. Wenn man rechts am Turm vorbeigeht und dem kleinen Pfad hinab etwa 500 m folgt, kann man noch ein anderes Bauwerk aus dem 16. Jh. besichtigen: In einer Senke, in dem ehemaligen Dorf Djakowo, ließ Iwan der Schreckliche anlässlich seiner Krönung die **Kirche der Enthauptung Johannes' des Täufers** (Zerkow useknowenija glawy Ioanna Predtetschi) errichten.

Bewegte Vergangenheit

Erste urkundliche Erwähnung fand Kolomenskoje im 14. Jh.: 1380 zog Dmitrij Donskojs Heer zur Schlacht auf dem Schnepfenfeld durch das Dorf. Seit dem 15. Jh. nutzten die Moskauer Großfürsten Kolomenskoje als Sommerresidenz, allerdings war es Anfang des 17. Jh. noch oft Schauplatz von Volksaufständen, so schlug Iwan Bolotnikow, Anführer des russischen Bauernkrieges, hier 1606/07 sein Lager auf.

Nach der Revolution wurde im Park der Residenz ein Freilichtmuseum der Holzarchitektur des 16. und 17. Jh. eingerichtet: Man brachte einen Festungsturm aus der Stadt Bratsk hierher, einen Torturm des Nikolaus-Klosters aus Karelien, eine Metbrauerei aus Moskaus Stadtgebiet und auch das Holzhaus Peters des Großen, das er 1700/02 in Archangelsk bewohnte, um den Bau der Festung zu überwachen. Alexejs Holzpalast ist ebenfalls im Modell zu sehen. Auch die Natur hält eine Sehenswürdigkeit bereit: 600 bis 800 Jahre alte Eichen von überwältigender Größe.

Ausflüge in die Umgebung

Wsewolod Iwanow, Alexej Arbusow, Konstantin Fedin, Kornej Tschukowskij, Wenjamin Kawerin und selbst die einst gegen alte Privilegien kämpfenden Dichter Jewgenij Jewtuschenko, Andrej Wosnessenskij und Bulat Okudschawa ließen sich hier in idyllischen Häusern auf großzügigen Grundstücken inspirieren. Andere wie Isaak Babel, Anna Achmatowa, Marina Zwetajewa und Alexander Solschenizyn genossen dieses Privileg nur besuchsweise.

Die politischen und ökonomischen Veränderungen in Russland sind auch an Peredelkino nicht spurlos vorübergegangen: Neue prächtige Villen wurden und werden gebaut und in die alten Datschen sind neue Bewohner eingezogen. Der Bildhauer Surab Zereteli erwarb die Datscha von Nadeschda Léger, der Witwe des französischen Künstlers Fernand Léger, und verwandelte sie in einen Protzbau. Peredelkino ist dabei, sich in ein Vergnügungsviertel für Neureiche zu entwickeln. Auch die idyllische Landschaft verschwindet und Moskau rückt näher. Schon jetzt sind von den Anhöhen Peredelkinos Hochhäuser zu sehen. Und doch lohnt sich die Fahrt mit dem Vorortzug in das Dorf.

Die kleine **Dorfkirche Christi Verwandlung** aus dem 15. Jh. steht auf einem Hügel oberhalb des idyllischen Friedhofs, auf dem auch Boris Pasternak seine letzte Ruhe fand. Von hier sieht man den Birken- und Kiefernwald von Peredelkino, in dessen Schatten die Häuser liegen.

Boris-Pasternak-Museum
s. Entdeckungstour S. 276.

Okudschawa-Museum
ul. Dowschenko 11, www.russianmuseums.info/M2088, Do–So 11–16 Uhr
Auch der Liedermacher und Schriftsteller Bulat Okudschawa (1924–1997) besaß in Peredelkino eine Datscha, die nach seinem Tod zum Museum wurde. Von der Decke hängen 50 bis 60 Glocken, die er von Freunden geschenkt bekam. Wenn die Fenster offen sind, läuten sie im Wind. Man erfährt hier alles über das Leben des Barden, der georgisch-armenischer Herkunft war und dessen Eltern Opfer des Gulag wurden. Für die liberale Intelligenzija im Moskau der 60er- und 70er-Jahre waren Okudschawas Lieder Kult.

Essen & Trinken

Datschaatmosphäre – **Deti solnza:** Pogodina 4, Tel. 731 22 16, www.detisolntsa.ru, tgl. 12–24 Uhr, Hauptgericht ab 9 €. Im ›Haus der Schriftsteller‹, wo alle hinfahren konnten, die keine eigene Datscha besaßen, liegt das Restaurant ›Kinder der Sonne‹ mit einer wunderbaren Terrasse. Hier kann man gute russische Hausmannskost, aber auch einige Köstlichkeien der italienischen Küche genießen. An den Wänden hängen Fotos russischer Schriftsteller.

Sergijew Possad

Vor allem an hohen kirchlichen Feiertagen zieht es die Gläubigen nach Sergijew Possad, einer Provinzstadt nordöstlich von Moskau, an deren Rand auf einer kleinen Anhöhe das Dreifaltigkeits-Sergios-Kloster liegt.

Dreifaltigkeits-Sergios-Kloster !

Hinter den weißen, 1,2 km langen und 15 m hohen Festungsmauern bietet das Kloster ein malerisches Bild, in dem die Farben Weiß, Rot, Blau und Gold

Sergijew Possad

dominieren. Durch den Torweg, das Heilige Tor und die dahinter liegende Torkirche an der Ostseite betritt man den weiträumigen, trapezförmigen Klosterbezirk.

Klostergründer Sergij Radoneschskij

Fresken an den Wänden der 1692 erbauten **Torkirche** zeigen Szenen aus dem Leben des Hl. Sergij Radoneschskij, der das Kloster 1340 gründete. 1314 wurde er als Sohn eines verarmten Rostower Fürsten geboren und siedelte mit den Eltern in den Bezirk Radonesch über, 13 km vom heutigen Kloster entfernt. Schon als Kind tief religiös, wurde er mit 23 Jahren Mönch und zog sich als Eremit in die Wälder von Radonesch zurück. Bald folgten ihm andere Gläubige, sodass schnell eine Klostergemeinde entstand. Sergij Radoneschskij wurde zum Priester geweiht und die Kunde von seinen Visionen, Wundertaten und Heilungen drang immer weiter. Auch der berühmteste russische Ikonenmaler, Andrej Rubljow, zählte zu seinen Schülern. Sergios zu Ehren malte er die »Ikone der Dreifaltigkeit«.

Sergij bekam schon bald weltlichen Einfluss: Es gelang ihm, die zerstrittenen Teilfürsten zu versöhnen und sie um das Moskauer Großfürstentum zu sammeln. Nach seiner Segnung und mit seinem Zuspruch zog Großfürst Dmitrij 1380 in die Entscheidungsschlacht am Don gegen die ›heidnischen Horden‹, die Tataren, und besiegte sie erstmals. In der Folge machte Dmitrij Moskau zum Zentrum des Großrussischen Reiches, das Kloster stieg zu dessen bedeutendstem Heiligtum (Lawra) auf. 1392 starb Sergij.

Geschichte des Klosters

Das Kloster war immer eng verknüpft mit der russischen Geschichte. 1608–10 suchte die Bevölkerung der Umgebung hier Zuflucht vor der polnisch-litauischen Invasion, die nach dem Tod von Boris Godunow Russland in einen blutigen Nachfolgekrieg verwickelte. Anderthalb Jahre hielt das Kloster der Belagerung stand. Der erste Zar der Romanows, Michail, der kurz darauf gekrönt wurde, besuchte das Kloster mehrmals. Zweimal hielt sich Peter der Große hier vor den Strelitzen verborgen. Er dankte dem Kloster mit Schenkungen und Privilegien. Im 18. Jh. hatte das Kloster neben dem Zaren den meisten Grundbesitz. Nach der Revolution wurde das Kloster verstaatlicht, erst nach dem Zweiten Weltkrieg konnte es erneut von der russisch-orthodoxen Kirche genutzt werden.

Heute werden im Kloster wieder – wie nach der Gründung des Moskauer Geistlichen Seminars 1742 und der Geistlichen Akademie 1814 – Priester ausgebildet. Das Klostergelände wird daher nicht nur von Touristen und Pilgern, sondern auch von jungen Geistlichen belebt.

Die Kirchen des Klosters

Über dem Grab des Hl. Sergij errichtete man die **Dreifaltigkeitskirche** (Troizkij sobor), die älteste der Klosterkirchen. Auf das schlichte Gotteshaus mit drei Apsiden und einem turmartigen Tambour läuft man direkt zu, nachdem man das Kloster durch das Heilige Tor an der Ostseite der Wehrmauer betreten hat.

Die Dreifaltigkeitskirche ist die Anlaufstelle der Pilger, die das Kloster aufsuchen. Das Innere birgt Fresken und eine Ikonostase, die kostbare Ikonen vereint, darunter einige von Andrej Rubljow. Unter einem Baldachin befinden sich in einem silbernen Sarkophag die Reliquien des Hl. Sergij.

Eine Besichtigung der Klosteranlage kommt einem Spaziergang ▷ S. 278

Auf Entdeckungstour

Zu Boris Pasternaks Datscha in Peredelkino

Er führte eine Leben zwischen Poesie und Unterdrückung: Boris Pasternak. 1958, zwei Jahre vor seinem Tod, erhielt er den Nobelpreis für Literatur. Der Dichter wurde zum ›Fall Pasternak‹, als er gezwungen wurde, ihn abzulehnen.

Zeit: Tagesausflug

Anreise: s. S. 268

Info: Boris-Pasternak-Museum (Дом-музей Пастернака), ul. Pawlenko 3, Do–So 11–16 Uhr, www.peredelkino-land.ru/eng (Infos auf Englisch über Peredelkino), www.krusenstern.ch/doktor-schiwago-liegt-nahe-beim-tragischen-leben-von-boris-pasternak (sehr informative Seite zu Pasternak auf Deutsch).

In dem braunen Holzhaus uliza Pawlenko Nr. 3 lebte Boris Pasternak von 1939 bis zu seinem Tod 1960. Es atmet noch den Geist des Dichters: Dank der Familie, die einen jahrelangen Kampf um die Datscha führte, konnte alles so belassen werden wie zu seinen Lebzeiten. Zu Pasternaks 100. Geburtstag 1990 wurde hier ein Museum eröffnet.

Betritt man die Datscha, die Pasternak Ende der 30er-Jahre erhalten und zunächst nur im Sommer, später aber auch in der übrigen Zeit genutzt hatte, gelangt man bald ins Wohn- und Esszimmer. Hier am großen Tisch empfing Pasternak seine Gäste und hier übergab er auch das Manuskript von »Doktor Schiwago« einem jungen italienischen Journalisten, der es zu dem Verleger Feltrinelli nach Mailand brachte. Dort begann der Siegeszug des Buches um die Welt.

Vom Regime verfemt
Boris Pasternak wird 1890 geboren – in einer Zeit, in der es noch keine Anzeichen für den Zerfall des alten Russland gibt. Er wächst in einer russisch-jüdischen Künstlerfamilie auf und studiert zunächst Musik am Moskauer Konservatorium. 1906 lebt die Familie ein Jahr in Berlin und Pasternak lernt perfekt Deutsch. Seine Kenntnisse vertieft er 1912 beim Studium der Philosophie in Marburg. Als die Revolution ausbricht, hat er bereits erste Gedichte veröffentlicht. Anfangs ist er von der Revolution begeistert und bleibt im Land, als seine Familie 1921 die Sowjetunion für immer verlässt. Auch nach einem Besuch bei den Eltern in Berlin 1922 denkt er nicht an Emigration – nicht ahnend, dass eine schwierige Zeit für Intellektuelle beginnt. Kurz darauf wird er als »dekadenter Formalist, der seinem Volk entfremdet, keine Fühlung mit der Zeit« habe, geächtet.

In dieser Situation hilft ihm die Liebe zu Sinaida Neuhaus, der Frau seines Freundes, des Pianisten Heinrich Neuhaus, die 1932 seine zweite Frau wird.

1934 wird auf dem ersten Schriftstellerkongress der Sozialistische Realismus per Dekret zur verbindlichen Kunstform erhoben. Mit dem, was Pasternak unter Poesie versteht, hat das nichts zu tun und zu Kompromissen im Dienste der Ideologie ist er nicht bereit. Die Jahre des Stalinschen ›Säuberungs‹-Terrors überlebt er zurückgezogen – als Dichter verstummt, doch als Übersetzer geschätzt.

Schicksalsroman »Dr. Schiwago«
Seinen berühmten Roman, der die Lebens- und Leidensgeschichte des Arztes und Dichters Juri Schiwago vor dem Hintergrund der Revolution erzählt, schrieb Pasternak ab Ende der 40er-Jahre im Arbeitszimmer in der oberen Etage der Datscha. Seinem Helden hatte er autobiografische Züge verliehen. Wie dieser lebte Pasternak damals eine schwierige Liebe neben seiner Ehe – mit Olga Iwinskaja, die erst seine Lektorin, dann seine Geliebte war.

1958 wurde Pasternak der Nobelpreis verliehen, doch er durfte ihn nicht annehmen. Die sowjetische Presse entfesselte eine wüste Hetzkampagne, Schikanen folgten. Pasternak resignierte schließlich und distanzierte sich von seinem Roman wie auch vom Nobelpreis. Körperlich und seelisch gebrochen starb er am 30. Mai 1960 an Lungenkrebs. Seine letzten Tage verbrachte er in der Datscha, wo noch sein Sterbebett zu sehen ist.

Auf dem Rückweg zum Bahnhof kann man auf dem Friedhof Pasternaks Grab besuchen. Seine Beerdigung wurde zu einem späten Triumphzug für den Dichter. Tausende von Menschen erwiesen ihm die letzte Ehre.

Ausflüge in die Umgebung

Pilgerstätte und Zufluchtsort: Sergios-Dreifaltigkeits-Kloster

durch sechs Jahrhunderte russischer Baukunst gleich. Rechts vor der Dreifaltigkeitskirche errichteten Pskower Architekten 1476/77 die kleine **Heilig-Geist-Kirche** (Duchowskaja zerkow) mit ihrem hohen Glockenturm, der auch als Beobachtungsposten diente.

Iwan der Schreckliche ließ die größte Kirche auf dem Klostergelände erbauen, die **Mariä-Himmelfahrts-Kathedrale** (Uspenskij sobor). Der 1585 – ein Jahr nach dem Tod Iwans – geweihte Sakralbau wurde nach dem gleichnamigen Vorbild im Moskauer Kreml mit fünf Kuppeln ausgestattet. Im Zentrum glänzt ein goldener Zwiebelturm, der von vier blauen Kuppeln mit goldenen Sternen umrahmt ist. Erst fast hundert Jahre später bemalten Jaroslawler Künstler den Innenraum mit Fresken, die Mariä Himmelfahrt zeigen. In der Kathedrale befinden sich die Gräber von Zar Boris Godunow und seiner Familie.

Sergijew Possad

und der hohen Geistlichkeit genutzt wurde. Daneben steht der eher bescheidene **Palast des Metropoliten.**

Auch die **Brunnenkapelle** (Nadkladeschnaja tschasownaja) zieht die Pilger an. Im 17. Jh. wurde die pittoreske Kapelle mit ihren reich verzierten Säulen über einer heiligen Quelle erbaut. Bis heute wird das heilige Wasser hier getrunken und in Gefäßen weggetragen. Daneben ragt 87 m hoch ein frei stehender Glockenturm auf. Mit seiner goldenen Krone und einem goldenen Kreuz gilt er als der schönste von ganz Russland. 1742–69 wurde er von den Baumeistern Katharinas der Großen, Rastrelli und Uchtomskij, errichtet.

Weitere Sehenswürdigkeiten

Die **Geistliche Akademie** ist im nördlichen Teil des Klostergeländes untergebracht, im Zarenpalast, der mit seiner altrussischen Front ebenfalls vom Ende des 17. Jh. stammt. Im ehemaligen Spital dokumentiert das **Klostermuseum** die Geschichte des Klosters, außerdem werden Ikonen, Trachten und Kunsthandwerk gezeigt, u. a. Steinmetzarbeiten und Holzschnitzereien.

Essen & Trinken

Russisches Idyll – **Russkij Dworik:** pr. Krasnoj Armii 134/2, Mo–So 10–24 Uhr, Hauptgericht ab 8 €. Im ›Russischen Hof‹ gegenüber vom Kloster geht es wie in einem Klischee-Gasthof aus vorrevolutionärer Zeit zu: Die Kellner tragen Bauernblusen und die Küche serviert russische Hausmannskost.

Vielseitig – **San Marino:** pr. Krasnoj Armii 138/2, tgl. 11–24 Uhr, Hauptgericht ab 7 €. In einem Saal gibt es italienische, im anderen asiatische Speisen (indisch, chinesisch, japanisch). An den Wänden hängen Bilder von einheimischen Künstlern.

Refektorium und Brunnenkapelle

Die Blütezeit des Klosters war das 17. Jh. In diese Phase fiel auch die zweite Bauperiode, die das heutige Gesicht entscheidend prägte. Das barocke **Refektorium** (Trapesnaja palata) wurde 1686–92 erbaut. Die Fassade in den Farben Rot, Gelb, Grün und Blau wird von weißen Säulen unterbrochen, die mit Weintrauben und Ranken bemalt sind. Beeindruckend ist der 70 m lange Saal, der bei Feierlichkeiten von den Zaren

Sprachführer Russisch

Zur Transkription

Im Text werden russische Wörter in der Duden-Transkription wiedergegeben, da diese die Aussprache im Deutschen am besten spiegelt. In den Karten wird die hiervon abweichende, in der Kartografie aber übliche, internationale ISO-Transliteration verwendet. Entgegen der Dudentranskription geben wir das j nach i und y als j wieder.

Russischer Buchstabe		Transkription	Russischer Buchstabe		Transkription
А	а	a	П	п	p
Б	б	b	Р	р	r
В	в	w	С	с	s
Г	г	g	Т	т	t
Д	д	d	У	у	u
Е	е	e/je	Ф	ф	f
Ё	ё	jo	Х	х	ch
Ж	ж	sch	Ц	ц	z
З	з	s	Ч	ч	tsch
И	и	i	Ш	ш	sch
Й	й	i/j	Щ	щ	schtsch
К	к	k	Ъ	ъ	
Л	л	l	Ы	ы	y
М	м	m	Ь	ь	
Н	н	n	Э	э	e
О	о	o	Ю	ю	ju
			Я	я	ja

Höflichkeit, Allgemeines

guten Morgen!	dobroje utro!	доброе утро!
guten Tag!	dobryj den!	добрый день!
guten Abend!	dobryj wetscher!	добрый вечер!
auf Wiedersehen!	do swidanija!	до свидания!
ja/nein	da/njet	да/нет
danke	spassibo	спасибо
bitte	poschaluista	пожалуйста
gut	choroscho	хорошо
schlecht	plocho	плохо
Entschuldigung!	iswinite!	извините!

Unterwegs

Hotel	gostiniza	гостиница
freies Zimmer	swobodny nomer	свободный номер
Dusche	dusch	душ
Toilette	tualet	туалет
Frühstück	sawtrak	завтрак
alles belegt!	wsjo sanjato!	всё занято!

funktioniert nicht	ne rabotajet	не работает
Post	potschta	почта
Restaurant	restoran	ресторан
Museum	musej	музей
Flughafen	aeroport	аэропорт
links	nalewo	налево
rechts	naprawo	направо
geradeaus	prjamo	прямо
Fahrplan (Zug)	raspissanije pojesdow	расписание поездов
Zug	pojesd	поезд
1. Klasse	mjachki wagon	мягкий вагон
Bahnhof	woksal	вокзал
Schalter	kassa	касса
Abfahrt	otprawlenije	отправление
Ankunft	pribytije	прибытие
Gleis	put	путь
Fahrkarte	bilet	билет
nicht einsteigen	possadki net	посадки нет
Flugzeug	samoljot	самолёт
Autobus	awtobus	автобус
Straßenbahn	tramwai	трамвай
Haltestelle	ostanowka	остановка
Taxistand	stojanka taxi	стоянка такси

Hinweisschilder

Vorsicht!	ostoroschno!	Осторожно!
Halt!	stoj! stojte!	Стой! Стойте!
Eingang	wchod	Вход
kein Eingang	wchoda net	Входа нет
Ausgang	wychod	Выход
kein Ausgang	wychoda net	Выхода нет
geschlossen	sakryto	Закрыто
Reparatur	remont	Ремонт
geöffnet	otkryto	Открыто
besetzt	sanjato	Занято
Notausgang	sapasnoj wychod	Запасной выход
Erste Hilfe	skoraja pomoschtsch	Скорая помощь
Toilette (D/H)	tualet (Sch/M)	Туалет (Ж/М)

Essen, Restaurant

Mittagessen	obed	обед
Abendessen	uschin	ужин
Mineralwasser	mineralnaja woda	минеральная вода
Kaffee	kofe	кофе
Tee	tschai	чай

Saft	sok	сок
Milch	moloko	молоко
Wein	wino	вино
Sekt	schampanskoje	шампанское
trocken	suchoje	сухое
weiß	beloje	белое
rot	krasnoje	красное
Brot	chleb	хлеб
Ei	jaizo	яйцо
Honig	mjod	мёд
Zucker	sachar	сахар
Marmelade	warenje/dschem	варенье/джем
Butter	maslo	масло
Käse	syr	сыр
Schinken	wettschina	ветчина
Wurst	kolbassa	колбаса
Speiseeis	moroschenoje	мороженое
Vorspeise	sakuski	закуски
Suppe	sup	суп
Nachspeise	dessert	десерт
Salz	sol	соль
Pfeffer	perez	перец
Fisch	ryba	рыба
Fleisch	mjasso	мясо
Kaviar	ikra	икра
Huhn	kuriza	курица
Würstchen	sossiski	сосиски
Salat	salat	салат
Gemüse	owoschtschi	овощи
Obst	frukty	фрукты
gefüllte Teigtaschen	wareniki/pelmeni	вареники/пельмени

Zahlen

1	odin	один	13	trinadzat	тринадцать
2	dwa	два	14	tschetyrenadzat	четырнадцать
3	tri	три	15	pjatnadzat	пятнадцать
4	tschetyre	четыре	16	schestnadzat	шестнадцать
5	pjat	пять	17	sjemnadzat	семнадцать
6	schest	шесть	18	wosjemnadzat	восемнадцать
7	sjem	семь	19	dewjatnadzat	девятнадцать
8	wosjem	восемь	20	dwadzat	двадцать
9	dewjat	девять	21	dwadzatodin	двадцатьодин
10	desjat	десять	30	trizat	тридцать
11	odinnadzat	одиннадцать	40	sorok	сорок
12	dwenadzat	двенадцать	50	pjatdesjat	пятьдесят

60	schestdesjat	шестьдесят
70	sjemdesjat	семьдесят
80	wosjemdesjat	восемьдесят
90	dewjatdesjat	девятьдесят
100	sto	сто
150	sto pjatdesjat	сто пятьдесят
200	dwesti	двести
1000	tyssjatscha	тысяча

Die wichtigsten Sätze

Allgemeines

Sprechen Sie Deutsch?	Wy goworite po nemezki?	Вы говорите по немецки?
Ich verstehe nicht.	Ja ne ponimaju.	Я не понимаю.
Ich spreche kein Russisch.	Ja ne goworju po russki.	Я не говорю по русски.
Ich heiße ...	Menja sowut ...	Меня зовут ...
Wie heißen Sie?	Kak was sowut?	Как вас зовут?
Wie geht es Dir/Ihnen?	Kak ty poschiwajesch/ Kak wy poschiwajete?	Как ты поживаешь/ Как вы поживаете?

Unterwegs

Wie komme ich zu/nach ... ?	Kak proiti k/w	Как пройти к/в ,..?
Wo ist bitte ...?	Gdje nachoditsja ... ?	Где находится ,..?
Könnten Sie mir bitte ... zeigen?	Pokaschite mne, poschaluista, ...	Покажите мне, пожалуйста, ...
Wie viele Kilometer sind es bis ...?	Skolko kilometrow do ...?	Сколько километров до ...?

Notfall

Können Sie mir bitte helfen?	Pomogite mne, poschaluista.	Помогите мне, пожалуйста.
Ich brauche einen Arzt.	Mne nuschen wratsch.	Мне нужен врачь.
Hier tut es weh.	Tut mnje bolno.	Тут мне больно.
Ich möchte telefonieren.	Ja chotschu poswonit po telefonu.	Я хочу позвонить по телефону.

Übernachten

Haben Sie ein freies Zimmer?	Jest li u was swobodnyj nomer?	Есть ли у Вас свободный номер?
Wie viel kostet das Zimmer pro Nacht?	Skolko stoit nomer sa notsch?	Сколько стоит номер за ночь?
Ich habe ein Zimmer bestellt.	Ja sakasal nomer.	Я заказал номер.

Im Restaurant

Die Speisekarte, bitte.	Dajte, poschaluista, menju.	Дайте, пожалуйста, меню.
Die Rechnung, bitte.	Dajte, poschaluista, stschot.	Дайте, пожалуйста, счет.
Bitte reservieren Sie uns für heute Abend einen Tisch für vier Personen.	Ja chotel by sakasat stol dlja tschetyre tscheloweka na sewodnjaschnij wetscher.	Я хотел бы заказать стол для четырех человек на сегодняшний вечер.

Register

Achmatowa, Anna 87, 238, 274
Adelsklub 157
Adenauer, Konrad 101
Agalorow-Haus 254
Aiwasowskij, Iwan 241
Akademie der Künste 201
Akunin, Boris 105
Alexander I. 74, 81, 129, 132, 151
Alexandergarten 105, 124, 132
Alte Universität 151
Alter Englischer Hof 56, 143
Alter Druckereihof 139
Andrejewskij-Brücke 20, 141, 205
Anreise 21
Antonowa, Irina 112, 200
Apotheken 63
Arbat 19, 29, 82, 97, 212
Ärztliche Versorgung 63
Auferstehungstor 134
Ausgehen 45
Awerkij Kirillow 244

Babel, Isaak 88, 274
Bagrationbrücke 263
Baldin, Viktor 217
Ballett 48, 100
Banja 114
Baschanow, Leonid 261
Baschenow, Wassilij 183, 238, 269
Basilius-Kathedrale s. Kirchen
Beauvais, Ossip 100, 174
Behinderte 66
Belyj, Andrej 214, 219, 220
Benjamin, Walter 19, 200, 233, 238, 241, 268
Bibikow-Palast 201
Blok, Alexander 219, 220
Bolschoi-Theater 19, 48, 63, 74, 81, 100, 103, 165, 174
Bootsfahrten 20, 140
Börse 143
Boulevardring 172, 174, 186, 187, 194, 214, 217
Bulgakow, Michail 150, 151, 163, 164, 165, 179, 214, 220

Chagall, Marc 247
Chamowniki 192
Christi-Erlöser-Kathedrale s. Kirchen
Chruschtschow, Nikita 76, 83, 103, 125, 135, 156, 181, 200, 207, 219
Custine, Astolphe de 9, 121

Deneika, Alexander 225
Dipl. Vertretungen 64
Discos 45
Dolgorukij, Jurij 70, 72, 89, 142, 156, 158
Dom Perlowa 183
Donskoj, Dmitrij 178, 273
Dostojewskij, Fjodor 91, 151, 238
Dserschinskij, Felix 88, 181, 245
Duschkin, Alexej 225, 226
Dynamo, Wohnhaus 182

Ehemalige Deutsche Botschaft 255
Ehrenburg, Ilja 158, 207
Einkaufen 39
Einreisebestimmungen 21

Federation Tower 263
Feiertage 65
Feste und Festivals 52
Fioravanti, Aristotele 126
Fjodorowna, Elisabeth 239
Foster, Norman 84, 143
Fremdenverkehrsamt 14
Friedhof des Neujungfrauenklosters 156, 207, 208
Fundbüro 65

Gagarin, Jurij 76, 103, 129
Galerien 56, 62, 260
Garage – Center for Contemporary Culture Moscow 62, 111, 185, 261
Gartenring 162, 183, 188, 214, 254
Geld 65
Giljarowskij, Wladimir 183
Ginsburg, Moissej 185, 259
Godunow, Boris 126, 128, 138, 207, 275, 278

Gogol, Nikolaj 207, 214, 219, 221
Gontscharowa, Natalja 220, 222, 247
Gorbatschow, Michail 76, 77, 90, 93, 108
Gorki-Literaturinstitut 161
Gorki-Park 20, 142, 248
Gorki, Maxim 107, 203, 222
Gostinyj dwor 143
Gostorg-Bürohaus 186
GUM 39, 75, 82, 86, 131, 133, 136

Hauptpostamt 183
Haus an der Moskwa (Haus am Ufer) 142, 242, 244
›Haus der drei Komponisten‹ 186
Haus der Journalisten 221
Haus der Kunst 248
Haus des Künstlers 180
Hotel Baltschug Kempinski 23, 102, 142, 233
Hotel Lux 158
Hotel Metropol 24, 102, 175
Hotels 23

Informationen 14
›Insel ohne Namen‹ 244
Internetcafés 65
Ismailowskij-Park 19
Iwan I. Kalita 72, 128
Iwan III. 72, 73, 124, 125, 128, 132, 183
Iwan IV., der Schreckliche 73, 126, 129, 132, 136, 139, 144, 233, 273, 278

Jekaterina Fondation 182
Jelissejew 39, 159
Jelzin, Boris 76, 77, 90, 101, 114, 263
Jermolowa-Theater 158
Jerofejew, Viktor 79
Jessenin, Sergej 158, 165, 201, 263
Jewtuschenko, Jewgenij 160, 274
Jugendstil 81, 102, 142, 157, 159, 165, 175, 179, 183, 201, 222

Register

Kafe Puschkin 31, 36, 161
Kasakow, Matwej 125, 151, 156, 158, 159, 176, 186, 269
Katharina die Große 74, 125, 132, 143, 268, 270, 273
Kathedralenplatz s. Kreml
Kawerin, Wenjamin 274
KGB-Gebäude (Lubjanka) 182
Kiewer Bahnhof 20, 141
Kino 47
Kirchen
- Auferstehungskirche in Kadaschi 241
- Basilius-Kathedrale 19, 135, 142
- Christi-Erlöser-Kathedrale 8, 82, 86, 142, 200, 205
- Dreifaltigkeitskirche in Nikitniki 144
- Georgische Kirche 254
- Kapelle zur Iberischen Muttergottes 135
- Kasaner Kathedrale 86, 138
- Kirche ›Aller Bedrängten Freude‹ 238
- Kirche der Großen Auferstehung 222
- Kirche der Hl. Barbara 143
- Kirche der Ikone der Jungfrau von Bogoljubowo 178
- Kirche des Erzengels Gabriel 187
- Kirche des Hl. Clemens 238
- Kirche des Hl. Georg 144
- Kirche des Hl. Maxim 144
- Kirche des Metropoliten Pjotr 178
- Kleine Himmelfahrtskirche 166
- Mariä-Schutz-Kirche 238
- Nikolajkirche in Pyschi 238
- Nikolaus-Kirche in Bersenewka 244
- Nikolaj-Kirche 142
- Simeon-Stylites-Kirche 219
- Smolensker Kathedrale 207
- Sophienkirche 142
- St. Nikolaj-Kirche der Weber 205
Kitaj-Gorod 45, 73, 82, 118, 120, 121, 138
Kleidung 18
Klein, Roman 175, 183, 196
Klöster 268
- Andrejewskij-Kloster 141
- Danilow-Kloster 187
- Dreifaltigkeits-Sergios-Kloster 268, 274
- Epiphaniakloster 139
- Kloster der Hll. Maria und Martha 238
- Kloster zu Mariä Erscheinung 144
- Neujungfrauenkloster 20, 141, 194, 200, 206
- Sajkonospasskij-Kloster 138
- Satschatjewskij-Frauenkloster 201
- Wysoko-Petrowskij-Kloster 178
Kolomenskoje, Freilichtmuseum 52, 268, 272
Konstruktivismus 19, 82, 159, 182, 184, 185, 186, 258
Konzerte 50
Krasnaja Presnja 252
Krasnopresnenskije Banji 115
Kreml 8, 19, 70, 72, 103, 118, 142, 150, 187
- Arsenalturm 124
- Arsenal 125
- Borowizki-Tor 19
- Dreifaltigkeitsturm 124
- Erlöserturm 124, 132
- Erzengelkathedrale 127
- Facettenpalast 126
- Gewandniederlegungskirche 126
- Glockenturm 128
- Großer Kreml-Palast 129
- Kathedralenplatz 125, 132
- Kremlmauer 124
- Kremlpalast 124, 125
- Kutafjaturm 124
- Mariä-Himmelfahrts-Kirche 126
- Mariä-Verkündigungs-Kathedrale 126
- Nikolausturm 124
- Patriarchenpalast 128
- Residenz des Präsidenten der Russischen Föderation 125
- Rüstkammer 19, 56, 60, 121, 122, 124, 129, 132
- Senat 125
- Senatsturm 124
- Terem-Palast 129
- Zar Kolokol, Glocke 8, 128
- Zarenkanone 128
- Zwölf-Apostel-Kathedrale 128
Kumanin-Palais 238
Kunstakademie 183
Künstlertheater (MCHAT) 165, 178, 179
Kunstzentrum Winsawod 111, 187, 260, 261

Le Corbusier 178, 185, 186
Léger, Fernand 274
Lenin, Wladimir Iljitsch 24, 76, 85, 88, 103, 124, 125, 135, 157, 158, 181, 204, 205, 245
Lenin-Mausoleum 57, 85, 124, 131, 135
Lermontow, Michail 125, 157, 214, 223
Lesben & Schwule 47
Lesetipps 15
Lewitan, Isaak 186, 241
Lomonossow, Michail 74, 138, 151
Lubjanka-Gefängnis 88, 174, 181
Luschkow-Brücke 239
Luschkow, Jurij 77, 84, 86, 158, 200, 205, 269
Lustgarten 141

285

Register

Majakowskij-Denkmal 162
Majakowskij, Wladimir 162, 182, 207, 222, 225
Malewitsch, Kasimir 247
Malyj-Theater 81, 175
Mandelstam, Ossip 88, 94, 232
Manege 151
Manegeplatz 39, 86, 88, 90, 151, 157
Märkte 41
Marschall-Schukow-Denkmal 86, 133
Medwedjew, Dmitri 77, 80, 101
Melnikow-Haus 98, 220
Melnikow, Konstantin 97, 98, 111, 185
Menschikow-Turm 187
Metro 22, 71, 82, 103, 224
Meyerhold, Wsewolod 45, 88
Mietwagen 22
Militärkommissariat 181
Minin-und-Poscharskij-Denkmal 135
Morosow-Villa 201
Morosow, Arsenij 109, 197, 217
Morosow, Iwan 104, 201, 247
Morosow, Sawwa 179
Moskauer Konservatorium 50, 166
Moskwa-City 84, 263
Museen 19, 56
– Andrej-Rubljow-Museum 56
– Architekturmuseum 56, 217
– ART4.ru – Museum der aktuellen Kunst 59, 109, 166, 262
– Bachruschin-Theatermuseum 56
– Belyj-Museum 219
– Borodino-Panorama-Museum 57
– Bulgakow-Museum 57, 163, 165
– Glinka-Musikmuseum 57
– Gogol-Museum 57, 221
– Gorki-Museum 57, 222
– Haus der Fotografie (MDF) 58, 111, 201
– Historisches Museum 57, 75, 86, 134, 144
– KGB-Museum 57, 182
– Kuskowo-Porzellanmuseum 57
– Lermontow-Museum 58, 222
– Literaturmuseum 58, 178
– Majakowskij-Museum 58, 182
– Matrjoschka-Museum 58, 166
– Memorial 58
– Metro-Museum 224
– Museum Krasnaja Presnja 59, 259
– Museum ›Die andere Kunst‹ 58
– Museum ›Haus an der Moskwa‹ 59
– Museum der Geschichte Moskaus 59
– Museum der Kunst der Völker des Ostens 222
– Museum für angewandte Kunst und Volkskunst 59
– Museum für die neue Geschichte Russlands 59, 161, 259
– Museum für Moderne Kunst 58, 163, 176
– Neue Tretjakow-Galerie 59, 246, 248
– Ostrowskij-Museum 59, 239
– Palast der Bojaren Romanow 59, 144
– Pasternak-Museum s. Peredelkino
– Puschkin-Museum 59, 200, 220
– Puschkin-Museum für Bildende Künste 19, 52, 56, 61, 112, 194, 198, 201, 222
– Puschkin-Wohnhaus 59
– Raumfahrtmuseum 60
– Rüstkammer s. Kreml
– Schaljapin-Museum 60, 259
– Skrjabin-Museum 61, 220
– Staatliches Museum für Bildende Künste s. Puschkin-Museum für Bildende Künste
– Stella Art Foundation 111
– Tolstoj-Haus 61, 202, 205
– Tolstoj-Museum 61, 201
– Tretjakow-Galerie 61, 104, 144, 232, 233, 239, 246
– Wasnezow-Museum 61
– Zentralmuseum des Großen Vaterländischen Krieges 1941–45 62
– Zentrum für Moderne Kunst (NCCA) 61, 109, 257, 258, 260, 261
– Zwetajewa-Museum 62, 222
Musikklubs 45

Narkomfin-Haus 185, 259
Neiswestnyj, Ernst 156, 207
Nikolaj I. 74, 132
Nikolaj II. 75, 103, 183
Notfall 63, 65

Öffnungszeiten 65
Okudschawa, Bulat 214, 274
Oper 48
Ostoschenka 201
Ostrowskij, Alexander 207, 239

Palais Chitrowo 220
Palais Morosow 217
Palast der Bojaren Romanow 59, 144
Palast der Demidows 239
Paschkow-Haus 150
Pasternak, Boris 174, 186, 239, 269, 274, 276
Patriarchenteiche 163, 165
Pelewin, Viktor 108, 162
Peredelkino 268, 269, 276
Peter der Große 70, 73, 90, 91, 125, 126, 127, 128, 132, 135, 138, 143, 178, 187, 200, 207, 232, 245, 268, 273, 275
Peter-Denkmal 86, 142, 245
Petrowskij Passasch 82, 180

Register

Planetarium 258
Polizei 66
Post 66
Präsidium der Akademie der Wissenschaften 141
Pretschistenka 82, 192
Puschkin-Denkmal 159, 160
Puschkin, Alexander 106, 125, 126, 150, 157, 159, 162, 180, 201, 214, 220, 221, 222
Puschkinplatz 45, 159
Putin, Wladimir 77, 80, 101

Rathaus 158
Reisekasse 63
Reisezeit 17
Religion 71, 72, 91
Repin, Ilja 20, 203, 241
Restaurants 29
Rilke, Rainer Maria 19, 104, 186, 203
Romanow, Michail 144
Roter Platz 8, 19, 65, 66, 118, 132
Rubljow, Andrej 127, 241, 275
Rusakow-Arbeiterklub 185
Rustaweli, Schota 256
Rybakow, Anatolij 220

Salachowa, Aidan 261
Samoskworetsche 20, 230
Sandunowskije Banji 115
Satire-Theater 163
Schaljapin, Fjodor 103, 104, 139, 166, 210, 259
Schechtel, Fjodor 179, 218, 222
Schokoladenfabrik ›Roter Oktober‹ 111, 142, 244
Schtschukin, Sergej 109, 197, 247
Schukow-Denkmal 86
Schukowa, Dascha 111, 261
Schussew, Alexej 135, 226, 239
Sergijew Possad 274
Serow, Valentin 104, 186, 241, 259
Skrjabin, Alexander 210, 220

Skulpturenpark 182, 245
Slawjanskij Basar 139, 179
Sobjanin, Sergej 70
Solschenizyn, Alexander 160, 274
Spartipps 63
Sperlingsberge 20, 141, 165
Sport 54
Staatsbibliothek 151
Staatsduma 156
Stadtduma 176
Stadtpalais des Bojaren Trojekurow 158
Stadtrundfahrten 20
Stalin, Josef 70, 76, 82, 85, 87, 88, 98, 103, 150, 157, 200, 221, 222, 225, 226, 242, 243, 245
Stanislawskij-Theater 49, 164
Stanislawskij, Konstantin 45, 49, 104, 179, 210, 220

Taganka-Theater 164
Tatlin, Wladimir 180, 185, 247
Telefonieren 66
Theater 45, 50
Theaterplatz 172, 174
Thon, Konstantin 129
Tolstoj-Denkmal 206
Tolstoj, Leo 105, 129, 157, 161, 180, 202, 205, 217, 233
Tretjakow-Galerie s. Museen
Tretjakow, Pawel 139, 208, 240
Tretjakow, Sergej 139, 194, 241
Tretjakowskij Passasch 39
Trifonow, Jurij 243
Triumphpalast 84
Trotzenko, Sofia 111, 261
Tschaikowskij-Konzertsaal 163
Tschaikowskij, Pjotr 157, 186, 220, 259
Tschechow-Haus 258
Tschechow, Anton 26, 79, 104, 139, 176, 179, 203, 210, 233, 258

Tschetschulin, Dmitrij 263
Tschistyje prudy 187
Turgenjew, Iwan 205, 214
Twerskaja uliza 19, 29, 52, 82, 88, 148

Übernachten 23
Universität 74, 141

Verkehrsmittel 21
Villa Baryschnikow 186
Visum 21, 63

Wachtangow-Theater 220, 222
Wagankowskoje-Friedhof 259
Walcott, William 102
Wasnezow, Wiktor 241
Weißes Haus (Haus der Regierung) 90, 141 263
Wellness 54, 114
Wetter 17
Winsawod s. Kunstzentrum Winsawod
Wohnhaus am Kotelnitscheskaja nab. 142
Wossnessenskij, Andrej 274

Zarizyno 268, 270
Zentrales Telegrafenamt 158
Zentralhaus des Künstlers 61, 142
Zentrosojus-Gebäude 185, 186
Zentrum für moderne Kunst s. Museen
Zereteli, Surab 62, 86, 90, 142, 151, 163, 178, 201, 245, 255, 257, 274
Zereteli-Galerie 201
Zirkus 51
Zoll 21
Zoo 256
ZUM, Kaufhaus 39, 82, 175, 180
Zwetajewa, Marina 195, 214, 222, 274

Abbildungsnachweis/Impressum

Abbildungsnachweis

Bildagentur Huber, Garmisch-Partenkirchen: S. 192 li., 206/207 (D. u. J. Heaton), 116/117, 127 (FotoSa), 119 li., 136/137 (Simeone), 230 re., 240/241 (Graefenhain), 60, 118 li., (Kaos03)

F1online: S. 92 (Narayan/AGE), 68/69 (Sankowski)

istockphoto: S. 85 (Barsik), 267 li., 272 (gkuna), 172 re., 188/189 (iov_a), 252 re., 255 (likevovo), 84, 120/121, (Mordolff), 81 (svetico)

Jonas Gerberding, Hamburg: S. 8, 9, 10 o.li., 10. o. re., 10 u. li., 10 u. re., 11. o. li., 11. o. re., 11 u. li., 11 u. re., 41, 42, 55, 78, 82/83, 97, 99, 130/131, 133, 134, 140, 146/147, 152/153, 167, 170/171, 180/181, 184, 193 li., 195, 198/199, 208/209, 210, 213 li., 215, 224, 228/229, 230 li., 234/235, 242, 244/245, 246, 252 li., 253 li., 260, 262, 264/265, 270/271, Umschlagrückseite

laif, Köln: S. 89 (Babovic), 110/111 (De Luigi/Contrasto), 172 li., 175 (Hemispheres), Umschlagklappe vorne, 25, 48/49, 67, 148 li., 148 re., 156/157, 160/161, 231 li. (Heuer), 94/95, 107 (Hill), 145 (Kerber), 149 li., 162 (Martin/Le Figaro Magazine), 30/31 (Monteoleone), 77, 114 (Kozmin/Redux), 266 re., 269 (Zavrazhin)

LOOK, München: S. 212 re., 221, 250/251 (Frei), 18, 249 (van Velzen)

mauritius images, Mittenwald: S. 212 li., 218 (CuboImages)

Michael Golinski, Kümmersbruck: S. 192 re., 204

Picture-Alliance, Frankfurt am Main: Titelbild (Gebert), S. 202, 276 (akgimages), 227 (transit/Schulze), 106 (Tass/Fomichev), 100 (Tass/Kurov), 87 (Tass/Saverkin), 113, 164 (Tass/Tushin)

Hotel Baltschug Kempinski, Moskau: S. 102/103

transit, Leipzig: S. 34, 266 li., 278/279 (Schulze)

Visum, Hamburg: S. 12/13 (PhotoX-Press)

Kartografie

DuMont Reisekartografie, Fürstenfeldbruck
© DuMont Reiseverlag, Ostfildern

Umschlagfoto
Titelbild: Roter Platz und Basilius-Kathedrale
Umschlagklappe vorne: Im Kaufhaus GUM

Hinweis: Autorin und Verlag haben alle Informationen mit größtmöglicher Sorgfalt geprüft. Gleichwohl sind Fehler nicht vollständig auszuschließen. Alle Angaben erfolgen ohne Gewähr. Bitte schreiben Sie uns! Über Ihre Rückmeldung zum Buch und über Verbesserungsvorschläge freuen sich Autorin und Verlag:
DuMont Reiseverlag, Postfach 3151, 73751 Ostfildern,
info@dumontreise.de, www.dumontreise.de

2., aktualisierte Auflage 2012
© DuMont Reiseverlag, Ostfildern
Alle Rechte vorbehalten
Redaktion/Lektorat: Erika E. Schmitz, Susanne Pütz
Grafisches Konzept: Groschwitz/Blachnierek, Hamburg
Printed in China